W0038098

Umberto Barbieri is professor of Architectural Design at the faculty of Architecture of Delft University of Technology. With 'Studio di Architettura', his Amsterdam practice, he acted as executive architect, in co-operation with Aldo Rossi, of the Bonnefantenmuseum in Maastricht. Barbieri is active as advisor in different public functions, as author and as curator of exhibitions and manifestations in the field of architecture and urbanism.

Henk Engel is an architect and partner in De Nijl architects in Rotterdam and Associate Professor of Architectural Design at the Faculty of Architecture of Delft University of Technology. He co-edited the Dutch edition of Giorgio Grassi's La costruzione logica dell'architettura (SUN, Nijmegen 1997) and published on de Stijl and the work of J.J.P. Oud.

Patrick Healy is a philosopher and active as a professor of interdisciplinary research for the FU Amsterdam and Dublin. His main research is neo-Kantian philosophy and Phenomenology. He teaches philosophy in the department of Architectural Theory Faculty of Architecture of Delft University of Technology. Current publications include 'Beauty and the Sublime' (SUN, Nijmegen, Autumn 2003).

Sascha Jenke, a graduate of Karlsruhe University of Technology, is an architect and urbanist in Rotterdam.

Joost Meuwissen is architect in Amsterdam and professor of architecture at the Vienna Academy of Arts. He has published widely and is the chief editor of the *Wiederhall* journal of architecture.

Antonio Monestiroli is the dean of the faculty of Civil Architecture of the Politecnico in Milan and professor of Architectural Composition. Amongst his many projects are the theatre in Udine (1974) and the new cemetery Maggiore a Voghera (1995). His extensive list of publications includes 'L'architettura secondo Gardella' (1998).

Eric van Straaten is a photographer in Rotterdam. His subjects include landscapes and architecture, including those of ports and industrial estates in Holland, the Malaisian rain forests and maritime landscapes in the Atlantic Ocean. He teaches photography at the Willem de Kooning Academie in Rotterdam.

Umberto Barbieri is hoogleraar Architectonisch ontwerpen aan de Faculteit der Bouwkunde van de Technische Universiteit Delft. Zijn architectenburo 'Studio di Architettura' is o.a. in samenwerking met Aldo Rossi verantwoordelijk geweest voor het Bonnefantenmuseum in Maastricht. Barbieri is verder actief als adviseur binnen verschillende openbare instellingen, als publicist en als curator van exposities en manifestaties op het gebied van architectuur en stedenbouw.

Henk Engel is een architect en partner bij de Nijl architecten in Rotterdam en Universitair Hoofddocent Architectonisch Ontwerpen aan de Faculteit der Bouwkunde van de Technische Universiteit Delft. Het was mederedacteur van de Nederlandse editie van Giorgio Grassi's La costruzione logica dell'architettura (De logische constructie van de architectuur, SUN, Nijmegen 1997) en heeft gepubliceerd over de Stijl en het werk van J.J.P. Oud.

Patrick Healy is filosoof en werkzaam als professor in het interdisciplinair onderzoek aan het FIU Amsterdam en in Dublin. Zijn centrale onderzoek betreft neo-Kantiaanse filosofie en fenomenologie. Hij doceert filosofie in de leerstoel architectuurtheorie aan de Faculteit der Bouwkunde van de Technische Universiteit Delft. Hij publiceert regelmatig, o.a. 'Beauty and the Sublime' (SUN Nijmegen, najaar 2003).

Sascha Jenke, afgestuurd aan de Technische Universiteit van Karlsruhe, werkt als architect en stedenbouwkundige in Rotterdam.

Joost Meuwissen is architect in Amsterdam en hoogleraar architectuur aan de Akademie der Künste in Wenen. Hij publiceert regelmatig en is de hoofdredacteur van het architectuurtijdschrift *Wiederhall*.

Antonio Monestiroli is decaan van de faculteit Civiele Architectuur van de Politecnico in Milaan en hoogleraar Architectonische Compositie. Onder zijn vele projecten bevinden zich o.a. het theater in Udine (1974) en de nieuwe begraafplaats Maggiore a Voghera (1995). Voorts publiceerde hij o.a. 'L'architettura secondo Gardella' (1998).

Eric van Straaten is fotograaf in Rotterdam. Zijn onderwerpen zijn landschappen en architectuur, onder andere series over havens, bedrijfsterreinen en industriegebieden in Nederland, de oerwouden van Maleisië en zeelandschappen in de Atlantische oceaan. Hij is docent fotografie aan de Willem de Kooning Academie in Rotterdam.

Autonome architectuur en het stedelijk project / Autonomous Architecture and the Project of the City

With *L'architettura della città*, published in 1966, Aldo Rossi launched what in retrospect appears a heroic endeavour: a redefinition of architecture grounded in the knowledge of the rules and forms that constitute 'the European city'. Understanding this type of city as an artefact and as a repository of the accumulated 'labour of our hands', Rossi sought to find a way out of the impasse created by a technocratic, 'naive' interpretation of functionalism after the Second World War. The analysis of this repository of existing solutions through a reduced, 'boiled-down' rendering of information of individual architectural objects into types, was proposed as not only a first step towards invention, but as setting the rules for the entire design process.

Rejecting the utopianism of pre Second World War modernism, Tendenza, with Aldo Rossi and Giorgio Grassi as the main protagonists, proposed the study of existing cities as *architectural* phenomena, with the intention to identify formal patterns that retained endurance, and which could be reworked into elements of a new design. In doing so, Tendenza redefined not only the role of research in relation to design, but the nature of the individual building in the context of the city-as-artefact as well.

The ideas of Tendenza attracted much interest across Europe and North America, in part because of the immense popularity of Rossi's suggestive drawings, in part through the unprecedented exchange between architectural cultures as different as those of North America

Met het publiceren van *L'architettura della città* in 1966 gaf Aldo Rossi de aanzet voor wat achteraf een heroïsche onderneming is gebleken: het herdefiniëren van de architectuur op basis van de kennis van de regels en vormen die 'de Europese stad' uitmaken. Rossi vatte dit type stad op als een artefact en een opslagplaats voor het verzamelde 'werk van onze handen'. Hij probeerde een weg te vinden uit de impasse die was gecreëerd door de technocratische, 'naïeve' interpretatie van het functionalisme na de Tweede Wereldoorlog. De analyse van deze opslagplaats van bestaande oplossingen door middel van een gereduceerde, tot de kern teruggebrachte vertaling van informatie van individuele gebouwen naar typen wilde niet alleen een eerste stap zijn op weg naar inventiviteit, maar had ook het vaststellen van regels voor het hele ontwerpproces tot doel.

Tendenza, met Aldo Rossi en Giorgio Grassi als belangrijkste protagonisten, verwierp het modernistische utopisme van voor de Tweede Wereldoorlog en stelde het bestuderen van bestaande steden als *architectonische* verschijnselen aan de orde met als doel de identificatie van formele patronen die duurzaam waren gebleken en konden worden omgewerkt tot elementen van een nieuw ontwerp. Daarmee gaf Tendenza niet alleen een nieuwe definitie van de rol van onderzoek in relatie tot ontwerp, maar ook van de aard van het individuele gebouw in de context van de stad-als-kunstwerk.

De ideeën van Tendenza trokken sterk de aandacht in heel Europa en Noord-Amerika, deels vanwege de enorme populariteit van Rossi's suggestieve tekeningen, deels ook vanwege de ongekende uitwisseling van zo verschillende architectonische culturen als die van Noord-Amerika en Italië. De intensiteit

and Italy. The intensity of this exchange, as reflected in the journal *Oppositions,* was exceptional in the history of post-war architecture, and remained influential for the architectural culture across Europe throughout the 1980s.

The proposition that architecture was to find its material in itself, in its own past, could reclaim the autonomy of the discipline; an autonomy that allowed architecture to be seen and interpreted as a language consisting of defined and comprehensible formal elements. Probably the most poignant formulation of this argument can be found in Aldo Rossi's introduction to the Portuguese edition of *L'architettura della città*, written in 1971, where Rossi states that 'the presence of form, of architecture, predominates over questions of functional organisation…. Form is absolutely indifferent to organisation precisely when it exists as typological form.' Against the background of the impasse into which post-war modernism had manoeuvred itself, this claim for autonomy was an attractive one and provided the arguments for the typological research in Italy and the study of pre-war Italian rationalism in North America. At the same time the question of what this autonomy meant for design remained unanswered; or rather: it was answered in very different ways. Grassi emphasised the nature of architecture as a craft, as a system of rules for the composition and ordering of elements; rules which have been endlessly tested throughout the history of the discipline. Rossi, by contrast, used the typological material rather more idiosyncratically, by dissociating it from its context and heightening its emblematic character.

van deze discussie, zoals die is neergelegd in het tijdschrift *Oppositions*, was uitzonderlijk in de geschiedenis van de naoorlogse architectuur en bleef invloedrijk in de architectonische cultuur van heel Europa gedurende de jaren tachtig.

De bewering dat de architectuur zijn materiaal in zichzelf moest vinden, in het eigen verleden, bood de mogelijkheid om de autonomie van de discipline terug te winnen. Een autonomie die het de architectuur toestond om bekeken en geïnterpreteerd te worden als een taal van beschreven en begrijpelijke formele componenten. De waarschijnlijk scherpste formulering van deze redenering kan worden gevonden in Aldo Rossi's inleiding bij de Portugese uitgave van *L'architettura della città* uit 1971, waar hij stelt dat 'de aanwezigheid van vorm, van architectuur, voorrang heeft boven kwesties van functionele organisatie. (…) Vorm staat totaal onverschillig tegenover organisatie, juist wanneer hij bestaat als typologische vorm.' Tegen de achtergrond van de impasse waarin het naoorlogse modernisme zich had weten te manoeuvreren, was deze aanspraak op autonomie aantrekkelijk en leverde argumenten aan voor het typologische onderzoek in Italië en voor de bestudering van het vooroorlogse Italiaanse rationalisme in Noord-Amerika. Tegelijkertijd bleef de vraag wat deze autonomie voor het ontwerp betekende onbeantwoord, of eigenlijk werden er heel verschillende antwoorden op gegeven. Grassi benadrukte de aard van de architectuur als ambacht, als een systeem van regels voor het samenstellen en ordenen van elementen; regels die in de loop van de geschiedenis van de discipline eindeloos getest waren. Daartegenover gebruikte Rossi het typologische materiaal op een meer idiosyncratische manier, door het uit zijn context te halen en het emblematische karakter ervan te intensiveren.

This difference revealed one of the ambiguities implied by the proclamation of the autonomy of architecture. Was the understanding of the continuities distilled from its past a step in establishing a finite repertoire, as Grassi's approach seems to suggest, or did it supply the architect with raw material from which associations and analogies could be drawn poetically and autobiographically, as Rossi's work demonstrated? In both cases the repertoire tended to be limited by an almost exclusive reference to a specific type of European city showing a clearly discernable continuity of urban form, while, even in 1966, very few places looked or worked like Padua or Weinbrenner's Karlsruhe. Against the background of the relentless suburbanisation that has reshaped the urban landscape of Europe since the 1960s, the question of how to define a supposed model of 'the' European city has completely changed meaning. The reception of the Italian ideas in the Netherlands from the early 1970s onwards provides an illustrative case study for the effects that the study of urban forms and types had when applied to a different context. In the Netherlands, the debate quickly focussed on the relation between planning and the design of architectural objects and the redefinition of the disciplines engaged in these activities.

In this issue of OASE these debates and their bearings on architectural practice are traced through an analysis of the work of Carel Weeber, arguably the most controversial and successful architect to adopt the Italian ideas and transform them in the Dutch context of large scale planning and highly specialised design disciplines. In Henk Engel's contribution

Dit verschil onthulde een van de dubbelzinnigheden die door het uitroepen van de autonomie van de architectuur werden geïmpliceerd. Was het begrip van de continuïteiten die uit zijn geschiedenis werden afgeleid een stap op weg naar het vaststellen van een eindig repertoire, zoals Grassi's benadering leek te suggereren, of reikte het de architect het ruwe materiaal aan op basis waarvan op poëtische en autobiografische wijze analogieën konden worden geformuleerd, zoals Rossi's werk demonstreerde? In beide gevallen neigde het repertoire tot beperking door een bijna exclusieve verwijzing naar een specifiek repertoire-type van de Europese stad die een duidelijk te onderscheiden continuïteit van de stedelijke vorm vertoonde terwijl, ook in 1966, heel weinig plaatsen eruit zagen of functioneerden zoals Padua of Weinbrenners Karlsruhe. Tegen de achtergrond van de aanhoudende suburbanisatie die het stedelijke landschap van Europa sinds de jaren zestig een nieuwe vorm had gegeven, was de vraag hoe een verondersteld model van 'de' Europese stad gedefinieerd moest worden volledig van betekenis veranderd. De ontvangst van de Italiaanse ideeën in Nederland vanaf de vroege jaren zeventig levert een illustratieve studie op met betrekking tot de effecten van het onderzoek naar stedelijke vormen en typen wanneer die in een andere context worden toegepast. In Nederland richtte het debat zich al snel op de relatie tussen planning en ontwerp van architectonische objecten en op het opnieuw definiëren van de disciplines die zich met deze activiteiten bezighouden.

In dit nummer van OASE worden deze discussies en hun invloed op de architectonische praktijk gevolgd aan de hand van een analyse van het werk van Carel Weeber, stellig de meest controversiële en succesrijke architect die de Italiaanse ideeën overnam en transformeerde in de Nederlandse context van

a historical overview is given of this complex relationship between Weeber's work, the reception of Tendenza's ideas and the influence both had on architectural education in the Netherlands. Sascha Jenke focuses on one particular building of Carel Weeber, analysing the Zwarte Madonna in The Hague, exploring its specific relationship to the city and technology.

Included is the final chapter of Antonio Monestiroli's *L'architettura della realtà* (1999), dwelling on the double analogy of architecture with both history and nature and in doing so re-examining the notion of autonomy from within the discipline. Patrick Healy was invited to examine this argument and raises concerns about the self-referential tendencies of the discourse on architecture language in the absence of non-analogical knowledge.

In addition, this OASE proposes to examine the relevance of the experience of Tendenza at the beginning of the twenty-first century, against the background of the almost complete erosion of the urban nature of the European territory. In what way do we need to rework the reference to 'the European city' in order to remain tenable? The experience of the Dutch reworking and transforming of Tendenza's ideas and design solutions allows us to gauge the effect on the architectural discipline and its contribution to rethinking existing cities. A most relevant development in this respect is the fact that, apart from the critique from outside the architectural discourse on autonomy, one can see an important shift within the discourse on autonomy itself. After previous developments within Tendenza and its follow-up which treated

grootschalige planning en hooggespecialiseerde ontwerpdisciplines. In Henk Engels bijdrage wordt een historisch overzicht gegeven van deze complexe relatie tussen Weebers werk, de receptie van de ideeën van Tendenza en de invloed van allebei op de architectuuropleiding in Nederland. Sascha Jenke concentreert zich op één enkel gebouw van Carel Weeber. Hij analyseert de Zwarte Madonna in Den Haag en onderzoekt zijn specifieke relatie met de stad en de technologie.

In dit nummer is het laatste hoofdstuk van Antonio Monestiroli's *L'architettura della realtà* (1999) opgenomen, dat ingaat op de dubbele analogie van de architectuur, met zowel geschiedenis als natuur, en daardoor het idee van autonomie vanuit de discipline zelf opnieuw aan de orde stelt. Patrick Healy werd uitgenodigd om dit betoog onder de loep te nemen en hij stelt vragen over de naar zichzelf verwijzende tendensen in het discours over architectonische taal in de afwezigheid van niet-anatomische kennis.

Bovendien wil dit nummer van OASE de relevantie van de ervaring van Tendenza aan het begin van de eenentwintigste eeuw onderzoeken tegen de achtergrond van de vrijwel totale erosie van het stedelijke karakter van het Europese grondgebied. Hoe moeten we de referentie aan 'de Europese stad' omwerken om haar nog te kunnen verdedigen? De praktijk van de Nederlandse bewerking en transformatie van Tendenza's ideeën en ontwerpoplossingen geven ons de gelegenheid om de invloed ervan op de architectonische discipline en zijn bijdragen aan het heroverwegen van bestaande steden te meten. Een zeer relevante ontwikkeling in dit verband is het feit dat men, naast de analyse die buiten de architectonische discipline over autonomie plaatsvindt, een belangrijke verschuiving kan zien binnen het debat over autonomie zelf. Nadat eerdere ontwikkelingen

the architectural experiment with a distrust that ranged from a complete inacceptance to a cautious control of it in the design process, the dynamics of reality have forced an opening towards a more inclusive and complex approach, rather than the understanding of binary opposed 'tradition' and 'experiment'. Joost Meuwissen's article recognises the experiment as a necessity, having traced the growth of knowledge in education, research, analysis and design. This while architecture is preserved as an autonomous discipline, yet avoiding a secluded and isolated debate. This issue concludes with an extract from Umberto Barbieri's inaugural speech at the Delft University of Technology in May 2003, opening up the at times maladjusted architectural discourse that reconfirms its self-evidence, while clearly stating this from the perspective of the discipline among disciplines.

Pnina Avidar, Filip Geerts, Christoph Grafe, Marc Schoonderbeek

binnen Tendenza en zijn opvolgers het architectonische experiment hadden behandeld met een wantrouwen dat varieerde van totale afwijzing tot een behoedzame beteugeling ervan in het ontwerpproces, heeft de dynamiek van de werkelijkheid een opening geforceerd naar een meer inclusieve en complexe benadering, in plaats van het begrip van binair tegen over elkaar staande 'traditie' en 'experiment'. Het artikel van Joost Meuwissen erkent het experiment als een noodzaak na de vermeerdering van kennis in de architectuur in onderwijs, onderzoek, analyse en ontwerp te hebben geschetst. En dit met handhaving van de architectuur als autonome discipline, maar met vermijding van een afgesloten en geïsoleerd debat. Dit nummer eindigt met een fragment van de inaugurele rede die Umberto Barbieri in mei 2003 uitsprak aan de Technische Universiteit van Delft en waarin hij het bij tijd en wijle onevenwichtige architectonische discours opengooit dat zijn eigen vanzelfsprekendheid steeds opnieuw vaststelt vanuit het perspectief van de discipline der disciplines.

Pnina Avidar, Filip Geerts, Christoph Grafe en Marc Schoonderbeek

Vertaling: Philip Peters

Joost Meuwissen
Growth of Knowledge in Architecture

In architecture, development and improvement are generally considered to have been prompted by external factors such as new building materials or new social demands, which arose independently from the architecture that existed at a certain time, and to which it despite itself eventually had to respond.[1] Architecture seems to be rather passive, and to not have an inner urge for renewing its own aesthetics. Classicist forms were persistent over the centuries, even to the point that the new modernist architecture of the twentieth century could be at best analysed as some sort of charade Classicism.[2] While there is every reason, therefore, to consider architecture to be the art of repetition rather than of difference, the question remains how a growth of knowledge was organised or might be so within this repetitiveness as time went by. Even if we could agree with Giorgio Grassi's tautological, culturally isolationistic definition of architecture as merely the sum of all the architectures from the past and from the future, the inevitable accumulation of forms, solutions, and building types over time would raise the question if and how a growth of knowledge – or its absence for that matter – is structured within that very accumulation. In that, discourse on architectural education plays a key role.

Structures of Education

Architectural education grew out of two completely different role models: the arts and the military. As much as the master classes of the arts were always highly individualised, those of the military were not, since they had a mission, be it bridges and roads in the Napoleonic era or social housing in the twentieth century; the result being that in the organisation of architectural education the military model – its topics changing over time – had less continuity than the arts, which remained the same. It is from this continuity that the arts always seem to win in architectural education, not only at the academies which derive from the *Ecole des Beaux Arts* but also at the universities of technology which derive from the military polytechnic schools.

From the *Ecole des Beaux Arts* onwards, the arts tradition initially focussed predominantly on public buildings or rather the way people were distributed across buildings. The basic idea was difference: the difference between public rooms for everybody, as in hallways, staircases, and corridors on the one hand, and semi-public rooms for specific functions, such as office rooms and restaurants on the other.[3] Just as how one corridor served many rooms, buildings became organised axially along the corridors and staircases.[4]

Following this main hierarchical organising distinction, further finishing of the building became a matter of design, of taste, and style or rather, searching for the transitional hybrid space where the corridor stopped being a corridor and yet was still not a room, with Aldo van Eyck's threshold idea as a late echo of this. Whether the organisation would show or not was considered to be highly important at the time but does not matter to the general approach. Charles Garnier's entry for

1. The most famous example being the development of concrete tectonics by Auguste Perret: Peter Collins, *Concrete. The Vision of a New Architecture. A Study of Auguste Perret and His Precursors,* London 1959.
2. For instance Reyner Banham, *Theory and Design in the First Machine Age,* London 1960 and Colin Rowe, *The Mathematics of the Ideal Villa and Other Essays,* Cambridge, Mass. and London 1976.

3. '… you will establish your composition with rooms, vestibules, exits and staircases. These are the Elements of Composition.' Julien Guadet, quoted by Banham 1960, p. 20.
4. See Arthur Drexler (ed.), *The Architecture of the Ecole des Beaux Arts,* London 1977.

Joost Meuwissen
Groei van kennis in de architectuur

In de architectuur worden ontwikkeling en vooruitgang over het algemeen beschouwd als een gevolg van externe factoren zoals nieuwe bouwmaterialen of nieuwe maatschappelijke eisen, die onafhankelijk van de architectuur zijn ontstaan en waarop de architectuur moest reageren, of ze dat nu wilde of niet.[1] Architectuur lijkt nogal passief en verstoken van een innerlijke drang om de eigen esthetica te vernieuwen. Classicistische vormen hebben het eeuwenlang volgehouden, zo lang zelfs dat de nieuwe modernistische architectuur van de twintigste eeuw op zijn best kan worden geanalyseerd als een soort verholen classicisme.[2] Hoewel er dus reden genoeg is om de architectuur eerder te beschouwen als de kunst van de herhaling dan als die van het verschil, is het de vraag hoe de kennistoename in de loop van de tijd binnen dit herhalingspatroon was georganiseerd. Zelfs als we het eens zouden kunnen zijn met Giorgio Grassi's tautologische, in cultureel opzicht isolationistische definitie van architectuur als niet meer dan de som van alle architectuurvormen van het verleden en van de toekomst, werpt de onvermijdelijke opeenhoping van vormen, oplossingen en bouwtypes door de tijd heen de vraag op of en op welke manier een kennisgroei – of de eventuele afwezigheid daarvan – juist binnen die opeenhoping gestructureerd is. Hierin speelt het discours over architectuuronderwijs een sleutelrol.

Opleidingsstructuren
De architectuuropleiding is gegroeid vanuit twee totaal verschillende disciplines: de kunst en de krijgsmacht. Waar het hogere kunstonderwijs altijd sterk geïndividualiseerd was, gold dat niet voor het leger omdat dit een opdracht had, of het nu ging om bruggen en wegen in de napoleontische tijd of om sociale woningbouw in de twintigste eeuw. Dit had als resultaat dat in de organisatie van de architectuuropleiding het militaire model – waarvan de onderwerpen in de loop van de tijd veranderden – minder continuïteit vertoonde dan de kunsttraditie, die gelijk bleef. Deze continuïteit is de reden dat de kunst in de architectuuropleiding altijd aan het langste eind lijkt te trekken, niet alleen op de academies die afgeleid waren van de Ecole des Beaux-Arts, maar ook op technische universiteiten, die zijn voortgekomen uit de militaire polytechnische scholen.

De kunsttraditie van de Ecole des Beaux-Arts richtte zich primair op openbare gebouwen of, liever gezegd, op de manier waarop mensen over gebouwen werden verdeeld. Het grondidee was het verschil: het verschil tussen openbare ruimtes die voor iedereen bestemd waren, zoals hallen, trappen en gangen aan de ene kant en half-openbare ruimtes met specifieke functies, zoals kantoorruimtes en restaurants aan de andere kant.[3] Zoals gangen ten dienste stonden aan vele ruimtes, werden gebouwen georganiseerd rondom assen langs gangen en trappen.[4]

Op basis van deze primaire hiërarchische ordening werd het verder voltooien van het gebouw een kwestie van vormgeving, smaak en stijl of, beter gezegd, een kwestie van zoeken naar de hybridische overgangsruimte waar de gang ophield gang te zijn en toch nog geen kamer was, waarvan Aldo van Eycks drempel-idee een late echo is. Of de organisatie

1. Het beroemdste voorbeeld is de ontwikkeling van betontektoniek door Auguste Perret: Peter Collins, *Concrete. The Vision of a New Architecture. A Study of Auguste Perret and His Precursors*, Londen 1959.
2. Bijvoorbeeld Reyner Banham, *Theory and Design in the First Machine Age*, Londen 1960 en Colin Rowe, *The Mathematics of the Ideal Villa and Other Essays*, Cambridge, Mass. en Londen 1976.

3. '(…) you will establish your composition with rooms, vestibules, exits and staircases. These are the Elements of Composition.' Julien Guadet, geciteerd door Banham 1960, p. 20.
4. Zie Arthur Drexler (red.), *The Architecture of the Ecole des Beaux Arts*, Londen 1977.

the 1860s Paris Opera House competition, for instance, with its highly visualised circulation did not differ significantly from Viollet-le-Duc's hidden corridor structure since both schemes were based on circulation. In fact, all schemes were based on circulation.[5] In urbanism, the question of whether a street network should show and express the people's mobility, as in the case of Otto Wagner, or should not show but spot-wise orientate, as Camillo Sitte argued,[6] was discussed in a similar manner at the end of the nineteenth century, mobility still being at the basis of both approaches.

Manuals from the arts tradition mainly focus on general compositional rules, neglecting analysis. This is due to the fact that the basic distinction, by mutually excluding one kind of space from another kind of space, already portrays the whole of the building in a reduced diagrammatic way. This was the architecture of representation. Twentieth century social housing followed a different course. Both financially and programmatically, social housing was about optimisation, it was not about distinction. The garden cities were called cities but were essentially conceived of as being endpoints of circulation systems. There is no clear distinction between circulation and residence or, for that matter, function. The Frankfurt kitchen, for instance, is as much about circulation as it is about function. The concept of function almost coincides with reduced, ergonomic circulation. Circulation is only there to be reduced as much as possible, the result being that in the social housing tradition no basic exclusive distinction between different kinds of space was formulated, and that, therefore, during the design process of a social housing neighbourhood the designer would not rely upon representational thinking or image thinking. Rather than putting pre-existing elements together within a space which had to be pre-established in the mind, the social housing engineer was searching for the best solution that could be reached among all the alternatives that were available; that is, searching for a solution that might change over time during the design process, and which did not require a spatial mental image by itself. Instead of putting A *and* B together, just as the *Beaux Arts* did, the housing question was to conceive of A *or* B. In this way, the representation of social housing thinking did not lie in a distinctive but as yet vague image of the building or the neighbourhood, but, in order to enforce the *either-or* capacity of design, it tried to find a representation of all buildings and all neighbourhoods. But this representation could only be found outside the design process for a specific building or a specific neighbourhood. The representational thinking of social housing did not take place under constraint of a design process; it had to find a way to collect all possibilities free from such constraint, and free from the pressure of having to choose. The result being that, rather than the hobby and pleasure manuals from the arts which tried to represent an ideal building through some sort of grand design – thus interbreeding research and design, no matter how elementary their presentation might have been – the manuals from the social housing tradition or, more generally, from the military tradition, represented multitudes of possible buildings, neighbourhoods, and their composing elements. They did this by means of arranging them on the basis of the most simple and common categories, influences, vectors or

5. Monika Steinhäuser, *Die Architektur der Pariser Oper. Studien zu ihrer Entstehungsgeschichte und ihrer architekturgeschichtlichen Stellung*, Munich 1969.
6. 'Ein Straßennetz dient immer nur der Kommunikation, niemals der Kunst, weil es niemals sinnlich aufgefaßt, niemals überschaut werden kann, außer am Plan.' Camillo Sitte, *Der Städtebau nach seinen künstlerischen Grundsätzen. Vermehrt um 'Grossstadtgrün'*, Braunschweig/Wiesbaden 1983 (1909), p. 101.

van een gebouw te zien was of niet werd toentertijd van groot belang gevonden, maar had geen gevolgen voor de benaderingswijze in het algemeen. Charles Garniers ingangspartij in zijn prijsvraagontwerp voor het Parijse operagebouw uit de jaren zestig van de negentiende eeuw verschilt met zijn zichtbare omlopen bijvoorbeeld niet noemenswaardig van Viollet-le-Ducs verborgen gangenstructuur, omdat beide schema's op omlopen zijn gebaseerd.[5] Een vergelijkbaar discussiepunt vormde in de stedenbouw aan het einde van de negentiende eeuw de vraag of een netwerk van straten zichtbaar moest zijn en de mobiliteit van de mensen tot uitdrukking moest brengen, zoals in het geval van Otto Wagner, of juist niet, maar in plaats daarvan een pleksgewijze oriëntatiemogelijkheid moest bieden, zoals Camillo Sitte voorstond,[6] waarbij voor beide benaderingswijzen mobiliteit het uitgangspunt vormde.

Leerboeken uit de kunsttraditie richtten zich vooral op algemene regels voor compositie en verwaarloosden de analyse. Dat kwam doordat het basisverschil, door het wederzijds uitsluiten van de ene vorm van ruimte door de andere, het geheel van het gebouw al weergaf op een gereduceerde, diagrammatische manier. Dit was een architectuur van de representatie. De sociale woningbouw van de twintigste eeuw sloeg een andere weg in. Zowel in financiële als in programmatische zin ging de sociale woningbouw over optimalisering en niet over verschil. De tuinsteden werden steden genoemd, maar waren in wezen gedacht als eindpunt van circulatiesystemen. Er is geen duidelijk onderscheid tussen circulatie en woonplek of functie. De Frankfurter keuken heeft bijvoorbeeld net zo veel met circulatie te maken als met functie. De circulatie is er alleen om zo veel mogelijk te worden gereduceerd met als resultaat dat er in de traditie van de sociale woningbouw geen fundamenteel, exclusief verschil tussen verschillende ruimtes werd geformuleerd en dat de ontwerper tijdens het vormgeven aan een project op het gebied van de sociale woningbouw daardoor niet hoefde terug te vallen op een representerende of beeldende gedachtegang. De ingenieur bracht in de sociale woningbouw geen al bestaande elementen bij elkaar binnen een ruimte die in de geest al van tevoren was vastgelegd, maar zocht juist naar het vinden van de beste oplossing van alle alternatieven die voorhanden waren. Dat wil zeggen: hij zocht naar een oplossing die op den duur tot verandering in het werkproces zou leiden en geen op zichzelf staand ruimtelijk beeld voor het geestesoog vereiste. In plaats van het samenbrengen van A *en* B, zoals de Beaux-Arts-traditie deed, was het in de woningbouw zaak om uit te gaan van A *of* B. Op deze manier bestond de representatie van het denken over sociale woningbouw niet uit een op verschil gebaseerd maar nog vaag beeld van het gebouw of de wijk, maar er werd – teneinde het *of-of*-vermogen van het ontwerp te versterken – geprobeerd om een representatie te vinden van alle gebouwen en alle wijken. Maar deze representatie kon alleen worden gevonden buiten het ontwerpproces voor een specifiek gebouw of een specifieke wijk. De representerende gedachtegang van de sociale woningbouw vond niet plaats binnen de beperking van een ontwerpproces, maar moest een manier vinden om alle mogelijkheden te verzamelen die daar vrij van waren en dus vrij van de druk van het moeten maken van een keuze. Het resultaat was dat de leerboeken uit de traditie van de

5. Monika Steinhäuser, *Die Architektur der Pariser Oper. Studien zu ihrer Entstehungsgeschichte und ihrer architekturgeschichtlichen Stellung*, München 1969.
6. 'Ein Straßennetz dient immer nur der Kommunikation, niemals der Kunst, weil es niemals sinnlich aufgefaßt, niemals überschaut werden kann, außer am Plan.' Camillo Sitte, *Der Städtebau nach seinen künstlerischen Grundsätzen. Vermehrt um 'Grossstadtgrün'*, Braunschweig/Wiesbaden 1983 (1909), p. 101.

directions, such as width, depth, height, costs, materials or juxtaposing of composing elements, that might effectuate the difference from one solution to another.

At a time when any thinking was still considered to be necessarily representational, architectural thinking had to find a logic in dealing with social or technical problems, that is with new developments which were not yet part of the ruling aesthetic routine. Therefore, the polytechnic manuals are more independent from design, show the more elaborate research in architecture and urbanism, and are more numerous.[7] That way, within the polytechnic tradition, if a design problem is encountered for which no design solution is available or, more importantly, can be devised, it is always possible to shift from design towards research or rather, to conceive of a certain multitude of solutions instead of striving for only one solution and, furthermore, to find the right solution in the very way this multitude is composed, through its specific logic rather than by selecting a solution from this multitude – as the *Beaux Arts* would do.

While education in architecture tends to follow the arts master class model from the academies using, if at all, the manuals from the polytechnic tradition merely as a source to select a design solution from, at the universities the polytechnic research model always offers the possibility of deepening a design through research. Since analyses of site, programme and costs are normal design procedures, as a research method analysis might be extended towards form, composition, and character, either inside or outside a designing involvement.

Analytical Research

In order to systematise alternatives, manuals from the polytechnic tradition had to define sequence or repetition. That the listing of various shapes through category, for instance the orders, would exert a certain influence over the singular shapes themselves was established by Vignola as early as 1562 by rejecting the Renaissance architects' idea that any shape should have ideal proportions of its own. The shift from proportion theory, which did not involve much empirical research, and is still obscurely practised by some architects today as the kind of secret knowledge which to some extent cannot be shared with the public, towards a simple and comprehensible system of comparability (for instance Vignola's constant relationships between pedestal, column, and entablature) established Classical architecture through a contemporary understanding which was to be very popular for centuries to come especially amongst non-architects.[8] The well-tempered taxonomy of the orders proved to be a research tool with which to analyse buildings and to invent new orders as well, not through designing buildings but right from the taxonomic sequence as it was. Each new demand might not only be met by designing a building but also by elaborating existing taxonomies.

While the multitude of solutions which were classified that way or rather, collected, were representing architecture or urbanism from the single viewpoint of the selected category, the taxonomical method itself, its structure, stayed irrelevant with regard to the resulting representation,

7. As Carel Weeber argued, research and design in that respect might be either thought of as being autonomous activities which are completely independent from one another or, as Giorgio Grassi argued, the fact that architecture finds its logic of representational thinking outside the realm of design and inside research or, as he calls it, 'analysis', would mean design might better adopt the logic of research, since it lacks a logic of its own: Giorgio Grassi, *De logische constructie van de architectuur*, Nijmegen 1997, p. 187.

8. Dora Wiebenson (ed.), *Architectural Theory and Practice from Alberti to Ledoux,* Chicago 1982, III-A-4.

sociale woningbouw of, meer in het algemeen, uit de militaire traditie grote aantallen mogelijke gebouwen, wijken en hun samenstellende elementen representeerden door ze te ordenen op basis van de eenvoudigste en meest gangbare categorieën, invloeden, vectoren en richtingen, zoals breedte, diepte, hoogte, kosten, materialen of door het nevenschikken van samenstellende elementen die het verschil tussen de ene oplossing en de andere moesten bewerkstelligen. Hierin verschillen ze van de hobby-achtige leerboeken uit de kunsttraditie, die een ideaal gebouw trachtten te representeren door middel van een soort groots ontwerp – en zo onderzoek en ontwerp hybridisch door elkaar lieten lopen, hoe elementair hun presentatie ook had kunnen zijn.

In een tijd dat iedere gedachtevorming nog als noodzakelijkerwijs representerend werd beschouwd, moest het architectonische denken een logica vinden om zich te verstaan met maatschappelijke of technische problemen, met nieuwe ontwikkelingen dus die nog geen deel waren van de heersende esthetische routine. Daardoor zijn de polytechnische leerboeken minder afhankelijk van het ontwerp, bevatten ze meer uitgebreid onderzoek naar architectuur en stedenbouw en zijn ze talrijker.[7] Op die manier is het altijd mogelijk in de polytechnische traditie, wanneer voor een ontwerpprobleem geen oplossing beschikbaar is – of, belangrijker nog, kan worden gevonden – om van ontwerp op onderzoek over te schakelen of, beter gezegd, zich een veelheid aan oplossingen voor te stellen in plaats van te streven naar één enkele oplossing. Het is mogelijk om de correcte oplossing juist te vinden in de manier waarop die veelheid is samengesteld, door middel van de specifieke logica ervan, en niet door het kiezen van één oplossing uit vele – zoals de Beaux-Arts-traditie zou doen.

De architectuuropleiding op de academies neigt naar het model van de hogere kunstopleiding waarbij de leerboeken uit de polytechnische traditie gebruikt worden (áls ze al gebruikt worden) als niet meer dan een informatiebron waaruit een ontwerpoplossing kan worden gekozen. Het polytechnische onderzoeksmodel aan de universiteiten biedt echter altijd de mogelijkheid om een ontwerp door middel van onderzoek uit te diepen. Omdat analyses van bouwplek, programma en kosten normale ontwerpprocedures zijn, kan analyse als onderzoeksmethode worden uitgebreid naar vorm, compositie en aard, zowel binnen als buiten een concrete ontwerpsituatie.

Analytisch onderzoek

Om alternatieven te systematiseren moesten leerboeken uit de polytechnische traditie volgorde en herhaling definiëren. Dat het inventariseren van verschillende vormen op categorie, de ordes bijvoorbeeld, een zekere invloed zou hebben op de enkelvoudige vormen zelf, was al in 1562 vastgesteld door Vignola, die het idee van de Renaissance-architecten afwees dat iedere vorm op zichzelf ideale proporties moest hebben. De proportietheorie, waar niet veel empirisch onderzoek bij kwam kijken en die vandaag de dag nog steeds door sommige architecten wordt toegepast als een soort geheime kennis die tot op zekere hoogte niet met het publiek gedeeld kan worden, verschoof naar een eenvoudig en begrijpelijk systeem van vergelijkbaarheid (zoals Vignola's constante relaties tussen

7. Zoals Carel Weeber stelde kunnen onderzoek en ontwerp in dit opzicht worden beschouwd als autonome activiteiten die geheel onafhankelijk van elkaar zijn. Of, zoals Giorgio Grassi argumenteerde, zou het feit dat de architectuur haar logica van representerend denken vindt buiten het terrein van het ontwerpen en binnen dat van onderzoek of 'analyse', zoals hij het noemt, betekenen dat het ontwerp beter de logica van het onderzoek kan overnemen omdat het zelf geen eigen logica kent: Giorgio Grassi, *De logische constructie van de architectuur*, Nijmegen 1977, p. 187.

and subsequently could have any serial form or use any serial technique.[9] Repetition might move from small to big, as in the case of the orders or the collection of Parisian houses on the basis of their parcel widths in Muet's *Manière de bien bastir*, be temporal like the comparative analyses of a building element from antiquity and the same one in modern times, and even be alphabetical, listing various building elements on the basis of their names, as did Viollet-le-Duc in his *Dictionnaires*. Since such series did not represent one single building but were representing all buildings through multitude of them, such representations might imply a certain reduction with regard to the totality of possible solutions. However, just as Vignola's well-temperedness established a compatibility between the various orders which freed itself from the proportion system from which their importance would still be derived – the result being that all orders, both the ones that were listed and the ones that were not listed because they were either forgotten or not yet invented, could be, as he said (thereby incidentally defining representation) 'imagined at a single glance', that is, be directly and non-mediatedly there – ironically such a reductive representation would still be there and still function *but stop* being a representation if no example at all would be listed into its series. Through such a series or multitude with no entities or only entities which were forgotten or were yet to be invented, research would act directly as a design tool. In order to increase the amount of design methods or make existing methods more flexible, it might be important, therefore, to understand the specific nature of taxonomic classification in architecture and urbanism or rather, how it came to be formulated as it was.

Since parcel width would seem to be a matter of real estate economics or urbanism rather than something architectural, and the alphabet would not likely be considered a form of architecture at all, to classify houses on the basis of their parcel width or to list building elements alphabetically on the basis of their names might at first sight boil down to classifying architectural solutions through parameters which do not properly belong to architecture. They would, rather, belong to other systems than the architectural one which is the very subject of the classification. This, though, is a question of definition. Since architects do speak language, architecture might as well incorporate the alphabet. To affirm or deny something to be an architectural element or not would be a matter of choice, for the simple reason that to architecture, any definition is possible.[10] This does not mean, however, that the difference between the classifying parameter and the classified architectures might not play an important role. Just as the parcel width in Muet's *Manière* relates the Parisian houses to a non-geographical, extendable but not extensive urbanism which simply consists of the presence of streets, Viollet-le-Duc's alphabet underlines the pre-eminence or even permanence of –discourse in his description of the building elements without describing – within the frame of describing each element – the very building to which they might belong. In this way, such parameters tend to de-territorialise architecture and urbanism or break them up. In the Dutch so-called 'Neo-Realistic' social housing of the early 1980s, parameter thinking could even lead to a whole design system in which everything

9. Giorgio Grassi, *La costruzione logica dell'architettura*, Venice 1976, p. 61.

10. Giorgio Grassi, *L'architettura come mestiere e altri scritti*, Milan 1980, pp. 42-43.

sokkel, zuil en entablement). Dit systeem was bepalend voor de classicistische architectuur als modern begrip en zou eeuwenlang zeer populair blijven, in het bijzonder onder niet-architecten.[8] De goed afgestelde taxonomie van de ordes bleek een onderzoeksinstrument waarmee zowel gebouwen konden worden geanalyseerd als nieuwe ordes in het leven geroepen, niet door het ontwerpen van gebouwen, maar regelrecht vanuit de taxonomische volgorde. Aan iedere nieuwe behoefte kon niet alleen worden beantwoord door een gebouw te ontwerpen, maar ook door bestaande taxonomieën verder uit te werken.

8. Dora Wiebenson (red.), *Architectural Theory and Practice from Alberti to Ledoux*, Chicago 1982, III-A-4.

Hoewel de veelheid aan oplossingen die werden geclassificeerd (of liever gezegd: verzameld) de architectuur of de stedenbouw slechts representeerden vanuit het standpunt van de gekozen categorie, bleven de taxonomische methode zelf en haar structuur irrelevant met betrekking tot de representatie die er het gevolg van was. De representatie kon in het vervolg iedere seriële vorm hebben of iedere seriële techniek hanteren.[9] De herhaling kon variëren van klein tot groot, zoals in het geval van de ordes of de verzameling Parijse huizen gerangschikt naar kavelbreedte in Muets *Manière de bien bastir*. De herhaling kon zich door de tijd heen bewegen zoals de vergelijkende analyses van een bouwelement uit de Oudheid en hetzelfde element in de moderne tijd, of zelfs alfabetisch zijn en diverse bouwelementen inventariseren op basis van hun naam, zoals Viollet-le-Duc deed in zijn *Dictionnaires*. Omdat zulke reeksen niet één enkel gebouw representeerden maar een groot aantal van alle gebouwen, konden dergelijke representaties een zekere reductie impliceren met betrekking tot het totaal aan mogelijke oplossingen. Maar net zoals Vignola's juiste afstemming een vergelijkbaarheid tussen de verschillende ordes introduceerde die zich bevrijdde van het proportiesysteem waarvan hun belang nog steeds werd afgeleid – met als resultaat dat alle ordes, zowel die welke gecatalogiseerd waren als die waarbij dat niet het geval was, omdat ze ofwel vergeten waren ofwel nog moesten worden uitgevonden, naar zijn zeggen (waarbij hij in het voorbijgaan een definitie van representatie gaf) 'in één oogopslag voor de geest konden worden gehaald', dat wil zeggen: er direct en ongemedieerd zijn – zo kon een dergelijke representatie er ironisch genoeg nog steeds zijn en functioneren, maar *ophouden* een representatie te zijn indien geen enkel voorbeeld in haar reeks gecatalogiseerd zou zijn. Door een dergelijke serie of hoeveelheid zonder entiteit of met alleen entiteiten die vergeten waren of nog bedacht moesten worden, zou onderzoek direct functioneren als een instrument tot vormgeving. Teneinde de hoeveelheid ontwerpmethodes te vergroten of bestaande methodes flexibeler te maken, zou het dus van belang kunnen zijn om de specifieke aard van de taxonomische classificatie in architectuur en stedenbouw te begrijpen, of liever: te begrijpen waarom die classificatie zodanig geformuleerd werd als het geval was.

9. Giorgio Grassi, *La costruzione logica dell'architettura*, Venetië 1976, p. 61.

Omdat kavelbreedte eerder een kwestie van onroerend goed of van stedenbouw lijkt te zijn dan van architectonische aard, en het onwaarschijnlijk is dat het alfabet als enigerlei vorm van architectuur zal worden beschouwd, komt de classificatie van huizen op basis van hun kavelbreedte of de alfabetische catalogisering van bouwelementen op het eerste gezicht neer op een classificatie van architectonische oplossingen

might be looked at as being a parameter from another system, and become optimised within its own system instead of being optimised within the extension of the design as a whole – the result being that the actual social housing building, its scheme, would be and could be highly divergent.[11]

In the manuals only one parameter or a few would vary, the result being that no connection whatsoever is established between these parameters themselves. If one manual uses parcel width and the other one uses the alphabet, and both are genuine architectural researches, no mediation between parcel width and the alphabet would be defined architecturally. At the level of manuals, width, depth, height, costs, and juxtaposition of elements are not interrelated. Instead of regarding the parcel width as belonging to the geometry of the building on that parcel, it might be taken independently. If a building lot is not broad enough, parcel width might be considered a design constraint; but as every parcel has a width already, it need not be designed, because it is already there, and a solution may come out of the idea of varying the width, that is by conceiving of it as a mere coincidence instead of considering it to be a constraint. Since the same applies to all other vectors which are always present, any solution results from a multitude of coincidences, which does not form a whole. As Giorgio Grassi argued in 1967, classification parameters such as width, alphabet, and costs, are common vectors which are substantially irrelevant, neutral, and even not the producing factors, with regard to the multitude of solutions they collect;[12] yet, he thereby overlooked the fact that there is a reason to this, which is that in such a way width, depth, height, even costs, are conceived of as being fundamentally asymmetrical, because as a classification parameter, a certain parcel width would be a variation point between the smaller and the bigger opportunities, which differ from each other, and form a difference. Parcel width would not be the simple distance between left and right anymore which according to a naturalistic space conception would have a symmetrical relationship; or rather, even left and right might be considered to have an asymmetrical relationship from the manual's point of view. That way, in architecture and urbanism the symmetry any shape necessarily has in natural space might be replaced through a far more active asymmetry any shape would underlie, even in natural space, so that any dimension gets a direction, and any plane might act as a vector. In this way, analytical research might introduce far more open, active, intensive, and flexible design possibilities.

Empirical Research and Experimental Design

As taxonomic classification might still be relevant, even topical, to architecture today be it only through the implications it might have on design (if it is conceived of as being a design tool rather than a research system), as a research model it seems not precise enough through its highly reductive character. There is no point either in maintaining a scientific paradigm in architecture which in other sciences was abolished long ago. Yet, little attention has been paid to the question of empirical research in architecture and urbanism. Reduction of reality by hypothesis

11. See Joost Meuwissen: *Architectuur als oude wetenschap. Architectuurtheoretische aspecten van het rationalisme in de Nederlandse bouwkunst*, Amsterdam 1988, pp. 52-54.

12. Grassi 1976, p. 61.

door middel van parameters die niet echt bij de architectuur horen. Ze horen eerder bij andere systemen dan het architectonische, dat nu juist het onderwerp van classificatie is. Dit is echter een kwestie van definitie. Omdat architecten in taal spreken, zou de architectuur ook het alfabet kunnen incorporeren. Vaststellen of iets een architectonisch element is of niet is een kwestie van keuze, om de eenvoudige reden dat voor architectuur iedere definitie mogelijk is.[10] Dat wil echter niet zeggen dat het verschil tussen de classificerende parameter en de geclassificeerde architecturen geen belangrijke rol zou spelen. Zoals de kavelbreedte in Muets *Manière* de Parijse huizen relateert aan een niet-geografische vorm van stedenbouw die uitgebreid kan worden maar niet grootschalig is en simpelweg bestaat uit de aanwezigheid van straten, en Viollet-le-Ducs alfabet de voorrang of zelfs de duurzaamheid onderstreept van het discours in zijn beschrijving van de bouwelementen zonder – in het kader van het beschrijven van ieder element – het gebouw zelf te beschrijven waartoe ze zouden kunnen behoren. Op deze manier neigen dergelijke parameters tot een deterritorialisering van of tot een breuk met architectuur en stedenbouw. In de zogenoemde neorealistische sociale woningbouw in Nederland uit de vroege jaren tachtig kon het denken in parameters zelfs leiden tot een heel ontwerpsysteem waarin alles kan worden bekeken als een parameter uit een ander systeem en optimaal kan functioneren binnen het eigen systeem in plaats van in het uitgebreidere kader van het ontwerp als geheel – met als resultaat dat het eigenlijke gebouw in de sociale woningbouw, de ordening daarvan, in hoge mate zou kunnen verschillen en dat ook deed.[11]

In de leerboeken verschilde vaak maar één parameter of een paar, met als resultaat dat er geen enkel verband tussen deze parameters zelf is gelegd. Als het ene leerboek kavelbreedte en het andere het alfabet hanteert en ze allebei goed architectonisch onderzoek zijn, wordt er geen mediatie tussen kavelbreedte en alfabet gedefinieerd op een architectonische manier. Op het niveau van leerboeken zijn breedte, diepte, hoogte, kosten en juxtapositie van elementen niet onderling gerelateerd. In plaats van de kavelbreedte te bekijken als behorend tot de geometrie van het gebouw op dat kavel, wordt het gezien als een onafhankelijk gegeven. Als een kavel niet ruim genoeg is, kan kavelbreedte beschouwd worden als een beperking voor het ontwerp; maar als ieder kavel al een breedte heeft, hoeft die niet ontworpen te worden en kan een oplossing voortkomen uit het idee om de breedte te variëren, dat wil zeggen: door erover te denken als gewoon een toevalligheid in plaats van als een beperking. Omdat hetzelfde toe te passen is op alle andere vectoren die altijd aanwezig zijn, zal iedere oplossing het resultaat zijn van een veelheid aan toevalligheden die geen geheel vormen. Zoals Giorgio Grassi in 1967 stelde, zijn parameters van classificatie zoals breedte, alfabet en kosten algemene vectoren die in wezen irrelevant en neutraal zijn – en zelfs geen producerende factoren – met betrekking tot de veelheid aan oplossingen die ze bij elkaar brengen;[12] toch zag hij daarbij het feit over het hoofd dat dit een reden heeft, namelijk dat op zo'n manier over breedte, diepte, hoogte en zelfs kosten gedacht wordt als fundamenteel asymmetrisch, omdat als een classificatieparameter, bijvoorbeeld een bepaalde kavelbreedte, een variabele is tussen de kleinere en grotere

10. Giorgio Grassi, *L'architettura come mestiere e altri scritti*, Milaan 1980, pp. 42-43.

11. Zie Joost Meuwissen: *Architectuur als oude wetenschap. Architectuurtheoretische aspecten van het rationalisme in de Nederlandse bouwkunst*, Amsterdam 1988, pp. 52-54.

12. Grassi 1976, p. 61.

would play a different role in architectural research than it does in design.

Since specific research was prompted by new design questions to which there were no answers yet (for example restoration in the 1830s or social housing in the 1920s), such a research, because of the specificity of the problem would not, however, only necessarily mean a reduction of the whole range of possible solutions but through that already be a further step towards finding a solution. However, in general to design through reduction by removing every possibility which seems irrelevant at the time would also run the risk of removing the right solution. In the end, the original question might have been put falsely, and probably was. Hence, to put such a question into a falsifiable state was a logical step, which was made in the early nineteenth century, introducing the negative into architecture and urbanism. Restoration, according to Viollet-le-Duc in that respect, has nothing to do with bringing back a situation from the past, because such a situation might have been false anyhow; therefore, if restoration should avoid failures, it might bring back a building into a state which could be right but might not have occurred in the past at all.[13] This well-known definition, which was severely criticised only after historical investigation had become a common part of restoration procedure, provoked falsifiable historical as well as architectural investigation. That way, the taxonomy of listing examples from the past by category was replaced by a more empirical and open questioning in much the same way as Schinkel did in his listing of architectural errors, which were common design solutions from the great architectures of the past which had become false ones – and therefore always had been! – according to the new design approach that tried to adapt architecture to the new technologies and the development of public programmes during the Industrial Revolution, and for which the new approach itself did not yet offer solutions. Although Schinkel in his *Lehrbuch* used a lot of taxonomies, the 'errors of architecture' (*Fehler der Architektur*) already belonged to another, more modern and more negative methodology. As a taxonomy, the list of failures did not have a consistency of its own and seemed to be in search of an argumentation still to come. According to Schinkel, what made these old shapes into errors now was mostly a lack of efficiency, that is of optimisation – the main item within the military tradition. A column standing apart with all the entablature it would have as a part of a building was criticised as being senseless just because the piece of beam on top would not be needed when there is no building or nothing to support.[14] It is the *Beaux Arts* building image thinking, the idea that the logic of a building element can only be derived from the building itself, which is criticised that way. Yet, the right solution – a column standing apart with no entablature at all – would also be senseless, were it not through a specific context, and subsequently could not be drawn as a part of a taxonomic system. That way, the really right solution could only be prompted through a specific question or a specific context, and the power of the falsifying hypothesis of architectural errors would lie in its giving direction to a research which would be far more empirical than the reductive system of taxonomy could ever be, and to a design where this direction might develop hypothesises for experiment.

13. '(…) dans un état complet qui peut n'avoir jamais existé à un moment donné.' E.E. Viollet-le-Duc, *Dictionnaire raisonné de l'architecture française du XIe au XVIe siècle*, volume 8, Paris 1967, p. 14.

14. 'Säule mit Gebälk einzeln stehend etwa eine Figur tragend.' Goerd Peschken, *Das Architektonische Lehrbuch*, Berlin 1979, p. 98.

Jaarabbonement (3 nummers) € 50
Gereduceerd (studenten, CJP) € 35
Instellingen € 75

Subscriptions in Europe
individuals € 60
students € 45
organisations € 80

Subscriptions outside Europe
individuals € 67.50
students € 50
organisations € 85

naam / name

_____

adres / adress

_____

postcode en plaats / zip and city

_____

land / state and country

_____

vanaf / starting from No.

_____

☐ normaal tarief /
standard rate

☐ gereduceerd tarief /
reduced rate

☐ instellingstarief /
institute rate

stuur naar / send to:
NAi Uitgevers / Publishers - Mauritsweg 23 - 3012 JR Rotterdam/ The Netherlands / T:+31(0)10 2010133
of fax naar/ or fax to: +31 (0)10 2010130
of meld u aan via/ or subscribe by e-mail: info@naipublishers.nl

Tijdschrift voor architectuur / Architectural Journal

OASE

Jaarabbonement (3 nummers) € 50
Gereduceerd (studenten, CJP) € 35
Instellingen € 75

Subscriptions in Europe
individuals € 60
students € 45
organisations € 80

Subscriptions outside Europe
individuals € 67.50
students € 50
organisations € 85

naam / name

_____

adres / adress

_____

postcode en plaats / zip and city

_____

land / state and country

_____

vanaf / starting from No.

_____

☐ normaal tarief /
standard rate

☐ gereduceerd tarief /
reduced rate

☐ instellingstarief /
institute rate

stuur naar / send to:
NAi Uitgevers / Publishers - Mauritsweg 23 - 3012 JR Rotterdam/ The Netherlands / T:+31(0)10 2010133
of fax naar/ or fax to: +31 (0)10 2010130
of meld u aan via/ or subscribe by e-mail: info@naipublishers.nl

Tijdschrift voor architectuur / Architectural Journal

OASE

Abonnement / subscription

NAi Uitgevers / Publishers
Mauritsweg 23
3012 JR Rotterdam
The Netherlands

NAi Uitgevers / Publishers
Mauritsweg 23
3012 JR Rotterdam
The Netherlands

mogelijkheden, die van elkaar verschillen en een verschil vormen. Kavelbreedte zou niet simpelweg meer de afstand zijn tussen links en rechts die volgens een naturalistische ruimteopvatting een symmetrische relatie hebben; of, beter gezegd: ook de relatie tussen links en rechts zou kunnen worden beschouwd als asymmetrisch vanuit het standpunt van de leerboeken. Op die manier zou in architectuur en stedenbouw de symmetrie die iedere vorm noodzakelijkerwijs in de natuurlijke ruimte heeft, kunnen worden vervangen door een veel actievere asymmetrie die aan iedere vorm ten grondslag zou liggen, zelfs in de natuurlijke ruimte, zodat iedere dimensie een richting krijgt en ieder vlak als een vector zou kunnen gaan fungeren. Op deze manier zou analytisch onderzoek ontwerpmogelijkheden kunnen introduceren die veel opener, intensiever en flexibeler zijn.

Empirisch onderzoek en experimenteel ontwerp

Hoewel taxonomische classificatie nog steeds relevant en zelfs actueel kan zijn voor de hedendaagse architectuur – zij het alleen vanwege de implicaties die het kan hebben voor het ontwerpen; het wordt eerder gezien als ontwerpinstrument dan als onderzoekssysteem – lijkt het als onderzoeksmodel niet precies genoeg vanwege de sterk reductieve aard ervan. Het heeft ook geen zin om in de architectuur een wetenschappelijk paradigma vol te houden dat in andere wetenschappen al lang geleden is afgeschaft. Toch is er weinig aandacht besteed aan de kwestie van empirisch onderzoek in architectuur en stedenbouw. De reductie van de werkelijkheid op basis van hypothesen speelt een andere rol in architectonisch onderzoek dan in het ontwerpen.

Omdat specifiek onderzoek in gang werd gezet door nieuwe vragen met betrekking tot het ontwerpen waarop nog geen antwoorden bestonden (bijvoorbeeld op het gebied van de restauratie in de jaren dertig van de negentiende eeuw of met betrekking tot de sociale woningbouw in de jaren twintig van de twintigste eeuw) betekende dergelijk onderzoek vanwege de specifieke aard van het probleem niet alleen noodzakelijkerwijs een reductie van het hele veld van mogelijke oplossingen, maar juist om die reden ook een stap verder in het vinden van een oplossing. Maar ontwerpen door middel van reductie, door het elimineren van iedere mogelijkheid die op het moment irrelevant lijkt, houdt ook het risico in van het elimineren van de juiste oplossing. Uiteindelijk kan de oorspronkelijke vraag onjuist gesteld zijn en was dat waarschijnlijk ook. Het falsificeren van de vraagstelling was daarom een logische stap die genomen werd aan het begin van de negentiende eeuw door de introductie van het negatieve in architectuur en stedenbouw. Restauratie heeft in dit opzicht volgens Viollet-le-Duc niets te maken met het terughalen van een situatie uit het verleden, omdat een dergelijke situatie toch verkeerd zou zijn geweest; daarom kon een restauratie die mislukkingen wilde vermijden een gebouw terugbrengen in een staat die juist kon zijn, maar in het verleden helemaal niet zou hebben kunnen bestaan.[13] Deze bekende definitie, die pas heftig werd bekritiseerd nadat historisch onderzoek een gebruikelijk onderdeel van de restauratieprocedure was geworden, daagde uit tot falsificeerbaar historisch en architectonisch onderzoek. Op die manier werd de taxonomie van het catalogiseren op categorie van voor-

13. '(…) dans un état complet qui peut n'avoir jamais existé à un moment donné.' E.E.Viollet-le-Duc, *Dictionnaire raisonné de l'architecture française du XIe au XVIe siècle*, deel 8, Parijs 1967, p. 14.

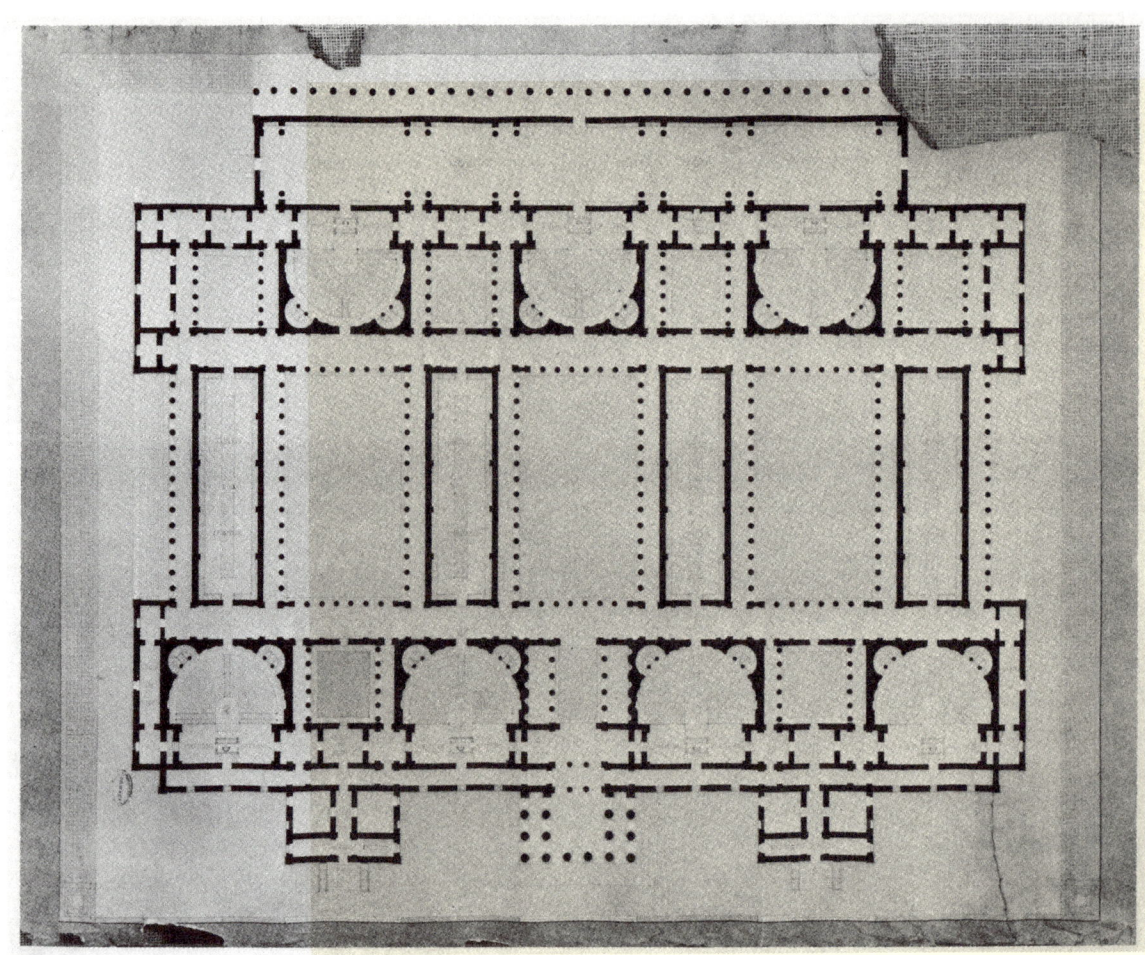

Victor Baltard
1.01 Collège. 1830. Concours d'émulation, rendu.
Plattegrond/
Collège. 1830. Concours d'émulation, rendu. Plan

beelden uit het verleden vervangen door een meer empirisch en open bevragen. In veel opzichten leek dit op Schinkels inventarisatie van architectonische fouten, die bestond uit gangbare ontwerpoplossingen van de grote architecten uit het verleden die onjuist waren geworden – en het daarom altijd waren geweest! – volgens de nieuwe benadering van het ontwerpen, die de architectuur probeerde aan te passen aan de nieuwe technologieën. Voor de ontwikkeling van nieuwe openbare programma's tijdens de Industriële Revolutie had Schinkels nieuwe benadering nog geen oplossingen te bieden. Hoewel Schinkel in zijn *Lehrbuch* veel taxonomieën gebruikte, horen de 'Fehler der Architektur' (fouten van de architectuur) al thuis in een modernere en meer negatieve methodologie. Als taxonomie had de lijst van mislukkingen geen eigen consistentie en ontbrak op dat moment een argumentatie ervoor. Volgens Schinkel was datgene wat deze oude vormen nu tot fouten maakte vooral een gebrek aan efficiëntie, dat wil zeggen: aan optimaal functioneren – het voornaamste thema uit de militaire traditie. Een op zichzelf staande zuil die voorzien was van het hele entablement werd als zinloos bekritiseerd indien er geen gebouw was en helemaal niets dat gesteund moest worden.[14] Het is de beeldende Beaux-Arts-gedachtegang, het idee dat de logica van een bouwelement alleen van het gebouw zelf kan zijn afgeleid, dat op die manier wordt bekritiseerd. Toch zou de juiste oplossing – een op zichzelf staande zuil zonder wat voor entablement dan ook – eveneens zinloos zijn als er geen specifieke context was en de zuil later niet getekend kon worden als deel van een taxonomisch systeem. Zo kon de werkelijk juiste oplossing alleen het gevolg zijn van een specifieke vraag of een specifieke context. De kracht van de falsificerende hypothese van architectonische fouten bestond uit het geven van richting aan een onderzoek dat veel empirischer was dan het reductieve systeem van de taxonomie ooit zou kunnen zijn en aan een manier van ontwerpen waarbij deze richting hypothesen voor experimenten zou kunnen ontwikkelen.

Vertaling: Philip Peters

14. 'Säule mit Gebälk einzeln stehend etwa eine Figur tragend.' Goerd Peschken, *Das Architektonische Lehrbuch*, Berlijn 1979, p. 98.

Henk Engel
Autonome architectuur en het stedelijk project /
Autonomous Architecture and the Project of the City

As language signifies the whole of a people's mentality, definition is bound by the limitations of a language that coincides with a certain mentality. . . This phenomenon is even more evident in older, time-honoured languages (such as Latin) and therefore, based on my participation in a seven-years' experiment, I am now convinced that it is impossible for northern and southern mentalities to reach agreement on the terminology of definition. Neither in politics, nor in art or science. Perhaps the least subjective of visual arts, architecture, will by her silent presence be able to generalise visual awareness.

Theo van Doesburg, 'architectuur-diagnose', 1924

Daar de taal de gehele mentaliteit van een volk inhoudt, zal begripsformulering slechts mogelijk zijn binnen de perken van een taal, die met een bepaalde mentaliteit identiek is. (…) In talen met grotere en ouder traditie (de latijnse) is het nog veel sterker en ik spreek volkomen uit ervaring, als ik zeg, dat ik na een zevenjarig experiment tot de overtuiging ben gekomen, dat het daarom onmogelijk is, dat Noordelijke en Zuidelijke mentaliteit zich op het gebied der begripsterminologie zouden kunnen verstaan; noch in politiek, noch in kunst, noch in wetenschap. Wellicht dat de beeldende kunst en in het bijzonder de minst subjectieve, de architectuur, door haar sprakeloze verschijning het beeldend bewustzijn zal kunnen veralgemenen.

Theo van Doesburg, 'architectuur-diagnose', 1924.

On 13 June 2003 Carel Weeber, after thirty-three years of being its professor of architecture, took his leave of the Delft University of Technology (TU Delft) Faculty of Architecture. In 1970, during the early days of the democratised department of architecture, his being appointed a named professorship was a major achievement. Of those nominated by the General Assembly – one man, one vote – he was the only internal candidate that had the support of the Board of Governors. Weeber had earned his reputation by being awarded the Prix de Rome of 1966, by designing the set for Peter Schat's Opera *Reconstruction* of 1969 and as the architect of the Dutch Expo pavilion in the Osaka world exhibition of 1969–1970, co-operating with Bakema.

Initially, young professor Weeber mainly made himself useful by administratively supporting the 1970s' student initiatives on education and research. His commitment to the debate on the status of architectural design within academic science, and on the role historical research should play in critical reflection upon that status, estranged him from the 1960s' 'wonder boy' he once was. He became controversial. Still, he was never an ideological leader in these matters. Weeber never held strong views: he acted like some kind of games master. Unfortunately, this attitude also turned him into a sitting target. Joining a regular firm of architects once more tipped the scale. In 1979, Weeber presented his

Op 13 juni 2003 heeft Carel Weeber, na drieëndertig jaar, afscheid genomen als hoogleraar Architectuur van de Faculteit Bouwkunde TU Delft. Zijn benoeming tot buitengewoon hoogleraar in 1970 was een belangrijk wapenfeit in de beginperiode van de gedemocratiseerde afdeling Bouwkunde. Van de voordracht van de algemene vergadering – *one man, one vote* – tot benoeming van hoogleraren was Carel Weeber de enige interne kandidaat die door het College van Bestuur werd overgenomen. Weeber had naam gemaakt mèt de Prix de Rome (1966), als ontwerper van de decors voor de opera *Reconstructie* (1969) van Peter Schat en als architect van het Nederlandse paviljoen voor de Wereldtentoonstelling in Osaka, in samenwerking met Bakema 1969–1970.

Als jong hoogleraar heeft Weeber zich in de jaren zeventig met name verdienstelijk gemaakt met de bestuurlijke ondersteuning van studenteninitiatieven in onderwijs en onderzoek. Door zijn bestuurlijke betrokkenheid bij de discussies over de positiebepaling van het architectonisch ontwerpen in het wetenschappelijk bedrijf van de universitaire opleiding en de rol van het historisch onderzoek daarin als kritische reflectie van het vak, verloor Weeber zijn status van 'wonderboy' uit de jaren zestig. Hij werd een omstreden figuur. Toch was zijn rol in deze kwesties niet die van een ideologisch voorman. Weeber bracht geen uitgesproken standpunten in, maar was een soort spelleider en vervolgens, waarschijnlijk ongewild, de kop van jut. Met zijn entree in een reguliere architectenpraktijk verandert dit. In 1979 geeft Weeber in *Plan* zijn geloofsbrieven af met de publicatie van het artikel

credentials by publishing an article in *Plan* magazine 'Formele objectiviteit in stedebouw en architectuur als onderdeel van rationele planning' (Formal Objectivity in Urban Design and Architecture as Part of Rational Planning).

Apparently it is not easy to show the connections between Weeber's architectural practice and the ups and downs of TU Delft's department of architecture. Ed Taverne made an effort, publishing *Carel Weeber architect* in the 1989 series *Monografieën van Nederlandse architecten*. In it, he opposes Weeber's pursuit of objectivity in urban design and architecture to the *Forum* ideology propagated by Van Eyck and Bakema. Also, he interprets Weeber's entire *oeuvre*, including his 1964 graduation project, from the perspective of 'Formele objectiviteit in stedebouw en architectuur'.

Taverne looks upon both the 1964 graduation project *Kreatief Centrum Rijnmond*, on the centre of the Rijnmond area and the 1966 award winning Prix de Rome design for the Amsterdam central station as studies of 'how to eliminate the overlapping of urban design and architecture, so highly valued by Bakema'. Supposedly, these designs show Weeber separating said disciplines in order for them to 'once again merge, as autonomous units, into a highly articulated (mega) structure'.

While re-constructing Weeber's oeuvre, Taverne offers a curious explanation of Umberto Barbieri's attempt, ten years earlier, to force his way out of the *nieuwe truttigheid* (new parochialism) of the seventies, using the work of Wim Quist, Jan Hoogstad and Carel Weeber. In 'De nieuwe truttigheid is dood, wat nu?' (Exit the New Parochialism, What is Next?), published in *Plan* magazine no. 11, 1979, Barbieri maintained that the Dutch architecture of the seventies had been the outcome of an unlucky coalition between *Forum* ideology and the New Left's community worker attitude. At the time, the *nieuwe truttigheid* had not as yet actually exited: Barbieri's use of the past tense rather expressed his own wishful thoughts. Published in the same issue of *Plan* magazine Barbieri brought up Weeber's 'Formele objectiviteit...' as the programme for a Neo-Realistic movement.

In 1989, Taverne continues to give an outline of Weeber's work, again interpreting its heterogeneity solely in terms of 'Formele objectiviteit...' In doing so, he ignores both the vitality

'Formele objectiviteit in stedebouw en architectuur als onderdeel van rationele planning'.

Het is blijkbaar niet makkelijk de verbindingen te zien van Weebers architectenpraktijk en de lotgevallen van het architectuuronderwijs in Delft. In *Carel Weeber architect*, verschenen in 1989 in de reeks *Monografieën van Nederlandse architecten*, heeft Ed Taverne daartoe een poging gedaan. Hij stelt Weeber, met zijn streven naar objectiviteit in stedenbouw en architectuur, tegenover de ideologie van *Forum*, uitgedragen door de hoogleraren Van Eyck en Bakema. Taverne projecteert daarbij 'Formele objectiviteit in stedebouw en architectuur' op het hele oeuvre van Weeber, zelfs op zijn afstudeerproject uit 1964. Zowel zijn afstudeerproject, *Kreatief Centrum Rijnmond*, als het Prix de Rome-ontwerp voor het Centraal Station te Amsterdam (1966) beschouwt Taverne als een onderzoek naar 'de mogelijkheden voor het ongedaan maken van de door Bakema zo gewaardeerde overlapping van stedebouw en architectuur'. In deze ontwerpen zou Weeber beide disciplines juist hebben 'ontkoppeld om opnieuw als zelfstandige elementen te kunnen opgaan in een zeer gearticuleerde (mega)-structuur'.

Taverne geeft in zijn constructie van het oeuvre van Carel Weeber een merkwaardige draai aan de poging, tien jaar eerder, van Umberto Barbieri om via het werk van Wim Quist, Jan Hoogstad en Carel Weeber een uitweg te forceren uit de 'nieuwe truttigheid' van de jaren zeventig. In 'De nieuwe truttigheid is dood, wat nu?' (*Plan* nr. 11, 1979) beschouwde Barbieri de Nederlandse architectuur van de jaren zeventig als het resultaat van de onzalige coalitie van de Forum-ideologie en de opbouwwerkersmentaliteit van Nieuw Links. De dood van de nieuwe truttigheid die Barbieri verkondigde, was op dat moment nog niet zozeer een feit, maar veeleer een wens. Weebers 'Formele objectiviteit...', dat in hetzelfde nummer van *Plan* stond afgedrukt, werd door Barbieri naar voren geschoven als programma van een neorationalistische tendens.

In 1989 neemt Taverne dezelfde tekst als uitgangspunt om lijn te brengen in het heterogene werk van Weeber. Hij verliest daarmee de dynamiek in de architectonische cultuur uit het oog en ook de beweeglijkheid van Weeber in zijn reacties daarop. Het zal niet meevallen aan deze anachronistische lezing Weebers meer recente wending tot het Wilde Wonen en wat daarop mogelijk nog zal volgen, toe te voegen. Nog meer vraagtekens roept Taverne op met zijn oordeel over de opleiding in Delft na de democratisering. Daarover schrijft hij: 'Vergeleken met de

of architectural culture and the agility of Weeber's reactions. Fitting in Weeber's most recent line, *Het Wilde Wonen* (liberal living), and whatever may follow in with this anachronistic view is no picnic.

Taverne's view of TU Delft's democratised department of architecture, however, is even more questionable. He writes: 'Compared to the far-reaching reorientation and the search for architectural context in terms of tradition, history and city that simultaneously took place in Paris, Milan and Venice, Delft may have changed its outlook on social relationships between staff and students, between architect and community, but failed to enhance the cultural values of building and to advance architecture. Dutch architecture has lost out here, is both professionally and scientifically lagging behind internationally.'

Taverne appears to be cutting corners here, cutting off our view of the changes in Weeber's work during that particular period. 'Formele objectiviteit…' begins by Weeber stating that Dutch architecture has been in deadlock since the early seventies. Firstly, Weeber says, because of 'designer's (too) sudden and seemingly effortless conversion from high-rise to low-rise'. An additional reason was the general revaluation of historic cities at the time. Urban design is no longer just a matter of city expansion: preservation and renovation become an issue.

Secondly, Weeber explains the deadlock by 'the slaughter of architecture's objectification, in other words the elimination of the architectural discipline. This took place subsequent to the anti-authoritarian and pro-social relevance movement's euphoria. Architecture was driven into a corner and now needed sociology, anthropology, economics or history to establish its legitimacy. Such had also been the tenor of *Forum* magazine during the years 1959 to 1964. The net result is non-architectural design.'

Weeber depicts the crisis of architects that were once the 1960s' self-appointed heirs of modernism. After 1970 the output of Van den Broek and Bakema architects is immaterial to urban design. On the other hand Aldo van Eyck becomes the emblem of a fresh approach to architecture and urban design – but only after a remarkable change of course, marked by his 1970 design for the Amsterdam Nieuwmarktbuurt and the accompanying manifesto *Stadskern als donor* (Heart of the City as Donor).

verregaande heroriëntaties, de speurtocht naar de context van de architectuur in de zin van traditie, geschiedenis en stad, zoals die gelijktijdig in bijvoorbeeld Parijs, Milaan of Venetië plaatsvond, heeft er zich in Delft weliswaar een mentaliteitsverandering voorgedaan, maar die betrof in eerste instantie de sociale verhouding tussen staf en studenten, tussen architect en samenleving, en heeft niet geresulteerd in een verdieping van het culturele gehalte van het bouwen: de architectuur. Daarmee heeft het Nederlandse bouwen niet alleen grote schade opgelopen, maar is zij uit oogpunt van professionaliteit en wetenschappelijke inhoud internationaal gezien achterop geraakt.'

Deze diagnose lijkt wat kort door de bocht en beneemt het zicht op de veranderingen in het werk van Weeber die zich juist in die periode voordoen. Weeber begint zijn tekst over 'Formele objectiviteit…' met de vaststelling dat de Nederlandse architectuur sinds het begin van de jaren zeventig in een impasse verkeerde. Als eerste reden voert Weeber aan: 'te plotselinge en schijnbaar moeiteloze overschakeling van de ontwerppraktijk van hoogbouw naar laagbouw'. Daar kan aan worden toegevoegd een algemene herwaardering van de historische steden. Stadsontwikkeling wordt niet langer gezien als een probleem van stadsuitbreiding, maar ook als een probleem van behoud en vernieuwing van de bestaande stad.

Als tweede reden voor de impasse noemt Weeber: 'de volledige onderwerping van de objectiveerbaarheid van de architectuur, ofwel het verdwijnen van de architectonische discipline. Dit geschiedde na de euforie van de anti-autoritaire en op maatschappelijke relevantie gerichte beweging. De architectuur is in de hoek gedreven en lijkt sindsdien nog slechts te legitimeren via andere disciplines; zij lijkt gesociologiseerd, geantropologiseerd, geëconomiseerd, gehistoriseerd. Deze laatste tendens werd reeds ingeluid door het blad *Forum* tussen 1959 en 1964. Het gevolg is een ontwerpproductie die a-architectonisch is.'

De situatie die Weeber schetst, is afleesbaar als een crisis in het werk van juist die architecten die zich in de jaren zestig hadden opgeworpen als de erfgenamen van de Moderne Beweging. Na 1970 speelt het werk van het architectenbureau Van den Broek en Bakema geen noemenswaardige rol meer in het stadsontwerp. Aldo van Eyck daarentegen groeit uit tot de spraakmakende architect van een andere benadering van architectuur en stedenbouw, maar niet voordat zijn werk een opmerkelijke koerswijziging heeft ondergaan. Zijn ontwerp voor de Amsterdamse Nieuwmarktbuurt uit 1970 met het bijbehorende manifest *Stadskern als donor* markeert deze wending.

There is no reason whatsoever to assume Weeber excludes his own work from said deadlock. There is not all that much difference between Van Eyck and Bosch's designs for the Amsterdam Nieuwmarktbuurt (1970–1984) and Jordaan (1972–1980) and the city centres of Zwolle (1971–1975) and Dordrecht (1971–1982) on the one hand, and Weeber's urban renewal of the Dordrecht Bleijenhoek (1973–1979), the Delft Molslaan (1976–1979) and the Rotterdam Delfshaven Binnendijks (1977–1980) on the other. Neither is it likely that, ten years later, Weeber would fall back on his mid-sixties work to overcome the deadlock. A closer look at his 1964 graduation project *Kreatief Centrum Rijnmond* may elucidate the gap between 1964 and the late seventies, when 'Formele objectiviteit…' was written.

Carel Weeber started graduating in the autumn of 1962. During that same period, the Bouwkundige Studiekring (BSK, architectural study group) staged both an exhibition and a conference on autonomous architecture. The initiative was Michiel Polak's. Substantially, he, Jean Leering and Pjotr Gonggrijp were responsible. Weeber was involved in the preparations. Being a BSK member from 1961 to 1964, he designed the exhibition bill and, with Max Risselada, took care of the exhibition layout. As far as I know, Weeber's *Kreatief Centrum Rijnmond* was actually the first design showing a direct link to the TU Delft discussion on autonomous architecture. Its commentary mentions important elements from this discussion. The text also shows how deeply impressed Weeber had been by Constant Nieuwenhuis' delivering a speech on *Nieuw Babylon* and *Unitair Urbanisme* at Delft. Now during the 1970s, Weeber clearly distances himself from some of the assumptions formulated on autonomous architecture, as well as from Constant's view on urban design: his work enters a new stage.

Comparing Dutch and Italian efforts during the same period, as Taverne did, shows only differences but also some striking similarities. However, after CIAM was discontinued in 1959 there was hardly any contact, let alone an interchanging of experiences, between Dutch and Italian progressive architects for years. In the 1960s, the Team 10/Forum network was dominating contacts between the Netherlands and

Er is geen enkele reden te veronderstellen dat Weebers eigen werk niet evenzeer door de gesignaleerde impasse getroffen is geweest. Veel verschil is er niet tussen de ontwerpen van Van Eyck en Bosch voor de Nieuwmarktbuurt (1970–1984), de Jordaan (1972–1980), de binnenstad van Zwolle (1971–1975) en die van Dordrecht (1971–1982) enerzijds en Weebers stadsvernieuwingsprojecten Bleijenhoek in Dordrecht (1973–1979), Molslaan in Delft (1976–1979) en Delfshaven Binnendijks in Rotterdam (1977–1980). Evenmin is het aannemelijk te maken dat Weeber eind jaren zeventig zou zijn teruggevallen op zijn werk uit de jaren zestig om de gesignaleerde impasse te doorbreken. Nadere beschouwing van zijn afstudeerproject *Kreatief Centrum Rijnmond* uit 1964 kan verhelderen wat de afstand is tot zijn werk aan het eind van de jaren zeventig, toen hij 'Formele objectiviteit…' schreef.

Carel Weeber begon zijn afstuderen in het najaar van 1962. In dezelfde periode werd door de Bouwkundige Studiekring (BSK) een tentoonstelling en conferentie georganiseerd over 'Autonome architectuur'. Het initiatief voor de tentoonstelling kwam van Michiel Polak. Inhoudelijk was hij samen met Jean Leering en Pjotr Gonggrijp verantwoordelijk. Weeber maakte de voorbereidingen van nabij mee. Hij was van 1961 tot 1964 lid van de BSK, ontwierp het affiche voor de tentoonstelling en verzorgde samen met Max Risselada de inrichting ervan. Het project *Kreatief Centrum Rijnmond* is, zover ik weet, het eerste ontwerp dat direct kan worden gerelateerd aan de Delftse discussie over autonome architectuur. In de toelichtingen bij het ontwerp vinden we belangrijke elementen daaruit terug. Tegelijkertijd getuigen deze teksten van de enorme weerklank die de voordracht in Delft van Constant Nieuwenhuijs over *Nieuw Babylon* en het *Unitair Urbanisme* bij Weeber had gevonden. Het is juist van een aantal uitgangspunten die met betrekking tot autonome architectuur waren geformuleerd en de visie op de stedenbouw die Constant naar voren had gebracht, dat Weeber in de jaren zeventig afstand neemt en aan zijn werk een andere wending geeft.

Een vergelijking met hetgeen in de tussenliggende periode in Italië werd ondernomen, waar Taverne naar verwijst, brengt niet alleen verschillen maar ook opmerkelijke overeenkomsten aan het licht. Daarbij moet echter in gedachten worden gehouden dat na de opheffing van CIAM in 1959 er jarenlang nauwelijks contact is geweest, laat staan uitwisseling, tussen de progressieve Nederlandse architectuur en de Italiaanse. In de jaren zestig worden in Nederland de internatio-

the rest of the world. Only in the 1970s did the student movement, more specifically Umberto Barbieri, reestablish contact with Italy's progressive architects. At first, the exchange is limited to TU Delft's department of architecture, to publications in *B-news*, the faculty's infozine. During the late 1970s however, Italian Rationalist themes show up in *Plan* magazine and are promoted by the department of architecture of the Rotterdam Arts Council (RKS) – chairman: Carel Weeber. Now, they appear on the agenda of Dutch architecture.[1]

1. S.U. Barbieri, F. Claessens, and H. Engel, 'Giorgio Grassi en Tendenza gezien vanuit Nederland', in: Giorgio Grassi, *De logische constructie van de architectuur*, Nijmegen 1997, pp. 179-235.
S.U. Barbieri, 'Een architectonische speurtocht: de RKS en AIR', in: Umberto Barbieri, Jan de Heer, Hans Oldewarris (eds.), *Carel Weeber 'ex' architect*, Rotterdam 2003.

nale contacten gedomineerd door het netwerk van Team 10/Forum. Pas in de jaren zeventig komen via de studentenbeweging, met name door toedoen van Umberto Barbieri, opnieuw contacten tot stand met de progressieve architectuur in Italië. Aanvankelijk blijft deze uitwisseling beperkt tot de Faculteit Bouwkunde in Delft en tot publicaties in *B-nieuws*, het informatieblad van de faculteit. Eind jaren zeventig, via het tijdschrift *Plan* en vooral door de activiteiten van de sectie architectuur van de Rotterdamse Kunststichting onder voorzitterschap van Carel Weeber, worden de thema's van het Italiaanse rationalisme naar buiten gebracht en op de agenda van de Nederlandse architectuur geplaatst.[1]

1. S.U. Barbieri, F. Claessens, H. Engel, 'Giorgio Grassi en Tendenza gezien vanuit Nederland', in: Giorgio Grassi, *De logische constructie van de architectuur*, Nijmegen 1997, pp. 179-235; S.U. Barbieri, 'Een architectonische speurtocht: de RKS en AIR', in: Umberto Barbieri, Jan de Heer, Hans Oldewarris (red.), *Carel Weeber 'ex' architect*, Rotterdam 2003.

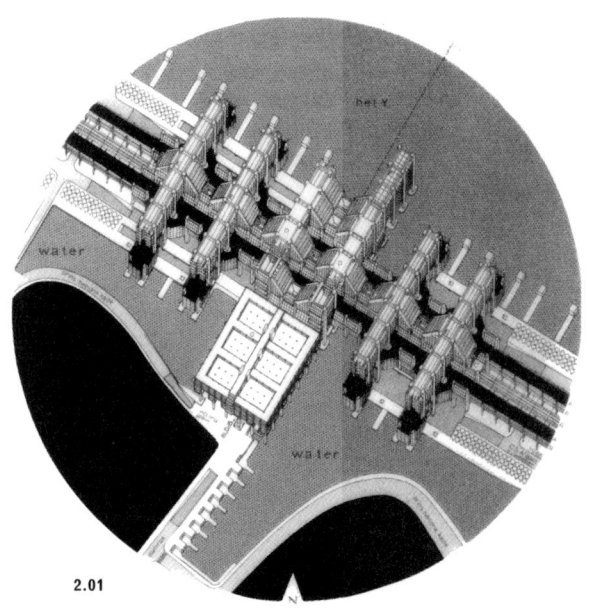

2.01

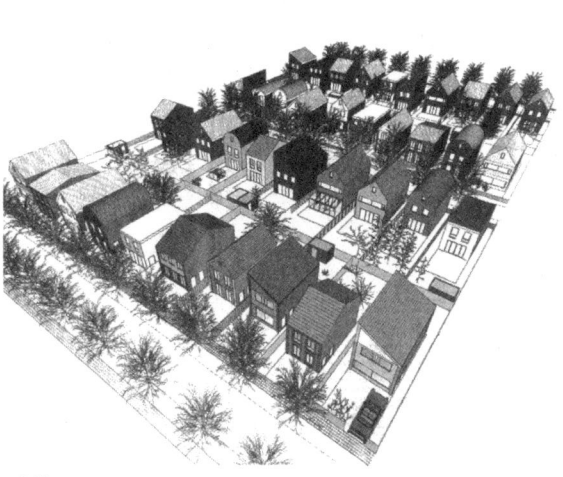

2.02

2.03

Carel Weeber
2.01 Centraal Station, Amsterdam, Prix de Rome 1966: isometrie/
Central Station, Amsterdam, Prix de Rome 1966: isometric rendering
2.02 Studie naar vrijstaande zelfbouwhuizen: het Wilde Wonen, 1997/
Study into freestanding self-built homes: 'liberal living', 1997
2.03 Maquette Kreatief Centrum Rijnmond, Noordereiland Rotterdam, Afstudeerproject TU Delft 1964/
Creative centre Rijnmond, Noordereiland Rotterdam, model of final graduation project TU Delft 1964
2.04 Nederlands Paviljoen Wereldtentoonstelling 1970, Osaka, i.s.m Jaap Bakema/
With Jaap Bakema, Pavillion of The Netherlands at the Japan World Exposition 1970, Osaka
2.05 Woningbouw Bleyenhoek, Dordrecht, 1973-1979 (gedeeltelijk gesloopt in 1998), Weeber's eigen 'Nieuwe truttigheid'/
Housing Bleyenhoek, Dordrecht, 1973-1979 (partly demolished in 1998): Weeber's own 'Nieuwe truttigheid'

Aldo van Eyck
2.06 Woningbouw, Zwolle 1971-1975/
Housing, Zwolle 1971-1975

2.04

2.05

2.06

CIAM: a Museum Piece

In September 1959, Carl Weeber, aged twenty-one, starts his fourth year of study at TU Delft. In that same month, the eleventh and last CIAM congress takes place. On this occasion CIAM is discontinued by a limited number of invitees. The congress took place at the Kröller-Möller museum in Otterlo, the Netherlands, on the initiative of Team 10, the preparatory committee for the tenth congress, which was held in Dubrovnik in 1956. As a reaction to CIAM's discontinuation, Ernesto Rogers writes an editorial for the October issue of *Casabella* (no. 232, 1959) 'I CIAM al Museo': 'The title should be explained immediately: Museums are architectonic organisms for the conservation of the documents of historic experience, not things which are dead forever, but things which, in spite of their having fallen out from the active cycle of life, are still worth while exhibiting and studying .... Those who have belonged to the CIAM may be proud of having taken part in a community of men who have been collaborating for years in a movement which truly deserves to be placed in that imaginary museum housing works proven by the intelligence and the morality which went into them. The CIAM represents the moment of greatest commitment and solidarity in modernist architecture: a commitment still valid today and more and more necessary if we are not to abandon the debate and our hope for a progressive architecture.'

During the presentation of the work of the participants in the Otterlo congress, there had been some hot debate on the designs of the Italian architects. Giancarlo de Carlo submitted a residence at Matera, Ernesto Rogers submitted the Milan Torre Valesca. Ignazio Gardella submitted an unpretentious design for the canteen of the Ivrea-based Olivetti company, his design for a residence in Zatterre, Venice, however, had been central to Reyner Banham's scathing criticism on 'Neoliberty', the Italian architectural revisionist movement.[2]

The Neoliberty controversy, exported from Italy by Banham, managed to isolate fully the Italian delegation among the display of fashionable modernist colours in Otterlo. In the name of modernism, Peter Smithson and Jaap Bakema launched a frontal attack on historical dialogue and feeling for local traditions, both apparent in the Italian submissions. There was no sympathy

CIAM in het museum

September 1959, eenentwintig jaar oud, begint Carel Weeber aan zijn vierde studiejaar in Delft. Diezelfde maand congresseert CIAM voor de elfde en tevens de laatste maal. CIAM wordt bij die gelegenheid door een beperkte groep genodigden opgeheven. Het congres vond plaats in Nederland, in het Kröller-Müller Museum te Otterlo, op uitnodiging van Team 10, het voorbereidingscommité van het tiende congres te Dubrovnik, 1956. Naar aanleiding van de opheffing van CIAM schrijft Ernesto Rogers in het oktobernummer van *Casabella* (nr. 232, 1959) een redactioneel onder de titel 'I CIAM al Museo': 'The title should be explained immediately: Museums are architectonic organisms for the conservation of the documents of historic experience, not things which are dead forever, but things which, in spite of their having fallen out from the active cycle of life, are still worth while exhibiting and studying. (...) Those who have belonged to the CIAM may be proud of having taken part in a community of men who have been collaborating for years in a movement which truly deserves to be placed in that imaginary museum housing works proven by the intelligence and the morality which went into them. The CIAM represents the moment of greatest commitment and solidarity in modern architecture: a commitment still valid today and more and more necessary if we are not to abandon the debate and our hope for a progressive architecture.'

Bij de presentatie van het werk van de deelnemers aan het congres in Otterlo had een heftige confrontatie plaatsgevonden naar aanleiding van de ontwerpen van de Italiaanse architecten. Giancarlo De Carlo presenteerde een woongebouw in Matera en Ernesto Rogers de Torre Velasca in Milaan. Ignazio Gardella presenteerde het weinig opzienbarende kantinegebouw voor Olivetti in Ivrea, maar zijn ontwerp voor een huis op Zattere in Venetië was juist het mikpunt geweest van een scherpe kritiek van Reyner Banham op 'Neoliberty', de Italiaanse revisie van de moderne architectuur.[2]

De polemiek rond Neoliberty, die door Banham over de grenzen van Italië was getild, leidde er in Otterlo toe dat de Italianen te midden van het gezelschap nieuwe vaandeldragers van het modernisme volkomen geïsoleerd raakten. Met name Peter Smithson en Jaap Bakema openden in naam van de moderniteit een frontale aanval op de samenspraak met de geschiedenis en het inspelen op lokale tradities die in de Italiaanse ontwerpen werd getoond. Er was geen enkel begrip voor de intenties die aan het werk van de Italiaanse architecten ten grondslag

at all for the intentions fundamental to the Italian work. Rogers spoke of a complete breakdown in communication. There was no longer any common ground for debate. To Rogers, after what happened in Otterlo, CIAM is history. CIAM, the organisation of modernist architecture, had demised. But Rogers still holds that the historicity of CIAM remains valuable. Therefore, CIAM deserves a place in a museum. As a museum piece, the work of CIAM is available for all, shirking those claiming its inheritance.

A similar situation arises in the Netherlands. In Otterlo, September 1959, Team 10's Dutch members Aldo van Eyck en Jaap Bakema present *Forum* no. 7: 'Het verhaal van een andere gedachte' (The Story of a Different Idea). The first issue, edited by Apon, Bakema, Van Eyck, Hardy, Hertzberger and Schrover, summarises CIAM's intellectual inheritance, well-chosen quotes opening up new vistas of urban design and architecture: *une casbah organisée*. *Forum* rejects the separation between the two disciplines and seeks to consolidate them into one single discipline: urban architecture.

As was to be expected, the first few issues of *Forum* under new management raise strong objections among the older generation of modernist architects. Van Tijen, to name but one, lashes out at what he sees as the romanticism of 'casbahism'. The reactions of the younger generation are more remarkable. In December 1960, one year after Otterlo, the first issue of the magazine *Delftse School* is published. The introductory 'Why' describes the position of this student's initiative, referring to *Forum*.

'The Netherlands has lost its architectural forum. We truly admire the excellent magazine that is published under the name "Forum"; however, its editors are obsessed by their own ideas, leaving no room for divergence. All other Dutch architectural magazines stick to the reprehensible convention of tolerating the mediocre. These utterances only demonstrate an ethics of kindness. Dutch architecture has its good points, so why slash it? By publishing this

lagen. Volgens Rogers was er sprake van een complete communicatiestoring. Een gemeenschappelijke grond voor discussie was verdwenen. Voor Rogers behoort CIAM na Otterlo tot het verleden. CIAM als organisatie van moderne architecten was dood. Maar Rogers verdedigt CIAM als een historische ervaring die van betekenis zal blijven. Daarom is CIAM het waard bijgezet te worden in het museum. Als museumstuk staat het werk van CIAM open voor iedereen en stelt het zich teweer tegen degenen die haar alleen voor zichzelf als erfenis opeisen.

In Nederland ontstaat een vergelijkbare situatie. In Otterlo presenteren de Nederlandse leden van Team 10, Aldo van Eyck en Jaap Bakema, *Forum* nummer 7 (september 1959): 'Het verhaal van een andere gedachte'. Dit eerste nummer van de redactie Apon, Bakema, Van Eyck, Hardy, Hertzberger en Schrofer geeft via welgekozen citaten een resumé van de intellectuele erfenis van CIAM en opent een perspectief voor een nieuwe vorm van architectuur en stedenbouw: 'une casbah organisée'. *Forum* verwierp de scheiding tussen de disciplines 'architectuur' en 'stedenbouw' en pleitte voor de vervanging van beide door één enkele discipline van de architect-urbanist.

De eerste nummers van de nieuwe *Forum*-redactie roepen, zoals te verwachten, hevige reacties op bij de oudere generatie moderne architecten. Met name Van Tijen trekt van leer tegen de in zijn ogen romantische opvatting van het 'casbaïsme'. Opmerkelijker is de reactie van de jongste generatie. Een jaar na Otterlo, in december 1960, verschijnt in de TH Delft het eerste nummer van het tijdschrift *Delftse School*. In het inleidende 'Waarom' wordt aan *Forum* gerefereerd en de eigen positie van dit studenteninitiatief beschreven: 'Er is in Nederland geen architectuurforum meer. Wel is er een uitstekend tijdschrift onder de naam *Forum*, waarvoor we veel bewondering hebben, maar de redaktie ervan is zo entoesiast voor zijn eigen ideeën, dat er geen plaats is voor andere gedachten. De overige nederlandse architektuurbladen houden zich aan de verwerpelijke konventie van tolerantie tegenover alles wat gematigd is. In deze krantjes heerst een etiese, vriendelijke toon. In ieder werk van een nederlandse architekt is nog wel iets goeds te vinden. Waarom zou men het dan kraken? Wij willen

2. Reyner Banham, 'Neoliberty: The Retreat from Modernist Architecture', *The Architectural Review*, no. 747 (1959). The Italian debate had ignited some years previously, cf.: Manfredo Tafuri, *Storia dell'architettura italiana*, Turin 1982. Manfredo Tafuri, *History of Italian Architecture*, 1944-1984, Cambridge Mass./London 1989, pp. 52-59.

2. Reyner Banham, 'Neoliberty: The Retreat from Modern Architecture', *The Architectural Review*, nr. 747 (1959). De discussie was in Italië al enkele jaren eerder ontbrand, zie: Manfredo Tafuri, *History of Italian Architecture*, 1944-1984, Cambridge Mass./Londen 1989, pp. 52-59 (oorspronkelijk: *Storia dell'architettura italiana*, Turijn 1982).

magazine we want to clear the air, get rid of the odd solemnity, romanticism and mysticism that adorns Dutch architecture, increasingly confusing the wider audience, professionals and students alike.'

Delftse School, when mentioned, is usually described as the voice of modernism, opposed to the traditional architectural movement of the same name led by Granpré Molière. The appropriation of the name 'Delftse School' alone was taken as a manifesto against the supremacy of traditionalism within TU Delft's department of architecture. This 'Delft vendetta' has taken on quite mythical proportions. More important though, considering the work of Carel Weeber, is the fact that its editors not only targeted Molière but also, like Rogers and *Casabella* magazine, sought to claim the inheritance of modernism.

In this respect, of course, mentioning *Casabella* and *Delftse School* in one sentence is slightly outré. Under Rogers, *Casabella* magazine had developed into a well-established, internationally recognised magazine since 1953.[3] Actually, *Delftse School* was no more than a school paper. True, it rejoiced in the protection of a modernist celebrity, professor Van den Broek – professor Froger called it 'Van den Broek's rag' – but was hardly read outside TU Delft's department of architecture. Still, the themes addressed by both magazines are remarkably similar. Two subjects in particular are worth mentioning: autonomous architecture, and the contemporary significance of large urban projects.

First linked in his graduation project, those are exactly the two subjects crucial to Carel Weeber's professional growth. However, they are also important in a wider context. In the *Oppositions* magazine during the mid-1970s, architecture's recent reorientation was related to it re-thinking its autonomous dimension, and to the urban typomorfological studies that were consequently initiated.

In 1976, in an early publication on the work of Aldo Rossi in America, Peter Eisenman wrote that doubtlessly, the publication of Aldo Rossi's *L'architettura della città* in 1966 had radically changed architecture's countenance. According to Eisenman the introduction of the concept autonomous architecture was a major contribution to that change. He thought it might

met dit blad trachten mee te helpen de sfeer te zuiveren van de vreemde plechtstatigheid, romantiek en mystiek, waarmee de nederlandse architektuur is getooid en die bij leek, vakman en ons, studenten, de verwarring steeds groter maakt.'

Als het tijdschrift *Delftse School* ter sprake komt, wordt het doorgaans beschreven als spreekbuis van het modernisme en geplaatst tegenover het traditionalisme van de architectuurstroming Delftse School met haar leidsman Granpré Molière. Alleen al de toe-eigening van de naam Delftse School zou een manifest zijn waarmee de hegemonie van het traditionalisme in de Delftse opleiding werd aangevochten. Deze Delftse vendetta is tot op de dag van vandaag van mythische waarde. Toch is het van meer belang, zeker als we het werk van Carel Weeber in beschouwing nemen, dat de redactie van de *Delftse School* met haar pijlen niet alleen op Molière mikte, maar evenals Rogers met het tijdschrift *Casabella*, naast Team 10/Forum een eigen ruimte opeiste voor de toe-eigening van de erfenis van de Modernen.

Natuurlijk is het gewaagd in dit verband *Casabella* naast de *Delftse School* te plaatsen. *Casabella* was sinds 1953 onder directie van Rogers uitgegroeid tot een gerenommeerd, internationaal erkend tijdschrift.[3] De *Delftse School* daarentegen was niet meer dan een studentenblaadje, dat zich weliswaar kon verheugen in de bescherming van een moderne coryfee, professor Van den Broek – professor Froger sprak over de *Delftse School* als 'het blaadje van Van den Broek' – maar het lezerspubliek reikte nauwelijks verder dan de Delftse bouwkundeopleiding. Er is echter een opmerkelijke overeenkomst in de thema's die in beide tijdschriften werden aangesneden. Met name twee onderwerpen springen eruit: het concept van autonome architectuur en de actuele betekenis van grote stedelijke projecten.

Dit zijn precies de twee onderwerpen die beslissend zijn geweest voor Carel Weeber in zijn vorming als architect en die in zijn afstudeerproject voor het eerst met elkaar werden verbonden. Deze onderwerpen zijn echter ook in een wijder verband van belang. In het tijdschrift *Oppositions* werd rond het midden van de jaren zeventig de recente heroriëntatie van de architectuur in verband gebracht met de herbezinning op de autonome dimensie van de architectuur en het typomorfologisch stadsonderzoek dat in dit verband was geïnitieerd.

In een van de eerste publicaties over het werk van Aldo Rossi in Amerika schreef Peter Eisenman in 1976, dat zonder twijfel het aangezicht van de architectuur sinds de publicatie van Rossi's *Architectuur van*

become as consequential as once modernism's functionalism.[4]

Anthony Vidler even spoke of 'a new paradigm of architecture'. Architecture was no longer connected to Enlightenment abstractions, or to the technological utopia of modernism, but to urban reality: 'The actual city provides a basis for classification, the temporal forms of its artefacts provide the basis for its reconstruction.' So, designs are to be based on: 'the transformation of selected prototypes – in whole or in part – into new units that derive their communicative strength and discerning potential from the understanding of these transformations.'[5]

3. Led by Rogers, *Casabella continuità* wins international respect and becomes the leading voice of Italian architectural culture during the years 1953-1964. Its alliance with the 'centro studi' consisting of Aldo Rossi, Luciano Semerani, Francesco Tentori and Silvano Intori dates from 1959. Cf.: Francesco Tentori, 'Dall'officina di "Quadrante"', in: Sergio Polano (ed.), 10 *maestri dell'architettura italiana*, Milan 1988, pp. 225-232.
4. Peter Eisenman, introduction to: Rafael Moneo, 'Aldo Rossi: The Idea of Architecture and the Modena Cemetery', *Oppositions* no. 5, 1976, p. 1.
5. Anthony Vidler, 'The Third Typology', *Oppositions* no. 7, 1976, pp. 1-4. Cf.: Anthony Vidler, 'The Production of Types' and 'The Idea of Type: The Transformation of the Academic Ideal, 1750-1830', *Oppositions* no. 8, 1977, pp. 93-113.

de stad (1966) radicaal is veranderd. Een belangrijke bijdrage tot die verandering was volgens Eisenman de introductie van het concept van autonome architectuur. Dit concept zou volgens Eisenman wel eens even vergaande consequenties kunnen hebben als eertijds de functionalistische doctrine van de Moderne Beweging.[4]

Anthony Vidler sprak zelfs over een nieuw paradigma in de architectuur. De architectuur verbindt zich niet langer met de abstracte natuur van de Verlichting en evenmin met de technologische utopie van de Moderne Beweging, maar met de realiteit van de stad: 'De bestaande stad verschaft het materiaal voor classificatie en de vormen van haar artefacten door de tijd heen verschaffen de basis voor een recompositie.' Het ontwerpen berust dan op 'de transformatie van geselecteerde typen tot – geheel of gedeeltelijk – nieuwe eenheden die hun communicatieve kracht en potentieel kritisch vermogen ontlenen aan het begrijpen van deze transformaties'.[5]

3. Onder leiding van Rogers verwerft *Casabella continuità* internationaal aanzien en is van 1953 tot 1964 een toonaangevend orgaan van de Italiaanse architectonische cultuur. In 1959 wordt aan het tijdschrift een 'centro studi' verbonden, bestaande uit Aldo Rossi, Luciano Semerani, Francesco Tentori en Silvano Intori. Zie: Francesco Tentori, 'Dall'officina di "Quadrante"', in: Sergio Polano (red.), 10 *maestri dell'architettura italiana*, Milaan 1988, pp. 225-232.
4. Peter Eisenman, inleiding bij: Rafael Moneo, 'Aldo Rossi: The idea of Architecture and the Modena Cemetery', *Oppositions* nr. 5, 1976, p. 1.
5. Anthony Vidler, 'The third typology', *Oppositions* nr. 7, 1976, pp. 1-4. Nederlandse vertaling in: Leen van Duin, Henk Engel (red.), *Architectuurfragmenten*, Delft 1991, pp. 71-79. Zie ook: Anthony Vidler, 'The production of types' en 'The idea of type: the transformation of the academical ideal, 1750-1830', *Oppositions* nr. 8, 1977, pp. 93-113.

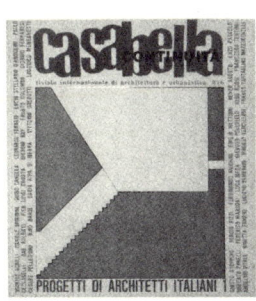   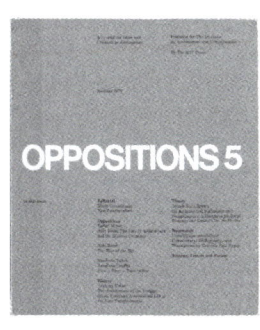

2.07 Casabella 276, 1962   **2.08** Forum 3, 1962   **2.09** Delftse School nr. 7, 1962   **2.10** Oppositions 5, 1976

Tendenza's First Steps

Rogers' *Casabella* magazine has historical reflection playing a key role. In 1959, it forms an alliance with a study group: mostly young architects, digging up the historical roots of modernist architecture in order to bring the conversation round to architectural theory and so overcome the limitations of the Neoliberty debate. Aldo Rossi's contributions on the subject linked modernist architecture to Enlightenment architecture.[6]

Rossi subscribes to the historical approach of modernist architecture that was first advanced by Emil Kaufmann in *Von Ledoux bis Le Corbusier* (1933) and consequently developed in *Three Revolutionary Architects, Boullée, Ledoux and Lequeu* (1952) and *The Architecture in the Age of Reason* (1955). Unlike Pevsner, who finds the roots of modernist architecture in the Arts and Crafts movement, and unlike Giedion, who sees budding modernist architecture in nineteenth century technological developments blossoming during the cubist revolution in painting, Kaufmann associates the principles of modernist architecture with the crisis in baroque architecture and with the onset of – his words – an autonomous architecture around 1800.

Hans Sedlmayr is inspired by Kaufmann's studies, but he thoroughly despairs of the demise of civilisation. In *Verlust der Mitte* (1948) and *Die Revolution der modernen Kunst* (1955), he calls art's autonomy 'a symptom of the disease of contemporary civilisation'. Those same studies move Rossi, on the other hand, to revert to rationalist principles in order to overcome functionalism's limitations. The young Italians are aware of the different interpretations of the history of modernist architecture and look upon them, more or less, as alternatives.

Considering the history of modernist architecture, an extension of the usage of the notion is no longer the point. The Italian approach leads to a dismantling of what used to be a homogenous movement.[7] By showing the different tendencies within modernist architecture, the young Italians inevitably come to face a choice. They cannot appeal to modernism anymore. Moving along will imply the development of a new trend. As will be discussed later, in Delft the introduction of the notion 'autonomous architecture' remained directed at a synthetic understanding of modernist architec-

De eerste stappen van Tendenza

Onder leiding van Rogers krijgt in *Casabella* de historische reflectie een belangrijke rol toegemeten. Het is met name een jongere groep architecten, waarvoor binnen *Casabella* in 1959 een plaats wordt gecreëerd in de vorm van een onderzoeksgroep, die het historische spitwerk rond de wortels van de moderne architectuur op een meer theoretisch vlak brengen en de beperkingen van de discussie over Neoliberty weten te overwinnen. De bijdragen van Aldo Rossi in dit verband plaatsen de moderne architectuur in relatie met de architectuur van de Verlichting.[6]

Rossi sluit zich aan bij een geschiedkundige benadering van de moderne architectuur die voor het eerst door Emil Kaufmann naar voren is gebracht in *Von Ledoux bis Le Corbusier* (1933) en vervolgens uitgewerkt in *Three Revolutionary Architects, Boullée, Ledoux en Lequeu* (1952) en *The architecture in the Age of Reason* (1955). Anders dan Pevsner, die de wortels van de moderne architectuur zoekt in de Arts and Crafts-beweging, en Giedion, die de moderne architectuur ziet ontkiemen uit de technische ontwikkelingen van de negentiende eeuw en tot wasdom laat komen uit de 'kubistische revolutie' in de schilderkunst, brengt Kaufmann de principes van de moderne architectuur in verband met de crisis van het architectonische systeem van de barok en de aanvang rond 1800 van wat hij noemt een autonome architectuur.

Hans Sedlmayr pakt de studies van Kaufmann op, maar vanuit een extreem cultuurpessimistische visie. In *Verlust der Mitte* (1948) en *Die Revolution der modernen Kunst* (1955) diagnosticeert hij het autonoom worden van de kunsten als een van de symptomen van de 'cultuurziekte' van de moderne tijd. Rossi daarentegen grijpt de studies van Kaufmann aan om terug te keren naar de principes van het rationalisme om de beperkingen van het functionalisme te overwinnen. De jonge Italianen zijn zich bewust van de verschillende lezingen van de geschiedenis van de moderne architectuur en zien die in zekere zin als alternatieven.

In de beschouwing van de geschiedenis van de moderne architectuur gaat het hun niet meer om de uitbreiding van wat onder dit begrip gevat kan worden. Hun benadering leidt tot een demontage van wat tot dan toe als een homogene beweging was gepresenteerd.[7] Met het zichtbaar maken van verschillende tendensen binnen de moderne architectuur stellen de jonge Italianen duidelijk het probleem van de keuze. Zich beroepen op de Moderne Beweging is niet meer mogelijk. Verdergaan betekent het verder ontwikkelen van een bepaalde tendens. In vergelijking

ture, notwithstanding developments in Italy.

The gathering of Italian architects around Rossi that would, in the 1970s, become known as Tendenza, found its basic principles in the modernist current that may be considered a continuation of the classical tradition. It was not its style, however, that inspired them, but its focus on the theory of architecture. Like Loos, they reject the idea that architecture should, could, design original forms. These have a life of their own (Henri Focillon, *La vie des Formes*, 1934), are the sediment, the formalisation of architectural experience. This put both the study of the city – the ultimate architectonic phenomenon – and the problems of architectural design in a new perspective.

Studies on city architecture made use of notions originating from linguistics (Ferdinand de Saussure), philosophical anthropology (Claude Lévi-Strauss), social geography (Jean Tricart), and from Marcel Poète's work on the history of the city. Quoting Rossi on this type of research: 'Here, the significance of permanent elements is similar to that of those in language. This is clearly demonstrated by the analogies between research on cities and linguistic research, particularly when it comes to the complexity of transformation and to permanent elements.'[8] Similarly, the debate on architectural design included notions from Victor Sjklowskij's investigations into the specific characteristics of poetic language compared to everyday speech.[9]

The debate on city and territory, on new

met Italië blijft de introductie van het begrip autonome architectuur in Delft gericht op een synthetisch begrip van de moderne architectuur, waarover later meer.

De groep Italiaanse architecten rond Rossi, die in de jaren zeventig bekend zou worden als Tendenza, zocht zijn uitgangspunten in de stroming binnen de Moderne Beweging die beschouwd kan worden als een voortzetting van de klassieke traditie, echter niet zozeer als stijl, maar vanuit architectuurtheoretisch gezichtspunt. Net zoals Loos keren ze zich tegen de idee dat nieuwe architectonische vormen zouden moeten en kunnen worden uitgevonden. De vormen hebben een leven van zichzelf (Henri Focillon, *La vie des Formes*, 1934), ze zijn het sediment, de formalisering van architectonische ervaring. Dit opende een nieuw perspectief voor de studie van het bij uitstek architectonische fenomeen, de stad, en van de problematiek van het architectonisch ontwerpen.

In de studie van de architectuur van de stad werden noties verwerkt uit de linguïstiek van Ferdinand de Saussure, de structurele antropologie van Claude Lévi-Strauss, de sociale geografie van Jean Tricart, en het historisch stadsonderzoek van Marcel Poète. Rossi zegt over deze vorm van onderzoek: 'De betekenis van de permanente elementen in het stadsonderzoek is vergelijkbaar met die van de permanente elementen in de taal. Dit wordt vooral duidelijk als we zien dat het stadsonderzoek analogieën vertoont met het taalonderzoek, in het bijzonder waar het gaat om de complexiteit van de veranderingsprocessen en om de permanente elementen.'[8] In het verlengde hiervan

6. Aldo Rossi and Vittorio Gregotti, 'L'influenza del romanticismo europeo nell'architettura di Allessandro Antonelli', *Casabella continuità* no. 214, 1957. Aldo Rossi, 'Una critica che respingiamo. Recensione a: H. Sedlmayr La rivoluzione dell' arte moderna Milano 1958', *Casabella continuità* no. 219, 1958. Aldo Rossi, 'Emil Kaufmann e l'architettura dell'illuminismo', *Casabella continuità* no. 222, 1958. Aldo Rossi, 'Adolf Loos, 1870-1932', *Casabella continuità* no. 233 (monographic edition), 1959. These articles are also published in: Aldo Rossi, *Scritti scelti sull'architettura e la città*, 1956-1972, Milan 1975.

7. Illustrative in this respect is Giorgio Cuicci, 'The Formative Years', *Casabella* no. 619-620, January/February 1995 (special double issue dedicated to the memory of Manfredo Tafuri), pp. 13-25. Here, Cuicci refers to lectures given in Rome during the late fifties, in which Tafuri demonstrated the explosiveness of the notion 'modernist architecture'.

8. Aldo Rossi, *Architectuur van de stad*, Nijmegen 2002, p. 16. Aldo Rossi, *L'architettura della città*, Padua 1966.

6. Aldo Rossi en Vittorio Gregotti, 'L'influenza del romanticismo europeo nell'architettura di Alessandro Antonelli', in: *Casabella continuità* nr. 214, 1957. Aldo Rossi, 'Una critica che respingiamo. Recensione a: H. Sedlmayr La rivoluzione dell'arte moderna Milano 1958', *Casabella continuità* nr. 219, 1958; Aldo Rossi, 'Emil Kaufmann e l'architettura dell'illuminismo', *Casabella continuità* nr. 222, 1958; Aldo Rossi, 'Adolf Loos, 1870–1932', *Casabella continuità* nr. 233 (monografisch nr.), 1959. Deze teksten zijn ook opgenomen in: Aldo Rossi, *Scritti scelti sull'architettura e la città*, 1956–1972, Milaan 1975.

7. Verhelderend in dit verband is: Giorgio Ciucci, 'The formative years', *Casabella* nr. 619-620, januari-februari 1995 (speciaal dubbelnummer ter nagedachtenis van Manfredo Tafuri), pp. 13-25. Ciucci verwijst hierin naar de lezingen die Tafuri eind jaren vijftig in Rome gaf waarin hij op aanschouwelijke wijze het begrip moderne architectuur liet exploderen.

8. Aldo Rossi, *Architectuur van de stad*, Nijmegen 2002, p. 16. (oorspronkelijk: Aldo Rossi, *L'architettura della città*, Padua 1966).

urban dimension as well as on the materialisation of new business centres (meant to relieve historic city centres) were decisive factors to the course Rossi's gathered architects struck out on. Contributors were, among others, Aymonino, Tafuri, Rossi, Semerani and Polessello: the fresh produce of the universities of Rome, Milan and Venice, and also, representing the older generation: Samonà, Quaroni and De Carlo. The discussion marked an important moment for *Casabella* magazine. Tafuri wrote: '*Casabella* entered a new era with a sequence of monographs dedicated to the American scene, to office districts, to the "city-region", to the Milanese intercommunal plan, and to large national and international competitions.'[10] In the context of this debate, Aldo Rossi questioned the role of the architectural project and critically conceptualised the way megastructural designs might absorb not only all urban functions but also exclude future developments in advance.

In *Megastructure, Urban Futures of the Recent Past*, Reyner Banham points out the significance of the Italian debate to the pioneering phase of megastructures. However, he does not mention the fact that Tendenza's later developments originate from that same pioneering phase.[11] Megastructures were a response to the separation of the functions living, working and recreating, which CIAM had declared the alpha and omega of modernist urban design in the 1933 *Charte d'Athène*. Metabolists and structuralists wanted to restore the complexity and versatility of urban life. Megastructures' creation was not a new kind of building, but a new urban structure: three-dimensional cities, no longer housing autonomous buildings.

Locomotiva 2, submitted by Rossi's team competing for the commission of a 1962 Turin business centre, may in this respect be taken as a renouncement. Tafuri, who had submitted his 'Studio AUA', said the work of Rossi's team was 'one of the most polemical projects presented to the competition for the office district of Turin'. Rossi's team proposed to create a business centre in the form of one single colossal building: such a project implied committing architecture on a metropolitan scale, of a radically urban quality. The design for the business centre once again directed attention to the factors permanent to urban growth. Through their work,

werden in de beschouwing van het architectonisch ontwerpen noties geïntroduceerd uit het onderzoek van Victor Sjklowskij naar de specifieke kenmerken van de poëtische taal in relatie tot het alledaagse taalgebruik.[9]

Van doorslaggevende betekenis voor de richting waarin het begrip autonome architectuur door de groep architecten rond Rossi is uitgewerkt, was de discussie over de stad en het territorium, de nieuwe stedelijke dimensie en de inzet van de nieuwe zakencentra ter ontlasting van de historische stadscentra. Jonge architecten van de universiteiten van Rome, Milaan en Venetië, onder wie Aymonino, Tafuri, Rossi, Semerani en Polesello, maar ook Samonà, Quaroni en De Carlo van de oudere generatie, leverden hieraan hun bijdragen. De discussie markeert een belangrijke wending in het tijdschrift *Casabella*. Tafuri schrijft hierover: '*Casabella* entered a new era with a sequence of monographs dedicated to the American scene, to office districts, to the "city-region", to the Milanese intercommunal plan, and to large national and international competitions.'[10] In de context van dit debat stelde Aldo Rossi de vraag naar de rol van het architectonisch project aan de orde en formuleerde een eerste kritiek op de ontwerpen voor megastructuren die niet alleen alle mogelijke stedelijke functies in zich opslorpen, maar ook mogelijk toekomstige ontwikkelingen bij voorbaat absorberen.

In *Megastructure, Urban Futures of the Recent Past* wijst Reyner Banham op het belang van de Italiaanse discussie over deze thema's voor de eerste ontwikkelingen van de megastructuren. Hij vermeldt echter niet dat juist deze pioniersfase van de megastructuren ook de bakermat is van de latere ontwikkeling van Tendenza.[11] Megastructuren werden gepresenteerd als antwoord op het uiteenleggen van de functies wonen, werken en recreatie, dat door CIAM in het *Charte d'Athène* (1933) tot de alfa en omega van de moderne stedenbouw was uitgeroepen. De metabolisten en de structuralisten wilden de complexiteit en veelzijdigheid van het stedelijk leven opnieuw een plaats bieden. Megastructuren creëren daarvoor niet een nieuw soort gebouwen, maar een nieuwe type stedelijke structuur: een stedenbouw in drie dimensies waarin zelfstandige gebouwen niet meer bestaan.

Rossi nam afstand van deze voorstellen en *Locomotiva* 2, de prijsvraaginzending van zijn team voor een nieuw zakencentrum in Turijn (1962), kan in dit verband gezien worden als een statement. Tafuri, die zelf met zijn Studio AUA had deelgenomen aan de prijsvraag van Turijn, noemde de inzending van het team van Aldo Rossi: 'one of the most pole-

Rossi and his team distanced themselves from a 'culture of architecture and urban design, caught and almost obsessed by the big picture, by the general urban design, having lost its actual understanding of singular intervention'.[12]

Some years later Rossi, Mattioni, Polesello and Semerani expressed their disapproval of the megalomania of early 1960s' architecture. Rossi and Polesello even renounced their submission to the Turin commission in this respect. The embryonic assumptions formulated in *Città e territorio negli aspetti funzionali e figurativi della pianificazione continua* (1965) had, however, been defined during the preceding discussion on the new dimension of urban territory. Their own point of view had been determined by means of *Locomotiva 2*.

9. Giovanna Gavazzeni and Massimo Scolari, 'Note metodologiche per una ricerca urbana' with an introduction by Aldo Rossi, *Lotus* no. 7, 1970, pp. 40-47. On Sjklowkij's distinction between the study of language and that of literature: *Russisch Formalisme: Teksten van Sjklowskij, Jacobson, Ejchenbaum, Tynjanow*, Nijmegen 1982.

10. Manfredo Tafuri, *Storia dell'architettura italiana*, Turin 1982. Manfredo Tafuri, *History of Italian Architecture*, 1944-1985, Cambridge Mass./London 1989, p. 76. At the Rome architectural faculty, in the academic year 1961-62, Tafuri was one of the instigators of a conference on *città territorio* and on the fifth form design for the *centro direzionale Centocello* which was located at the Autostrada edging Rome. The participants included among others Alberto Samonà, Lodovico Quaroni, Carlo Aymonino and Vieri Quilici, all competing – with their teams – for the Turin commission. Also: Reyner Banham, *Megastructure, Urban Futures of the Recent Past*, London 1978, p. 64. More on Tafuri's contribution to this episode in Italian architecture: Giorgio Cuicci, 'The Formative Years', *Casabella* no. 619-620, January/February 1995 (special double issue dedicated to the memory of Manfredo Tafuri), pp. 13-25. More on the work of the Rome faculty: Carlo Aymonino, *Città Territorio: Un Esperimento Didattico*, Bari 1964. Cf.: Carlo Aymonino, *Il significato della città*, Rome/Bari 1975, pp. 47-66 and pp. 116-123.

11. Reyner Banham, *Megastructure, Urban Futures of the Recent Past*, London 1978, pp. 64-69.

12. Aldo Rossi, E. Mattioni, G. Polesello and L. Semerani: 'Città e territorio negli aspetti funzionali e figurativi della pianificazione continua', in: *Atti del X Congresso INU*, Trieste, 14-16 October 1965, also published in: Aldo Rossi, *Scritti scelti sull'architettura e città, 1956-1972*, Milan 1978, p. 297. Commentary to *Locomotiva 2* by Gianugo Polesello, Aldo Rossi and Luca Mede, in: *Casabella continuità* no. 278, 1963.

mical projects presented to the competition for the office district of Turin'. Het team van Rossi stelde voor 'het zakencentrum te realiseren in de vorm van een enkelvoudig, kolossaal gebouw: een project van dit type werd opgevat als een architectonisch project van een metropolitane schaal, als een architectuur van een radicaal stedelijke kwaliteit. Het ontwerp voor het zakencentrum brengt opnieuw kenmerken naar voren die in de groei van de stad als een permanente factor optreden.' Rossi en zijn teamgenoten namen met dit project afstand van een 'architectonische en stedenbouwkundige cultuur die bevangen is en bijna geobsedeerd door het probleem van het geheel, van het algemeen ontwerp van de stad en het concrete begrip van de enkelvoudige interventie had verloren.'[12]

Enkele jaren later formuleerden Rossi, Mattioni, Polesello en Semerani een kritiek op de megalomane schaal van de architectonische voorstellen uit het

9. Giovanna Gavazzeni, Massimo Scolari, 'Note metodologiche per una ricerca urbana' met een introductie van Aldo Rossi, *Lotus* nr. 7, 1970, pp. 40-47. Voor het onderscheid tussen taalonderzoek en literatuuronderzoek dat Sjklowskij heeft gemaakt, zie: *Russisch Formalisme. Teksten van Sjklowskij, Jacobson, Ejchenbaum, Tynjanow*, Nijmegen 1982.

10. Manfredo Tafuri, *History of Italian Architecture*, 1944–1985, Cambridge Mass./Londen 1989, p. 76. In de architectuurfaculteit van Rome was Tafuri in het studiejaar 1961–1962 een van de organisatoren van een conferentie over 'città territorio' en het vijfdejaars ontwerpproject voor het centro direzionale Centocelle aan de Autostrada in de periferie van Rome. Tot de deelnemers aan de conferentie in Rome behoorden onder anderen Alberto Samonà, Lodovico Quaroni, Carlo Aymonino en Vieri Quilici, die met verschillende teams ook aan de prijsvraag voor Turijn hebben deelgenomen. Zie: Reyner Banham, *Megastructure, Urban Futures of the Recent Past*, Londen 1978, p. 64. Uitvoeriger over de bijdrage van Tafuri aan deze episode van de Italiaanse architectuur: Giorgio Ciucci, 'The formative years', in: *Casabella* nr. 619-620, januari-februari 1995 (speciaal dubbelnummer ter nagedachtenis van Manfredo Tafuri), pp. 13-25. Het werk van de Faculteit in Rome is gepubliceerd in: Carlo Aymonino, *Città Territorio: Un Esperimento Didattico*, Bari 1964. Zie ook: Carlo Aymonino, *Il significato della città*, Laterza, Rome/Bari 1975, pp. 47-66 en pp. 116-123.

11. Reyner Banham, *Megastructure, Urban Futures of the Recent Past*, Londen 1978, pp. 64-69.

12 Aldo Rossi, E. Mattioni, G. Polesello en L. Semerani, 'Città e territorio negli aspetti funzionali e figurativi della pianificazione continua', in: *Atti del X Congresso INU*, Trieste 1965, opgenomen in: Aldo Rossi, *Scritti scelti sull' architettura e città, 1956–1972*, Milaan 1978, p. 297. Voor de toelichting op *Locomotiva 2* van Gianugo Polesello, Aldo Rossi en Luca Meda, zie: *Casabella continuatà* nr. 278, 1963.

The city is seen as a structure that realises itself over time. Analysing urban design, topography and monuments are taken as permanent elements. Architecture and urban design, their differences irrelevant in this respect, are always about interventions that are limited by space and time. The way they both differ from new ways of territorial planning however, is important. Architecture and urban design are always about tangible, accurately specified material changes in an existing environment.

This position opposes the inclusion of unconditional planning and unrestrained aesthetics into architectural design. Such an inclusion would absorb and thus eliminate the political, architectural and other choices that are always facing continuous territorial planning. For a project to remain tangible, an architectural design should clearly reflect such crucial choices. The actual form of an architectural design expresses an unambiguous proposition. Its realisation creates a new urban permanency, facilitating continuity and, as such, inspiring subsequent activity and style. Only thus can architecture play its unique role.

begin van de jaren zestig. Rossi en Polesello namen in dit opzicht ook afstand van hun prijsvraaginzending voor Turijn. De uitgangspunten voor verder onderzoek die in *Città e territorio negli aspetti funzionali e figurativi della pianificazione continua* (1965) werden geformuleerd, waren echter in de voorgaande discussie over de nieuwe dimensie van het stedelijk territorium bepaald. Hun eigen standpunt daarin was met behulp van *Locomotiva 2* vastgesteld.

De stad wordt beschouwd als een bouwwerk waarvan de realisatie zich uitstrekt in de tijd. In de ontwikkeling van de steden worden de topografie en de monumenten als duurzame elementen geanalyseerd. Bij architectonische en stedenbouwkundige projecten gaat het altijd om in ruimte en tijd begrensde interventies. Het onderscheid tussen architectuur en stedenbouw is daarbij niet relevant. Het onderscheid van beide met de nieuwe vormen van territoriale - planning daarentegen is dat wel. In architectuur en stedenbouw gaat het altijd om concrete, precies omschreven materiële veranderingen van een bestaande omgeving.

Deze stellingname keerde zich tegen de opname van open planningsmethoden en een open esthetiek in het architectonisch ontwerp. Het probleem van de politieke, architectonische en andersoortige keuzen waarvoor een continue planning van het territorium zich telkens weer gesteld ziet, wordt met deze methoden in het architectonisch ontwerp geabsorbeerd en uit de weg geruimd. Om een concreet project te blijven moet het architectonische ontwerp het moment van keuze juist glashelder maken. In zijn welbepaalde vorm formuleert het architectonisch project een eenduidige propositie. Realisatie ervan creëert in de ontwikkeling van de stad een nieuw stedelijk feit dat continuïteit mogelijk maakt en aldus volgende acties en vormen zal voortbrengen. Alleen op die manier speelt de architectuur een rol die alleen zij kan vervullen.

2.11

Aldo Rossi
2.11 Eerste uitgave L'architettura della città, (1966)/
First edition L'architettura della città, (1966)
2.12 Doorsnedes Locomotiva 2, prijsvraaginzending
nieuw zakencentrum in Turijn, 1962/
Sections of Locomotiva 2, Rossi's competition entry for
a new business centre in Turin, 1962
2.13 Maquette Locomotiva 2, prijsvraaginzending nieuw
zakencentrum in Turijn, 1962/
Model of Locomotiva 2, Rossi's competition entry for a
new business centre in Turin, 1962

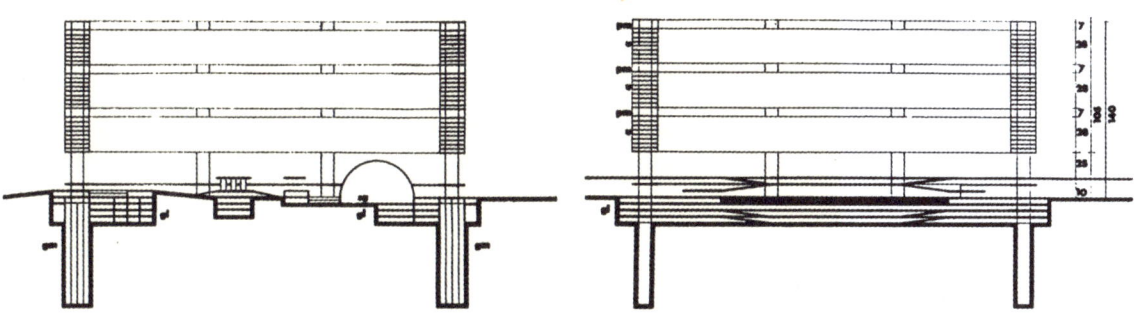

2.12

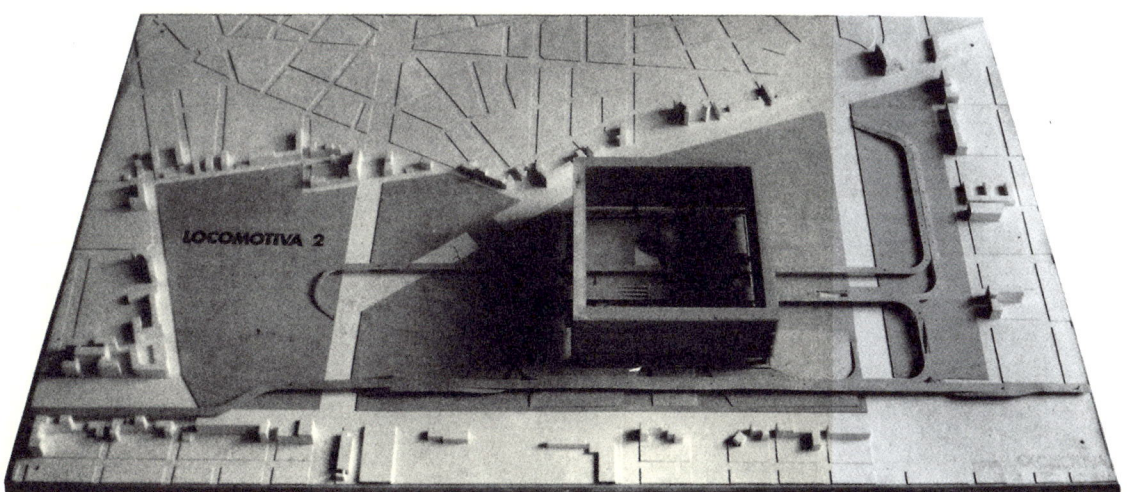

2.13

Autonomous Architecture in Delft

The notion 'autonomous architecture' was developed along other lines in Delft. The layout of the exhibition 'Autonome architectuur' (autonomous architecture) followed Giedion's approach, showing parallel developments in architecture and painting. Jean Leering was responsible for the painting section, Michiel Polak and Pjotr Gonggrijp took care of architecture. Unlike Giedion, those staging the exhibition were not satisfied to reconstruct the cubist revolution in painting in a way that would have it, quite suddenly, cause an architectural revolution. The concurrence of painting and architecture in the work of Theo van Doesburg led Polak and Gonggrijp to query the course architecture had stayed to get to that point. Aided by Kaufmann, they followed the trail right back to Enlightenment architecture.

On three occasions, Polak and Gonggrijp reported on the exhibition preparations in Van den Broek's 'Commentaarcolleges' (commentary lectures). Delftse School no. 7 covered them as well. Their article advances: 'In order to grasp what is happening now, we need to plunge into the year 1925 (*De Stijl* magazine, etc.). In order to understand we need to get acquainted with the father(s) of De Stijl theory. It is suggested Boullée, Ledoux, Durand and Lequeu are *précursurs ou utopistes?* Their work is marked by symmetry. Schinkel and Loos are intermediate stations on the track that leads to the De Stijl theory. Schinkel: asymmetric arranging of symmetric elements. Loos: Raumplan, shells. Finally Van Doesburg: planes.' Below the series of sketches, illustrating the text, the remark: 'Now: Louis Kahn, Aldo van Eyck.'

The leitmotif of the 'Autonome architectuur' exhibition is an original construction, not to be found in contemporary literature. To Giedion, modernist architecture had defeated the malleable self-sufficiency of Enlightenment architecture. In *Spätbarocker und Romantischer Klassizismus* (1922), Giedion regarded romantic classicism as the typical expression of bourgeois individualism: the nineteenth century plurality of styles its extreme consequence. On the other hand, in *Von Ledoux bis Le Corbusier* (1933), Kaufmann suggests direct architectural continuity between Enlightenment and modernism.

Merging the narrations of Giedion and Kaufmann creates an apparently continuous

Autonome architectuur in Delft

In Delft volgde de uitwerking van het begrip autonome architectuur een ander spoor. De opzet van de tentoonstelling 'Autonome architectuur' volgde de benadering van Giedion: de tentoonstelling toonde de parallelle ontwikkeling in architectuur en schilderkunst. Jean Leering hield zich met name bezig met het deel schilderkunst, Michiel Polak en Pjotr Gonggrijp verzorgden het deel architectuur. Anders dan Giedion stelden de samenstellers van de tentoonstelling zich niet tevreden met een reconstructie van de kubistische revolutie in de schilderkunst die dan plotsklaps tot een omwenteling in de architectuur zou hebben geleid. Voor Polak en Gonggrijp vormde de ontmoeting van schilderkunst en architectuur in het werk van Theo van Doesburg het uitgangspunt voor een zoektocht naar het traject dat in de architectuur was afgelegd om op dit punt uit te komen. Met behulp van Kaufmann werd het spoor getraceerd tot de architectuur van de Verlichting.

Van het voorbereidende werk aan de tentoonstelling werd verslag gedaan in drie inleidingen van Polak en Gonggrijp in de 'Commentaarcolleges' van Van den Broek. In *Delftse School* nummer 7 werd daarvan een verslag gepubliceerd. Het verslag opent met de stelling: 'Om te weten wat nu aan de hand is moeten we duiken in het jaar 1925 (Stijl e.d.) Om het te kunnen begrijpen moeten we de vader(s) van de Stijl kennen. Boullée, Ledoux, Durand en Lequeu worden opgevoerd als "précurseurs ou utopistes?" Hun werk wordt gekenmerkt door simmetrie. Schinkel en Loos vormen de tussenstations op weg naar de Stijl. Schinkel: a-simmetrisch groeperen van simmetrische onderdelen. Loos: Raumplan, schillen. Van Doesburg tenslotte: vlakken.' De reeks tekeningen die de tekst begeleidt, sluit af met de aantekening: 'Nu: Louis Kahn, Aldo van Eyck'.

De lijn die in de tentoonstelling 'Autonome architectuur' werd uitgezet, is een originele constructie. In de toen gangbare literatuur is deze niet te vinden. Voor Giedion was de moderne architectuur juist de overwinning op de plastische verzelfstandiging van de Verlichtingsarchitectuur. In *Spätbarocker und Romantischer Klassizismus* (1922) beschouwde Giedion het romantisch classicisme als de typische uitdrukkingswijze van het burgerlijk individualisme en zag hij het stijlpluralisme van de negentiende eeuw als een extreme voortzetting daarvan. Kaufmann daarentegen suggereerde in *Von Ledoux bis Le Corbusier* (1933) juist een directe continuïteit van de architectuur van de Verlichting en naar de Modernen.

architectural development. Giedion's detour past painting and the slumbering architectural possibilities of steel- and reinforced concrete construction, items he needed to fill the gap between Enlightenment and modernism, were no longer necessary. The histories of architecture, painting and also music could be shown to coexist independently. But that did not finish the job.

Kaufmann had opposed autonomous architecture to what he called 'the baroque architectural system'. Giedion did likewise describing the characteristics of romantic classicism ten years earlier. During their training, they had both been influenced by Heinrich Wölfflin's new method. In analysing architectural styles, Wölfflin compared chronologically successive styles, opposing them on the basis of formal polarities. Studying the architecture of around 1800, Giedion and Kaufmann take the same line. The results are almost identical. Kaufmann writes: 'Die Verselbständigung der Teil ist das wichtigste Ergebnis des architektonischen Regenerattionsprozessen vom Ausgang des 18. Jahrhunderts. Das neue Prinzip der Autonomie dildet nicht, daß architectonischen Gebilde von fremden, außerarchitektonischen Gesetzen beherrscht werden. (…) Die neue Fügung der Teile bedeutet den freien Zusammenschluß von Individuen, die ihr Eigenleben nicht zu opfern brauchen, deren Form nur dem eigenen Zweck gehorcht. Ihr inneres Gesetz bestimmt ihre Gestalt. So ist der neue antibarocke Grundriß zu verstehen, so ergibt sich eine völlig neue Beziehung aller Teile, der Teile untereinander und der Teile zum Ganzen, bis es am Ende der logisch fortschreiende Entwicklung keine Teile mehr gibt, sondern nur unabhängige Einheiten. Die innerlich begründete Form läßt alles Streben nach Bildwirkung als sinnlos erscheinen.'

So, Giedion and Kaufmann's descriptions of the results of their analytical studies on style are alike: not a surprise, given their common scientific background. Unexpected, however, are their dissenting appreciation and assessment of the implications of Enlightenment architecture to modernist architecture. Kaufmann speaks of 'das Ideal stolzer Isoliertheit'. To Giedion, this just shows the schism within romantic individualism. He misses a common goal, creating unity. *Spätbarocker und Romantischer Klassizismus* show him nostalgically pondering baroque: 'The basic

Door de verhaallijnen van Giedion en Kaufmann in elkaar te schuiven ontstaat een continue ontwikkelingslijn in de architectuur. De omweg via de schilderkunst en de sluimerende architectonische potenties van de nieuwe staal- en gewapend-betonconstructies, die Giedion nodig had om het hiaat tussen de architectuur van de Verlichting en die van de Modernen op te vullen, was overbodig. Architectuur, schilderkunst en ook muziek konden als zelfstandige ontwikkelingslijnen naast elkaar getoond worden. Maar daarmee was de klus nog niet geklaard.

Kaufmann had het begrip van autonome architectuur geformuleerd in oppositie tot wat hij het architectonisch systeem van de barok noemde. Giedion deed dat niet anders toen hij tien jaar eerder de kenmerken beschreef van het romantisch classicisme. Beide waren geschoold in de nieuwe methode van Heinrich Wölfflin. Wölfflin ging in zijn analyse van architectonische stijlen te werk door vergelijking van twee in de tijd aan elkaar grenzende stijlen, om deze vervolgens in oppositie tot elkaar te beschrijven met behulp van formele polariteiten. Giedion en Kaufmann gaan in hun de studies van de architectuur rond 1800 op dezelfde manier te werk. De uitkomsten zijn vrijwel identiek. Kaufmann schrijft: 'Die Verselbständigung der Teile ist das wichtigste Ergebnis des architechnischen Regenerationsprozesses vom Ausgang des 18. Jahrhunderts. Das neue Prinzip der Autonomie duldet nicht, daß architectonischen Gebilde von fremden, außerarchitektonischen Gesetzen beherrscht werden. (...) Die neue Fügung der Teile bedeutet den freien Zusammenschluß von Individuen, die ihr Eigenleben nicht zu opfern brauchen, deren Form nur dem eigenen Zweck gehorcht. Ihr inneres Gesetz bestimmt ihre Gestalt. So ist der neue antibarocke Grundriß zu verstehen, so ergibt sich eine völlig neue Beziehung aller Teile, der Teile untereinander und der Teile zum Ganzen, bis es am Ende der logisch fortschreitende Entwicklung keine Teile mehr gibt, sondern nur unabhängige Einheiten. Die innerlich begründete Form läßt alles Streben nach Bildwirkung als sinnlos erscheinen.'

De overeenkomst in de uitkomst van de stijlanalytische studies van Kaufmann en Giedion op het vlak van de beschrijving is, gezien hun gemeenschappelijke wetenschappelijke achtergrond, niet verbazend. Verrassend is het verschil in de waardering en de inschatting van de betekenis van de architectuur van de Verlichting voor die van de Modernen. Kaufmann spreekt van 'das Ideal stolzer Isoliertheit'. Giedion ziet daarin slechts de 'verscheurdheid' van het romantisch individualisme. Hij mist het gemeenschappelijke doel

principle of baroque was to subordinate all elements, remaining interdependent, to a large system and to lead them through new phases, step by step until a centre is reached.' According to Giedion, the late baroque series of classicist plazas in Nancy, Karlsruhe and Bath are the ultimate in baroque urban design.

This remains Giedion's leitmotif in *Space, Time and Architecture* (1941). In it, he celebrates the beginning of the great new tradition of modernist architecture, Le Corbusier its emblem. Now how can such a gap – Kaufmann dates the beginning of modernist architecture around 1800, Giedion dates it around 1920 – be bridged? That was the problem facing those staging the 'Autonome architectuur' exhibition. It was not only a matter of dates, but of construing what modernist architecture actually had wanted to achieve. In the early 1960s, critics were only too willing see the modernism realised in urban expansion as the result of Kaufmann's 'Ideal stolzer Isoliertheit'.

Finally, using the work of Van Doesburg instead of Le Corbusier's highly complex oeuvre turned out to be just the thing. Van Doesburg's theoretical observations added a clear perception of the vanishing point of autonomous art. According to Mondriaan in *De Stijl* magazine's first issue: 'The contents of all arts being the same, their representative potentials are not identical. Each art form will have to realise its own potential: once realised this remains restricted to the genre. Each art form has its own mode of expression.' In *Klassiek – Barok – Modern* (1918), Van Doesburg declared that painting in its purest form was 'aesthetic arrangement of colour, no more'. And architecture 'aesthetic (and practical) arrangement of space, no more'. Conversely, in 1924 Van Doesburg says: 'The view on architecture that will soon saturate Europe will be characteristically anti-allegorical, anti symbolical, anti-ornamental, in short, anti-form.'[13]

A form no longer signifies by using specific referrals. Still, content – one and the same in all arts according to Mondrian – certainly is an issue for *Nieuwe Beelding*. The way colour, sound and space are arranged, is seen as the direct, abstract yet tangible expression of a new awareness of time and space. In 1924, Van Doesburg renames the 'Tesseract': 'Howard Hinton's polytopical standard in 4 sizes'. Replacing the cube,

dat eenheid sticht. Zijn blik blijft in *Spätbarocker und Romantischer Klassizismus* met een zekere nostalgie gericht op de barok: 'De grondgedachte van de barokperiode was: Alle delen aan een groot systeem te onderschikken, in onderlinge afhankelijkheid te houden en in steeds nieuwe stappen, volgens een trapsgewijze opeenvolging naar een middelpunt te leiden.' Met de pleinreeksen in Nancy, Karlsruhe en Bath voert het laatbarokke classicisme, volgens Giedion, de erfenis van de barok tot een hoogtepunt in de stedenbouw.

Dit standpunt blijft voor Giedion ook een van de leidende gedachten in *Space, Time and Architecture* (1941). Daarin viert hij de moderne architectuur en met name het werk van Le Corbusier als het begin van een nieuwe grote traditie. Hoe dit verschil in plaatsing van het beginpunt van de moderne architectuur – Kaufmann rond 1800 en Giedion rond 1920 – te overbruggen? Dat was de vraag waarvoor de samenstellers van de tentoonstelling 'Autonome architectuur' zich gesteld hadden. Dit was niet alleen een kwestie van datering. Het ging ook om de uitleg van wat nu eigenlijk het doel was waarnaar de moderne architectuur streefde. Begin jaren zestig waren critici grif bereid de realisaties van het modernisme in de stadsuitbreidingen te zien als de uitkomst van Kaufmanns 'Ideal stolzer Isoliertheit'.

Het ei van Columbus was de vervanging aan het eind van de rit van Le Corbusier, met een uiterst complex oeuvre, door Van Doesburg. De theoretische bespiegelingen van Van Doesburg leverden een helder begrip van het verdwijnpunt waarnaar de autonome kunsten zich bewegen. Mondriaan had in het eerste nummer van *De Stijl* verklaard: 'Waar de inhoud aller kunst éénzelfde is, zijn de mogelijkheden van uitbeelding in elke kunst verschillend. Die mogelijkheden moeten door elke kunst op eigen terrein gevonden worden en zullen gebonden blijven aan dat terrein. Elke kunst heeft haar eigen uitdrukkingsmiddel.' In *Klassiek – Barok – Modern* (1918) bepaalde Van Doesburg dat de schilderkunst in haar meest zuivere vorm 'esthetische kleurindeling is, zonder meer'. En de architectuur 'esthetische (en praktische) ruimteindeling, zonder meer'. Als keerzijde van deze bepaling formuleert Van Doesburg in 1924: 'De karakteristieke verschijning van het architectuurbeeld dat binnen afzienbare tijd geheel Europa zal beheersen is antiallegorisch, anti-symbolisch, en anti-decoratief – kortom anti-vorm.'[13]

De vorm als betekenisdrager waarvan het gebruik berust op specifieke verwijzingen, heeft afgedaan. Toch gaat het in de Nieuwe Beelding wel degelijk

it supposedly would: 'come near the outlines. . . of new architecture.'

All these elements from De Stijl theory can also be found in the propositions Polak and Gonggrijp wrote to summarise their line of reasoning:

'Autonomous architecture – independent architecture.

1. Negative: architecture that does not imitate, or literary: architecture that is not narrative, has no story to tell.
2. Direct echo of spiritual awareness (intellectual). Seeks ultimate unity.
3. Pre-eminently the result of an abstract yet tangible architectural style. Use of materialised abstractions.
4. Principally regular, so open to questioning, as regularity implies possible fundamental mistakes which are debatable.
5. Requires professional skills (rational ones, though romantic ones are implied)
– architectural-expressive
– constructio-economical
6. Uses the unity of opposites
– relativity of opposites
– interdependence of united opposites
– unity of opposites

Finally Le Corbusier: "l'architecture est le jeu correct et magnifique des volumes sous la lumière" (architecture is the precise and magnificent game of space and light).'

Of these, the sixth proposition is the most tentative. The 'unity of opposites' appears to have a lot in common with Aldo van Eyck's 'paired phenomena'. The clarity of this notion (used by Van Eyck and others) is enhanced by realising that the unity of opposites is a way to express the idea of the fourth dimension. In one of his essays, Van Doesburg called the 'Tesseract' an 'Einfache Darstellung des neuen (zentrischen und peripherischen) Raums der architektonischen Gestalltung' (a simple expression of the new (centred and peripheral) space in architectural design) in this sense.[14] Exactly the terminology Polak and Gonggrijp used to construct

om inhoud en die is, zoals Mondriaan heeft gezegd, voor alle kunsten gelijk. De aard van de kleurindeling, klankindeling, ruimte-indeling wordt beschouwd als directe, abstract-concrete, uitdrukking van een nieuw ruimte- en tijdsbewustzijn. In 1924 noemt Van Doesburg de 'Tesseract', 'Howard Hinton's maatpolythoop in 4 afmetingen'. Die zou in plaats van de kubus 'het grondschema (niet te verwarren met "grondvorm") der nieuwe architectuur (...) nabij komen.'

Alle hier genoemde elementen uit de theorievorming van De Stijl keren terug in de stellingen waarin Polak en Gonggrijp een samenvatting gaven van hun betoog:

'Autonome architektuur – zelfstandige architektuur.

1. Negatief gezegd: architektuur die niet nabootst, of literair: architektuur die niet vertelt, geen verhaaltje heeft.
2. Direkte weerslag van het geestelijk bewustzijn (intellektueel). Zoekt naar grootst mogelijke eenheid.
3. Bij uitstek het resultaat van een abstrakt-reële bouwwijze. Gebruik van abstrakties in reële toestand.
4. Is principiëel wetmatig, dus diskutabel, aangezien de mogelijkheid aanwezig is tot principiële fouten die diskutabel zijn.
5. Vraagt vakkennis (rationeel, impliceert daarnaast ook romantisch)
– plastisch-architektonisch
– konstruktief ekonomisch
6. Maakt gebruik van de eenheid van tegendelen
– relativiteit van tegendelen
– verbonden zijn van tegendelen in een eenheid
– eenheid van tegendelen.

Tenslotte nog Le Corbusier: "l'architecture est le jeu correct et magnifique des volumes sous la lumière".'

De zesde stelling is het meest speculatieve onderdeel van dit programma. De genoemde 'eenheid van tegendelen' lijkt veel van doen te hebben met Aldo van Eycks 'duofenomenen'. Maar ook de betekenis dat dit begrip voor Van Eyck had, wordt waarschijnlijk verhelderd als we weten dat 'de eenheid van tegendelen' een van de formuleringen is van de idee van de 'vierde dimensie'. In die zin noemde Van Doesburg in een van zijn verhandelingen de 'Tesseract' een 'Einfache Darstellung des neuen (zentrischen und peripherischen) Raums der architektoni-

13. Theo van Doesburg, 'Architectuur - diagnose', *Architettura* no. 15, 1924, pp. 61-63. Reprint in: Theo van Doesburg, *Naar een beeldende architectuur*, Nijmegen 1983, p. 100.

14. The *motif* of the fourth dimension in visual art is discussed extensively in: Linda Dalrymple Henderson, *The Fourth Dimension and Non-Euclidean Geometry in Modern Art*, Princeton, New Jersey 1983.

13. Theo van Doesburg, 'Architectuur – diagnose', in: *Architectura* nr. 15, 1924, pp. 61-63. Herdruk in: Theo van Doesburg, *Naar een beeldende architectuur*, Nijmegen 1983, p. 100.

continuity: from Enlightenment architecture till modernism. Their selection of subjects focuses attention to the intrinsic imbalance of a simultaneously centred and peripheral orientation of space.

Unlike Giedion, Polak and Gonggrijp did not use this formal polarity to oppose modernist architecture to romantic classicism, but just to fill the gap between the two. Otherwise, their method was indeed inspired by analytical studies on style. Typically, the analysis develops in twofold. First, an architectural style is characterised by the specifically architectural elements in its stock of designs. Further analysis describes the architectural system that allows the elements to unite, become malleable spatial boundaries.

The architectural system is considered decisive to the specific nature of a style. Separate elements are persistent, a system is not. Kaufmann says: 'There always have been and always will be revivals. Still, there is a big difference between Gothic and Neo-Gothic architecture. . . . To wit, their systems are different, as goes for Roman and Renaissance architecture, etc.'. He adds: 'Systems are directly connected to the general mentality of a certain period'.[15]

This approach made it possible for those staging 'Autonome architectuur' to collect and display work that looked, at first sight, utterly miscellaneous. Alongside work of the architects mentioned earlier, work by, among others, Lequeu, Gaudi and Dada was added. Especially the attention focussed on Van Doesburg's pseudonymous Dadaist work meant to demonstrate the fact that the analysed architectural outline could become manifest in many shapes and forms.[16] This approach also implied that architectural research is fully aimed at revealing a certain 'mentality' or 'state of mind', which can also take shape in other arts. The notion 'autonomous architecture' thus gradually loses its analytical value.

15. Emil Kaufmann, *Architecture in the Age of Reason*, New York 1968 (1955), p. 76.
16. In this respect, also note Van Doesburg's co-operation with Schwitters. Cf. K. Schippers, *Holland Dada*, Amsterdam 1974. Further analysis of Schwitters' assemblages and collages and of the way his work is related to Van Doesburg and El Lissitzky's elementarism in: John Elderfield, *Kurt Schwitters*, London 1985.

schen Gestaltung'.[14] Het is juist deze formulering die Polak en Gonggrijp gebruikten om de architectuur van de Verlichting tot en met de Modernen als een aaneengesloten cyclus te beschrijven. Ze vestigden in hun selectie van ontwerpen de aandacht op het telkens verschuivend evenwicht in een gelijktijdig gecentreerde en een perifere oriëntatie van de ruimte.

Deze formele polariteit werd door Polak en Gonggrijp niet gebruikt om de moderne architectuur tegenover het romantisch classicisme te stellen, zoals Giedion had gedaan, maar juist om de afstand tussen beide te overbruggen. Voor het overige echter gingen zij wel degelijk volgens de stijlanalytische methode te werk. Kenmerkend voor deze werkwijze is dat de analyse zich in twee stappen voltrekt. In eerste instantie wordt een architectonische stijl gekarakteriseerd door het vormrepertoire: de specifieke architectonische elementen. Verdergaande analyse geeft een beschrijving van het architectonisch systeem volgens welke de elementen zijn samengesteld tot plastische en ruimtelijke begrenzingen.

Het architectonisch systeem wordt bepalend geacht voor de specifieke aard van een stijl. Vormelementen blijven hardnekkig voortbestaan, een systeem niet. Zo zegt Kaufmann: 'Er zijn altijd revivals geweest en die zullen er ook altijd zijn. Er is echter een groot verschil tussen de gotiek en neo-gotiek. (...) Het is de verandering van het systeem dat het verschil uitmaakt tussen Gotiek en Neo-gotiek, tussen de architectuur van de Romeinen en die van de Renaissance, etc.' Hij voegt daar aan toe: 'Systemen staan in direct verband met de algemene mentaliteit van een bepaalde periode.'[15]

Deze benadering opende voor de samenstellers van de tentoonstelling 'Autonome architectuur' de mogelijkheid op het eerste gezicht zeer uiteenlopende werken bijeen te brengen. Aan het werk van de eerdergenoemde reeks architecten werden in de tentoonstelling nog werken toegevoegd van onder anderen Lequeu, Gaudi en de dadaïsten. Juist de aandacht voor het dadaïstische werk dat Van Doesburg onder verschillende pseudoniemen had verricht, toonde aan dat het geanalyseerde grondprincipe zich met gebruikmaking van zeer verschillende 'materialen' kan manifesteren.[16] Deze benadering houdt echter ook in dat het onderzoek van de architectuur zich geheel en al richt op het zichtbaar maken van een bepaalde 'mentaliteit', of 'geestesgesteldheid', die net zo goed in de andere kunsten gestalte kan aannemen. Het begrip 'autonome architectuur' verliest daarmee gaandeweg analytische waarde.

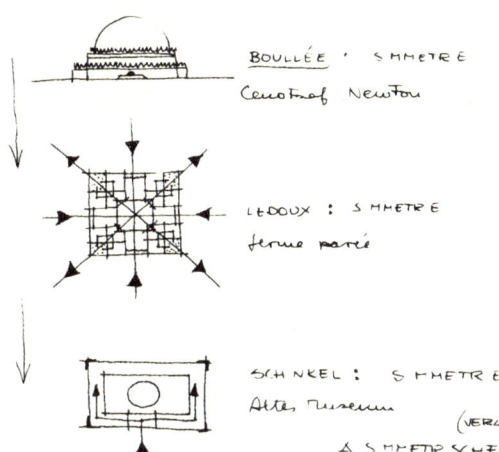

14. Voor een zeer uitgebreide behandeling van het motief van de vierde dimensie in de beeldende kunsten, zie: Linda Dalrymple Henderson, *The Fourth Dimension and Non-Euclidean Geometry in Modern Art*, Princeton, New Jersey 1983.

15. Emil Kaufmann, *Architecture in the Age of Reason*, New York 1968 (1955), p. 76.

16. In dit verband is met name de samenwerking van Van Doesburg met Schwitters van belang. Zie: K. Schippers, *Holland Dada*, Amsterdam 1974. Voor een diepgaande analyse van de assemblages en collages van Schwitters en de verwantschap van zijn werk met het elementarisme van Van Doesburg en El Lissitzky, zie: John Elderfield, *Kurt Schwitters*, Londen 1985.

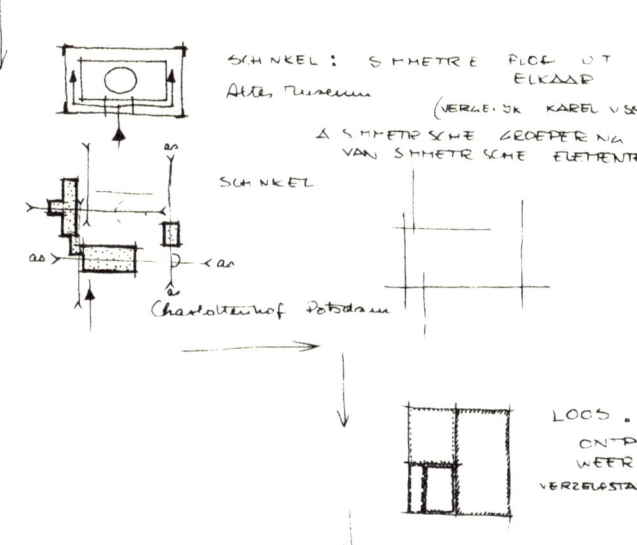

2.14

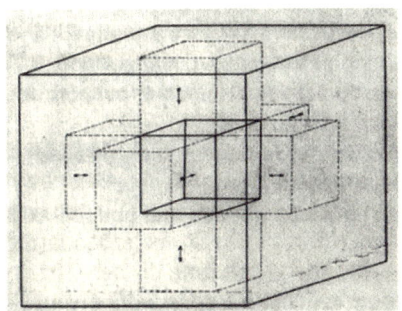

2.15

2.14 Tentoonstelling 'Autonome architectuur': Toelichting Michiel Polak en Pjotr Gonggrijp in Delftse School nr.7, 1962/
Exhibition 'Autonome architectuur': commentary of Michiel Polak en Pjotr Gonggrijp in Delftse School nr.7, 1962

Theo Van Doesburg
2.15 Tesseract, 1924

Investigations in Collective Form

Comparing the interpretations of the notion 'autonomous architecture' by Tendenza and by the Delft BSK, remarkable differences come to light. The Italian approach led to a deepened understanding of architectural forms. Notions originating from structural linguistics inspired researchers to study the city as it is: as the field of architecture language. In the preface to the second edition of *L'architettura della città*, Rossi summarises the basic principles as follows: 'If we understand the city to be architecture, then we recognise the autonomy of the discipline. Not, however, in an abstract sense, but because architecture actually creates the city, connecting the past with the future. So it does not evaporate into a metaphor of urban architecture, its denotation changing whenever the scale (of the city) does. On the contrary, I want to define architectural design, define how it becomes an urban fact.'

The crux of Italian research is the reuse of the method of topological analysis. Typology is an instrument for the description and classification of that which has been represented or designed. Style analysis is an instrument for the definition of the 'quality', in other words the characteristics resulting from an artistic process. Typological analysis uses the fact that the recognisability and communicative powers of forms are based on the (historical) experiences shared within a culture, creating a common background. Since the beginning of the twentieth century, the avant-garde scene that overvalued both the experiment and originality had gradually been replacing typological analysis by style analysis.[17]

The Delft approach towards autonomous architecture, held ransom by the newly discovered 'original' fundamentals of De Stijl, did not involve a debate on the position of typology in architecture. Typology set aside, the ground was laid for a 'shapeless, non-narrative architecture that has no story to tell', according to Van Doesburg. He first wrote about it in 1921, in 'De Betekenis der Mechanische Esthetiek voor de Architectuur en de andere Vakken': 'The development of architecture, originally a craft, remained limited to variations on a certain type. The new art form however is shapeless and neither has an a priori structure nor wants one.' This was the first issue addressed in the 1924

Investigations in collective form

De uitwerkingen van het begrip autonome architectuur door Tendenza en de Delftse BSK tonen een opmerkelijk verschil. De Italiaanse benadering leidde tot een verdieping van het begrip van de architectonische vormen. Verwerking van noties uit de structurele linguïstiek voerde het onderzoek naar de studie van de stad zoals die is: de stad als veld van de architectonische taal. In het voorwoord bij de tweede editie van *L'architettura della città* vat Rossi de uitgangspunten van het onderzoek als volgt samen: 'Als we de stad als architectuur opvatten dan houdt dat de erkenning in, dat architectuur een autonome discipline is, echter niet in een abstracte zin, maar omdat de architectuur de stad feitelijk voortbrengt en daarin het verleden met de toekomst verbindt. Architectuur vervluchtigt hier dus niet tot een oneigenlijk begrip van stedelijke architectuur waarvoor met de veranderende schaal zich nieuwe betekenissen aandienen. In tegendeel, het gaat er mij om de betekenis te bepalen van het architectonisch ontwerp en hoe dit tot een stedelijk feit wordt.'

De crux in het Italiaanse vormonderzoek is het opnieuw in gebruik nemen van de methode van typologische analyse. Als descriptief instrument is de typologie gericht op de beschrijving en classificatie van 'wat' is afgebeeld of ontworpen. Stijlanalyse gaat het daarentegen om de bepaling van de 'hoedanigheid', d.w.z. de onderscheidende kenmerken die door een artistiek procédé teweeg zijn gebracht. Typologische analyse maakt gebruik van het feit dat de herkenbaarheid en het communicatieve vermogen van vormen berusten op de (historische) ervaring die, als gemeenschappelijke achtergrond, in een cultuur gedeeld wordt. In het avant-gardistische milieu waar experiment en originaliteit als hoogste waarden golden, was sinds het begin van de twintigste eeuw de typologische analyse geheel overvleugeld door de stijlkritische methode.[17]

In de Delftse benadering van autonome architectuur, die zozeer in de ban was van de herontdekking van de 'oorspronkelijke' beginselen van De Stijl, was juist het typologiebegrip in de architectuur in geen enkel opzicht een punt van discussie. De vernietiging van het typologiebegrip is de grondslag van wat Van Doesburg als een vormloze, niet-narratieve architectuur betitelde; een architectuur die geen verhaaltjes vertelt. Van Doesburg schreef daarover (voor het eerst) in 1921, in 'De Betekenis der Mechanische Esthetiek voor de Architectuur en de andere Vakken': 'De ontwikkeling der architectuur uit het handwerk bracht het niet verder dan tot variaties op een bepaald type.

Tot een beeldende architectuur manifesto: 'A healthy development of architecture (and art in general) can only be based upon the rejection of "form" implying *a priori type.*'

Van Doesburg's proposition floored the entire conceptual capacity of architecture, dragging along the science that had united architecture and urban design for so long. Therefore TU Delft studies into autonomous architecture and into the urban project are not naturally linked. In 'De realisering van het neo-plasticisme in de verre toekomst en in de huidige architectuur' (Realising Neo-Plasticism in the Distant Future and in Contemporary Architecture) Mondrian had said that 'Neo-plasticism may only be fully realised in a multitude of buildings, as a city', but as yet the TU Delft students had seen nothing come of it. Recent experiments in that direction, such as Van Eyck and Bakema's designs for Buikslotermeer, were seriously lacking.

Discussing the Buikslotermeer designs Michiel Polak made a point, referring to a picture of a baker's cart in an arcade: 'Masterly opening the 110 exhibition Van Eyck profiled the post-war inheritance of dadaists, constructivists and cobra. Therefore I had expected to see a plastic-wrapped bun glide from a stainless steel pipe, not a baker's cart. I see dada wearing a bourgeois coat here – the baker's cart, the flagstones, it is oppressively snug to me: why this compliance with popular demand.'

A little later on Polak said that an allegedly industrial approach should at least show: '1. Interchangeability of elements; 2. Integrated functions, both a) in the construction and b) for use; 3. Efficient use of light materials. These should result in mobility, that is growth, change.' Two questions for further discussion emerged:

'4. Was it not possible to assimilate these three points in the development and manufacture of housing?

5. What use of forms (integrated in the construction) will lead to ultimate mobility? (Cf. closed form discussion Team 10).'[18] This is the proper perspective for appraising Weeber's graduation project.

De nieuwe kunst daarentegen is vormloos, kent geen schema a-priori en wil die ook niet kennen.' In 1924 werd dit het eerste punt van het manifest *Tot een Beeldende Architectuur*: 'De grondslag voor een gezonde ontwikkeling der architectuur (en der kunst in het algemeen) is elk begrip van vorm in de zin van *voorop gesteld type* te overwinnen.'

Met deze stelling had Van Doesburg het hele begripsvermogen van de architectuur onderuitgehaald en daarmee ook de kennis die architectuur en stedenbouw altijd hadden verbonden. Een vanzelfsprekende verbinding van het onderzoek naar autonome architectuur en het stedelijk project is in de Delftse studies dan ook niet aanwezig. In 'De realisering van het neo-plasticisme in de verre toekomst en in de huidige architectuur' had Mondriaan weliswaar verkondigd dat 'alleen in veelheid van gebouwen, als stad, het Neo-Plasticisme volkomen te realiseren' is, maar daarvan was in de ogen van de Delftse studenten tot dan toe weinig terechtgekomen. Ook recente experimenten in die richting, zoals de ontwerpen van Van Eyck en Bakema voor Buikslotermeer, schoten ernstig tekort.

In de bespreking van de ontwerpen voor Buikslotermeer bracht Michiel Polak naar voren, reagerend op een prent van een galerij met bakkerskar: 'Bij zijn magistrale opening van de tentoonstelling 110 gaf Van Eyck een doorsnede over de erfenis van dadaïsten – constructivisten – cobra van na de oorlog. Ik had hier verwacht dat een in plastic verpakt kadetje uit een roestvrij stalen pijp zou glijden in plaats van een bakkerskar. Hier heeft het dada verhaal een bourgeois-jasje aangekregen – de bakkerskar, de stoepjes, ik vind het benauwend knus geworden, waarom zo toegeven aan directe vraag.'

Verderop in de discussie stelde Polak dat van een industriële aanpak van het project verwacht zou mogen worden: '1. verwisselbaarheid van de elementen, 2. functie integratie, a) constructief en b) in het gebruik, 3. doelmatig gebruik van lichte materialen. Met als resultaat mobiliteit, d.w.z. groei, verandering.' Daaruit volgden twee vragen voor verdere discussie:

'4. was het niet mogelijk om met de ontwikkeling van de woonvormen, de fabrikatie als boven bedoeld aan te pakken?

5. welk vormgebruik (integraal met de constructie) zal leiden tot de juiste mobiliteit? (zie closed-form-

17. G.C. Argan, 'Het concept van de architectonische typologie', in: Leen van Duin and Henk Engel (eds.), *Architectuurfragmenten*, Delft 1991, pp. 65-70. G.C. Argan, 'Sul concetto di tipologia architettonica', in: G.C. Argan, *Progetto e destino*, Milan 1965.

17. G.C. Argan, 'Het concept van architectonische typologie', in: Leen van Duin, Henk Engel (red.), *Architectuurfragmenten*, Delft 1991, pp. 65-70. Oorspronkelijk: G.C. Argan, 'Sul concetto di tipologia architettonica', in: G.C. Argan, *Progetto e destino*, Milaan 1965.

After having a good look around, Weeber submitted a proposal for his graduation project on 9 January 1963. The subject of study was to be *Kreatief Centrum*, the location Noordereiland Rotterdam (a small Rotterdam island in the Maas river, 23,2 hectare). In 1964, the finished project certainly set tongues wagging. What it amounted to, however, was not exactly clear right away. On the exhibition bill, Stylos called it a study of: 'both the relocation and expansion of the current Rotterdam city centre'. Weeber's proposals were characterised as 'support structure'.[19] Head supervisor professor Van den Broek considered it: 'a remarkable, in a way visionary interpretation of architecture and urban design: a texture, in it: a city!' An article in *Industrieel Bouwen* magazine introduced it as the new regional centre of the Rijnmond area (Rotterdam and its surroundings), part of a future urban design that would one day cover the entire Randstad Holland. According to the article, Weeber's project demonstrated that industrial (domestic) building was possible and that future urban design would reap the fruits of new production techniques and computerisation.

Kreatief Centrum Rijnmond united nearly all the themes raised under megastructures colours at the time. In his project, Weeber suggested the total demolition of the nineteenth-century buildings on the island, replacing them by a completely new, three-dimensional city structure. Though studying architecture, Weeber's work was actually an urban plan. The approach he chose was still in the making. During the year 1962, some of it began to dawn on the Netherlands. *Forum* 2 and 3, of February/March respectively August 1962, featured Bakema, Van Eyck and Hertzberger airing their views on megastructures and referring to the international discussion on the subject.

On the subject of Dutch contributions to early megastructure developments, Reyner Banham mentions, in *Megastructure, Urban Futures of the Recent Past*, Habraken's *De dragers en de mensen* (1961), the submission for the Tel Aviv City Centre commission by Van den Broek and Bakema (1962), and *Nieuw Babylon*, a project launched by sculptor/painter Constant Nieuwenhuys during a lecture at the Stedelijk Museum in Amsterdam on 20 December 1960.[20]

discussie Team 10)'[18] Het is in dit licht dat we naar het afstudeerproject van Weeber moeten kijken.

Na een eerste oriëntatie diende Weeber op 9 januari 1963 de aanvraag voor het afstuderen in. Als onderwerp van studie vermeldde hij *Kreatief Centrum*, met locatie het Noordereiland Rotterdam (23,2 ha). Het project was na voltooiing in 1964 zeker spraakmakend. Wat het project precies behelsde, is echter niet direct duidelijk. In de aankondiging van de tentoonstelling van het project noemde Stylos het een studie van 'verplaatsing zowel als uitbreiding bestaande centrum' van Rotterdam. De voorgestelde architectuur werd gekarakteriseerd als 'dragerstructuur'.[19] De hoofdmentor, professor Van den Broek, zag in het project 'op zekere visionaire wijze een bijzondere interpretatie van architektuur en stedebouw: een stramien maken waarin een stad'. In een artikel in *Industrieel Bouwen* werd het project gepresenteerd als regionaal centrum van Rijnmond en tegelijkertijd als een fragment van een toekomstig netwerk van stedelijke bebouwing dat zich over de gehele Randstad Holland zou moeten uitstrekken. Het project van Weeber zou niet alleen aantonen dat industriële woningbouw mogelijk is, maar dat de toekomstige stedenbouw als geheel de vruchten zou plukken van nieuwe productie- en computertechnieken.

Kreatief Centrum Rijnmond verenigde vrijwel alle thema's in zich die op dat moment onder het label 'megastructure' aan de orde werden gesteld. In het project stelde Weeber voor de negentiende-eeuwse bebouwing van het Noordereiland geheel te slopen en te vervangen door een compleet nieuwe, driedimensionele stadsstructuur. Weeber had zich als architectuurstudent in feite een stedenbouwkundige opgave gesteld. Hij koos daarbij voor een benadering die pas vrij recent in ontwikkeling was. Juist in 1962 begon daarvan ook in Nederland het een en ander door te dringen. In de nummers 2 en 3 (februari-maart en augustus 1962) van *Forum* brachten Bakema, Van Eyck en Hertzberger hun opvattingen over megastructuren naar voren en verwezen daarbij ook naar de internationale discussie over dit onderwerp.

Wat betreft de Nederlandse bijdragen aan de eerste ontwikkelingen van megastructuren noemt Reyner Banham in *Megastructure, Urban Futures of the Recent Past* de publicatie van *De dragers en de mensen* van Habraken in 1961, de prijsvraaginzending van Van den Broek en Bakema voor het Stadscentrum van Tel Aviv uit 1962 en *Nieuw Babylon*, een project dat door de beeldend kunstenaar Constant Nieuwenhuijs op 20 december 1960 werd gelanceerd in een lezing in het Stedelijk Museum te Amsterdam.[20]

Weeber tackled the issue in an individual graduation project. This was empathically not done anywhere else. In *Megastructure, Urban Futures of the Recent Past*, Reyner Banham points out that the development of megastructures in the early 1960s was mainly academic. Several universities had lecturers and groups of students plunge into studies of the wasteland between new theories of planning that were getting more abstract all the time, and the actual architectural design of tangible projects. Megastructures are the result of what we would now call investigative design. The subject of the various studies could best be described as *urban situations about half a mile square*.

The first study Banham mentions is the 1959 *Boston Harbour Project* by Kenzo Tange and a group of MIT students. Also, and this is remarkable, the aforementioned work done at the Italian universities of Florence, Milan and Rome. Moreover, Banham mentions the lectures and research of Fumihiko Maki, who was guest professor at Washington University, St. Louis. Maki was one of the founders of the Japanese Metabolists. In 1964, he published *Investigations in Collective Form*. According to Banham, on this occasion the notion of 'megastructures' first appeared in print.

Maki's publication clearly shows that the early 1960s' search for architectural bases for urban projects developed along a variety of

Weeber pakte deze problematiek bij de kop in een individueel afstudeerproject. Dat was elders in de wereld juist niet het geval. In *Megastructure, Urban Futures of the Recent Past* maakt Reyner Banham duidelijk dat de ontwikkeling van megastructuren in het begin van de jaren zestig vooral gezien moet worden als een academisch verschijnsel. Docenten en groepen studenten aan verschillende universiteiten stortten zich in studies van een braakliggend terrein tussen nieuwe planningstheorieën, die een steeds abstractere vorm aannamen, en het architectonisch ontwerp van concrete projecten. Megastructuren zijn het resultaat van wat we nu ontwerpend onderzoek noemen. Het object van onderzoek van de verschillende studies kan het best worden omschreven als 'urban situations about half a mile square'.

Als eerste studie noemt Banham het *Boston Harbour Project*, waaraan Kenzo Tange in 1959 met studenten van het MIT had gewerkt. Opmerkelijk noemt hij het eerder vermelde werk aan de Italiaanse universiteiten van Florence, Milaan en Rome. Verder vermeldt Banham onder andere het onderwijs en onderzoek van Fumihiko Maki aan de Washington University in St. Louis. Maki was een van de oprichters van de Japanse groep metabolisten. In 1964 publiceerde hij *Investigations in Collective Form*. Hierin zou volgens Banham de term 'megastructure' voor het eerst in een publicatie zijn verschenen.

Uit de publicatie van Maki komt duidelijk naar voren dat in het begin van de jaren zestig het zoeken naar architectonische uitgangspunten voor stedelijke projecten zich in verschillende richtingen ontwikkel-

18. Architectural commentary, reporting on the Buikslotermeer discussions held on 6 and 20 November 1963, in: *Delftse School* no. 10, 1964.

19. In the café – actually a corridor – of the TU Delft department of architecture located at Oude Delft, Stylos staged an exhibition about this 'interesting' 'last project involving Van den Broek'. There, on 19 November 1964, Weeber took the opportunity to deliver a lecture, elucidated by slides, on his project. The project was also presented in 'Commentaar-colleges' of 28 April and on 12 May 1965 it was presented once more, along with three other graduation projects. A report appeared in *Delftse School* no. 13, 1965. Earlier, Van den Broek had already raised publicity by getting Weeber's work published in *Industrieel Bouwen 1*, a new magazine. In it, under the heading 'Is industriële woningbouw mogelijk?' (Is Industrial Housing Possible?) the project and the philosophy behind it were described extensively. Studiegroep Industrieel Bouwen TH Delft, 'Is industriële woningbouw mogelijk?', *Industrieel Bouwen 1*, no. 2, Delft 1964, pp. 52-58.

20. Mark Wigley, *Constant's New Babylon, The Hyper-Architecture of Desire*, Rotterdam 1998, p. 9.

18. 'Architectuurkommentaar, verslag discussie over de Buikslotermeer, 6 en 20 nov. 1963', *Delftse School* nr. 10, 1964.

19. Stylos organiseerde in de koffiegang van het gebouw van Bouwkunde aan de Oude Delft een tentoonstelling van dit 'interessante' en tevens 'laatste afstudeerprojekt olv. prof. Van den Broek'. Weeber gaf bij die gelegenheid op 19 november 1964 een lezing over het project, met dia's. In de 'Commentaarcolleges' van 28 april en 12 mei 1965 werd het project nogmaals gepresenteerd, samen met drie andere afstudeerprojecten. Een verslag daarvan verscheen in *Delftse School* nr. 13, 1965. Van den Broek zorgde eerder al voor publicatie van het project in het nieuwe tijdschrift *Industrieel Bouwen 1*. Onder de kop 'Is industriële woningbouw mogelijk?' werd in dit blad het project en de achterliggende gedachten uitvoerig beschreven. Studiegroep Industrieel Bouwen TH Delft, 'Is industriële woningbouw mogelijk?', *Industrieel Bouwen 1*, nr. 2, Delft 1964, pp. 52-58. Voor het overige is hier gebruikgemaakt van verschillende documenten die in het bezit zijn van Carel Weeber.

20. Mark Wigley, *Constant's New Babylon, The Hyper-Architecture of Desire*, Rotterdam, 1998, p. 9.

lines. Maki found three paradigms: compositional form, mega-structure (form) and group form. According to Maki, megastructures are characterised by a 'large frame in which all functions of a city or parts of a city are housed. It has been made possible by present day technology. In a sense it is a man-made feature of the landscape. It is like the great hill on which Italian towns were built.' Fundamental to megastructures is that different parts of a building have a different life cycle. The distinction between long-life elements and those that will shortly be in need of replacement becomes manifest in a permanent, collective infrastructure that guides processes of individual interpretation, change and growth. On this subject, Maki refers to Kenzo Tange's metabolic theory.

Perspective and definition of the problem are important to the nature of a study as well. In the commentary to the proposal for his graduation project, Weeber said he wanted to 'express architecturally' an idea that could only be realised in the entirety of the city. The 'limited task' he set himself was to at least realise 'the core of this idea in an actual city'. As Weeber formulated the basis for his graduation project: 'Human individuality, now threatened by the masses, is pre-eminently found in creativity. Creativity enhances awareness: if the creative individual is introvert, the creative collective is extrovert. Collectivity is not a threat (to the individual) but its strength, as long as creativity and collectivity exist as paired phenomena. The degree of creative development depends on human surroundings. The ultimate surrounding is the city, being the most complex man-made materialisation, opposed to the unaffectability of nature.

However, conditions are:
— an architectural conception of high quality.
— a chance to guilelessly meet with sources, able to arouse as yet unaware, active parts of society.
(Old-established theatres, concert halls and museums will not do. These are the last strongholds of last century's bourgeoisie.)'
On the location he says: 'The Noordereiland in the Nieuwe Maas. Here, make people meet, meet their possibilities, their happiness and misfortune, their art, their harbours and their city, amid two main elements of visible nature, air and water.'

de. Maki onderscheidde drie paradigma's: 'compositional form', 'mega-structure(form)' en 'groupform'. 'mega-structures' worden volgens Maki gekenmerkt door: 'a large frame in which all functions of a city or part of a city are housed. It has been made possible by present day technology. In a sense it is a man-made feature of the landscape. It is like the great hill on which Italian towns were built.' Fundamenteel voor het concept van 'mega-structure' is het onderscheiden van verschillende 'levenscycli' van gebouwonderdelen. De onderscheiding van elementen met een lange levensduur ten opzichte van elementen die binnen korte tijd aan vervanging toe zijn, manifesteert zich in een vaste, collectieve, infrastructuur die het proces van individuele invulling, verandering en groei stuurt. Maki verwijst hiervoor naar de metabolistische theorie van Kenzo Tange.

Minstens zo belangrijk voor de aard van het onderzoek is het perspectief en de probleemstelling van het onderzoek. Weeber vermeldde hierover in de toelichting bij de aanvraag voor het afstuderen, dat het hem ging om 'een architectonische uitdrukking' van een gedachte die alleen in de stad als geheel kan worden gerealiseerd. In de 'beperkte opgave' die hij zich stelde, wilde hij ten minste 'de kern van dit idee in een bestaande stad' verwezenlijken. Weeber formuleerde het uitgangspunt van zijn afstudeerproject zo: 'De individualiteit van de mens, die nu in de massa verloren dreigt te gaan, wordt bij uitstek in creativiteit hervonden. Creativiteit leidt tot bewustwording; richt het individu zich in zijn creativiteit naar binnen, als collectiviteit richt het zich naar buiten. De collectiviteit vormt geen bedreiging, maar is zijn kracht, mits creativiteit en collectiviteit als duofenomenen bestaan. De mate van ontsluiting van de creativiteit is afhankelijk van de omgeving waarin de mens zich bevindt. De omgeving bij uitstek is de stad, als meest complexe materialisering door de mens, in tegenstelling tot de ongerepte natuur.

Als voorwaarde geldt echter:
— 'n Hoge kwaliteit als architectonische conceptie.
— 'n Argeloze ontmoetingsmogelijkheid met actuele bronnen van ontsluiting van nog onbewuste, actieve bestanddelen van de samenleving.
(De bestaande vormen van theaters, concertzalen en musea voldoen hier niet aan. Zij zijn de laatste burchten waarin de vorigeëeuwse bourgeoisie zich nog staande kan houden).'
Over de gekozen locatie zegt hij: 'Het Noordereiland in de Nieuwe Maas. Hier de ontmoeting maken voor de mens met zijn medemens, zijn mogelijkheden, zijn geluk en zijn ongeluk, zijn kunst, zijn havens en

The philosophy behind his project marks Weeber a pioneer of 1960s culture but also demonstrates his updating of the formulae of Dutch 1920s avant-gardists such as Mondrian and Van Doesburg. Of several early megastructure developments, both at home and abroad, *Nieuw Babylon* is the one most closely linked to *Kreatief Centrum Rijnmond*. Their titles alone exemplify this. To me, the reason for this is obvious. Notwithstanding their appreciation for *Forum* magazine and its architects, the Delft students involved in *Delftse School* and the Bouwkundige Studiekring chose to be critical and distant while busily developing a position of their own.

Constant's *Unitair Urbanisme* was overtly radical. No other subject was discussed as much, neither in *Delftse School* nor in Van den Broek's 'Commentaarcolleges'. *Delftse School's* first issue in January 1961 already had Patrice Girod and Moshe Zwarts reporting on Constant's lecture in the Stedelijk Museum. In the next issue, his Delft lecture of 6 February 1961 was published in full. The following issue reported on the discussion resulting from that lecture, and the letters exchanged discussing the subject were also published.

The main object of censure in the discussion was the separation of urban functions, which had been declared the basis of modernist urban design in the *Charte d'Athène*. By now, this line of criticism was quite familiar among professionals; however Constant radically changed its bearing. This analytical approach lacked popular culture, city life a source of creativity a new unity, said Constant. Urban designers were pilloried. Their proposals had perhaps improved hygienic conditions but were, on a cultural level, ruled by fear of the general public.

Given the discussion, the lecture stirred up quite a bit of Delft mud. Constant's opinion on its calibre however was telling them all right: 'reactions are disappointing. I am addressing the department of architecture of a polytechnic here, not some philosophical or theological faculty!' Weeber took it to heart. He based his graduation project on the *Nieuw Babylon* ideology but then continued to fully develop its logical consequences to architecture and urban design. In his own way, he took up where the 'Autonome architectuur' exhibition had left off.

zijn stad; temidden van twee hoofdelementen van de zichtbare natuur, lucht en water.'

In de gedachte die aan het ontwerp ten grondslag ligt, herkennen we Weeber als pionier van de cultuur van de jaren zestig, maar ook hoe typische formules van de Nederlandse avant-garde uit de jaren twintig – Mondriaan, Van Doesburg – door hem werden geactualiseerd. Van de verschillende eerste ontwikkelingen van megastructuren in binnen- en buitenland sluit *Kreatief Centrum Rijnmond* het meest direct aan bij *Nieuw Babylon*. Alleen de titel al maakt dat duidelijk. De reden daarvoor lijkt voor de hand te liggen. Ondanks de sympathie voor het tijdschrift *Forum* en de Forum-architecten kozen de Delftse studenten die betrokken waren bij het tijdschrift *Delftse School* en de Bouwkundige Studiekring voor een kritische distantie en probeerden ze een eigen positie te ontwikkelen.

Constants *Unitair Urbanisme* presenteerde een uitgesproken radicaal standpunt. In de *Delftse School* en in de 'Commentaarcolleges' van Van den Broek is geen onderwerp waaraan zo veel aandacht werd besteed. Direct in het tweede nummer van de *Delftse School* (januari 1961) deden Patrice Girod en Moshe Zwarts verslag van de lezing van Constant in het Stedelijk Museum. In het volgende nummer werd de lezing afgedrukt die hij op 6 februari 1961 in Delft had gegeven. Het verslag van de discussie naar aanleiding van deze lezing, tezamen met de per briefwisseling gevoerde discussie, verscheen in het daaropvolgende nummer.

Mikpunt van kritiek in het betoog over *Unitair Urbanisme* is de scheiding van de stedelijke functies, die in de *Charte d'Athène* tot uitgangspunt van de moderne stedenbouw was verklaard. Deze kritiek was onderhand in vakkringen niet ongebruikelijk, maar Constant gaf daaraan een radicale wending. Wat in deze analytische benadering volgens hem ontbrak, was de cultuur van de massa, het stadsleven als bron van creatie en nieuwe eenheid. De stedenbouwkundigen werden aan de schandpaal genageld. Hun voorstellen hadden misschien in hygiënisch opzicht verbeteringen gebracht, maar werden in cultureel opzicht geregeerd door angst voor de massa.

Gezien de discussie maakte de lezing in Delft heel wat los. Het commentaar van Constant op het gehalte van de discussie loog er echter niet om: 'De reaktie valt tegen. Ik spreek hier voor een technische hogeschool, afdeling architectuur en stedebouw en niet voor een filosofische of teologische fakulteit.' Weeber heeft zich deze kritiek ter harte genomen. Hij nam het ideologische program van *Nieuw Babylon* als uit-

gangspunt voor zijn afstuderen, maar richtte zich vervolgens geheel op de logische consequenties ervan voor architectuur en stedenbouw. Daarbij trok hij, op zijn manier, de lijn door die in de tentoonstelling 'Autonome architectuur' was uitgezet.

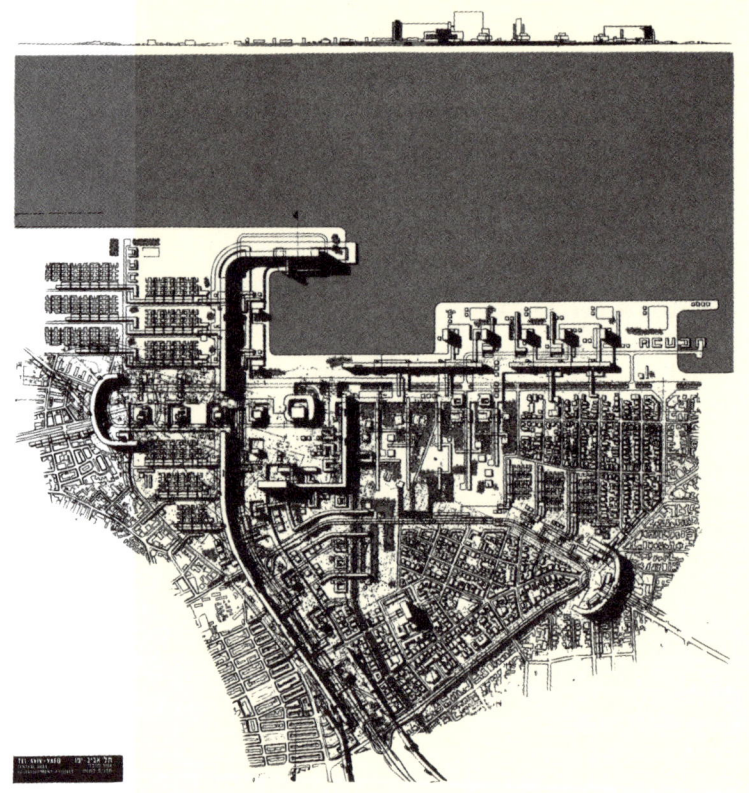

2.16

2.17

2.18

2.19

Jaap Bakema
2.16 Project voor het Stadscentrum van Tel Aviv, 1962/
Project for the city centre of Tel Aviv, 1962
2.17 Woningbouw Buikslotermeer, Amsterdam 1962-1963
met bakkerskar/
Housing Buikslotermeer, Amsterdam 1962-1963 with
baker's cart
2.18 Woningbouw Buikslotermeer, Amsterdam 1962-1963/
Housing Buikslotermeer, Amsterdam 1962-1963

Kenzo Tange
2.19 Met studenten, Boston Harbour Project, 1959/
With students, Boston Harbour Project, 1959
2.20 Project Tokyo Bay, 1960/
Tokyo Bay project, 1960

Constant Nieuwenhuys
2.21 – 2.22 Nieuw Babylon, 1960/
New Babylon, 1960

2.20

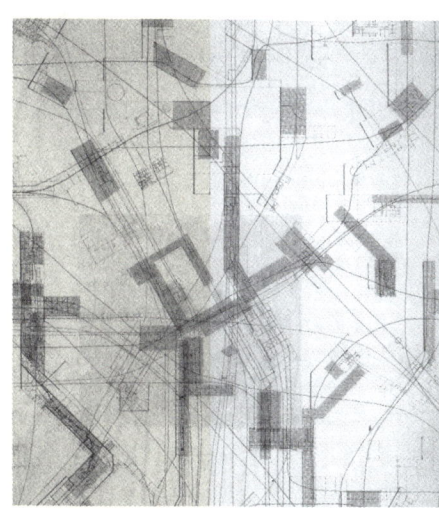

2.21

2.22

From Utopia to Context

Both the proposal for Weeber's graduation project and his mid-term review are accompanied by reflections on De Stijl and *Nieuw Babylon* themes, in particular on creativity and the relation between individuality and collectivity. There is little left of this in his post graduation comments. On De Stijl theory, all that is left is the remark that architecture is creating the division and arrangement of space. In a nutshell, one might say that is quite correct. It is not about creating symbolical objects. Thus Weeber outruns those who staged the 'Autonome architectuur' exhibition. In *Kreatief Centrum Rijnmond*, the fourth dimension is not an extra spatial dimension, to be conjured up by a specific constellation of three-dimensional architectural objects. Weeber seems to have pinned his faith on another explanation, stemming from Van Doesburg as well: the fourth dimension is time, in a time-space continuum.[21] The fourth dimension understood as movement and change within a three-dimensional framework turns up frequently in megastructure essays.

Rather than being interested in the creations and history of De Stijl, Weeber's main argument was and is its future: a Mondrianesque annulment of architecture. This ranks De Stijl with *Nieuw Babylon*. Constant expected the absorption of art by collective creativity, caused by computerisation and the increase in spare time. In the magazine *Industrieel Bouwen* Weeber suggested that his Noordereiland design might be seen as 'part of an infrastructural chain. Once this infrastructural link had been programmed and several variables processed, it would only be a matter of having the computer extrapolate and calculate each new link and have it print its computations of construction, dimension and specification. Thus, an industrial approach to urban design would indeed be possible.'

This we now recognise as a typically Weeberian move. His public interventions never cease to approach architecture's continued existence as disputable. That is what links *Het Wilde Wonen* and *Kreatief Centrum Rijnmond*. Many have been riled by his attitude. But it is a point Weeber will not give up. For once *Nieuw Babylon* has been realised, in whatever shape or form, architects, too, will have a right to spare time.

Van utopie naar context

De toelichtingen van Weeber bij de aanvraag voor het afstuderen en bij een tussenpresentatie van het ontwerp zijn vooral bespiegelingen rond thema's van de De Stijl en *Nieuw Babylon*. Ze gaan met name over creativiteit en de verhouding individualiteit–collectiviteit. In latere toelichtingen, na voltooiing van het afstudeerproject, keert daarvan niet veel meer terug. Van De Stijl vinden we alleen nog dat architectuur 'de vorming van de ruimteverdeling en ruimteïndeling' is. Maar dat is dan ook de kern, zou je kunnen zeggen. Architectuur is niet de vorming van symbolische objecten. Hierin gaat Weeber verder dan de samenstellers van de tentoonstelling 'Autonome architectuur'. In *Kreatief Centrum Rijnmond* is de vierde dimensie niet een extra dimensie van de ruimte, die door een specifieke constellatie van een driedimensionaal architectonisch object zou kunnen worden opgeroepen. Weeber lijkt meer heil te hebben gezien in een andere uitleg, die overigens ook op Van Doesburg teruggaat: de vierde dimensie als de factor tijd in een ruimte-tijdcontinuüm.[21] De vierde dimensie wordt opgevat als beweging en verandering in een driedimensionaal raamwerk, die we in veel verhandelingen over megastructuren tegenkomen.

Eerder dan in specifieke creaties van De Stijl en wat daaraan vooraf is gegaan, lijkt Weebers interesse (toen en nog steeds) meer te liggen bij wat na De Stijl in het verschiet ligt; bij een Mondriaaneske Opheffing van de Architectuur. Dat brengt De Stijl op één lijn met *Nieuw Babylon*. Constant zag de kunst opgaan in collectieve creativiteit. Automatisering en steeds meer vrije tijd zouden dit bewerkstelligen. In het tijdschrift *Industrieel Bouwen* bracht Weeber het denkbeeld naar voren, dat zijn ontwerp voor het Noordereiland beschouwd zou kunnen worden als 'deel van een infrastructurele keten. Was eenmaal dit infrastructurele ketenstuk geprogrammeerd en waren de diverse veranderlijke factoren verwerkt, dan was het verder een kwestie van de computer die iedere verlenging van de keten zou extrapoleren en uitrekenen, en daarbij berekeningen van constructie, maatvoering en detaillering op een briefje gaf. Op deze wijze zou inderdaad een industriële aanpak van de stedebouw mogelijk zijn.'

Het is een onderhand typisch Weeberiaanse wending. In Weebers publieke interventies wordt de architectuur telkens benaderd vanuit het perspectief van haar mogelijke verdwijning. Dat is wat het Wilde Wonen verbindt met *Kreatief Centrum Rijnmond*. Menigeen heeft hij daarmee tegen zich in het harnas gejaagd. Maar juist daarin is Weeber zeker conse-

In the mean time, awaiting that moment, Weeber has proved himself a pioneer concerning the realistic approach of urban reform, working on the Forum Area in The Hague, the Zwarte Madonna (Black Madonna) its apex. Like Mies van der Rohe's towers in Chicago, the Zwarte Madonna grows more sublime as more post- or hypermodern architecture is added to her surroundings. She ought to be restored to her full splendour, if only to affirm this blossoming beauty. Both the Forum Area (1977–1989) and the realisation of the Zwarte Madonna clearly show the relevance of the 1979 text 'Formele objectiviteit…' – more than for instance the Venserpolder (1980–1982).

This 'rappel à l'ordre' first criticises the confusion of ideas caused by, in his opinion, *Forum* and its editors Apon, Bakema, Van Eyck, Hardy, Hertzberger en Schrover (1959–1964). In 1961, Van Tijen said: 'The architect is not responsible for society, but for architecture: partly for the building that is done, and wholly for his own work. Those who do not separate the two cannot advance architecture.' Weeber agreed. In doing so, he implicitly opposed the way the democratic movement's social commitment had gone overboard.

Weeber's last shot was fired at a specifically technical issue: the *vrije blokkenplan* (free block plan). 'To the development of progressive ideas, the end of functionalism meant the beginning of a period subjected to the rejection of rational principles. The city was designed as if it was a sculpture: basically unlimited and three-dimensional. A Neo-plasticist painting, enlarged and three-dimensional.' Especially urban designers were called to order. They ought to look upon their profession as a designing discipline, not just coin articulate objectives. Urban design's objectivity lies within two-dimensionality: 'Even a city map may be… a valid basis for consensus, without any need to discuss the quality of three-dimensional perception.'

'There are many examples of such objective townscapes known throughout the history of urban design. They show the streets, plazas, avenues and canals belonging to the public area arranging themselves in unison with artefacts like building and infrastructure, all carrying a

quent. Want als *Nieuw Babylon* eenmaal daar is, in welke vorm dan ook, dan moeten architect en stedenbouwer toch ook hun vrije tijd gegund worden.

Ondertussen, voor het zover is, heeft Carel Weeber met zijn werk aan het Forumgebied in Den Haag wel pionierswerk verricht voor een realistische benadering van stedelijke herstructureringen en is de Zwarte Madonna een van zijn belangrijkste werken. Evenals de torens van Mies in Chicago wordt de Zwarte Madonna, naarmate er meer post- of hypermoderne bouwsels omheen verschijnen, met de dag subliemer. Alleen al om deze toenemende schoonheid bevestigd te zien, zou men moeten wensen dat de Zwarte Madonna in volle glorie hersteld wordt. Meer dan de Venserpolder (1980–1982) toont het stedenbouwkundig ontwerp voor het Forumgebied in Den Haag (1977–1989) en de realisatie van de Zwarte Madonna (1982–1985) de relevantie van de tekst 'Formele objectiviteit…'.

Dit 'rappel à l'ordre' begint met een kritiek op de begripsverwarring die het tijdschrift *Forum* onder redactie van Apon, Bakema, Van Eyck, Hardy, Hertzberger en Schrofer (1959–1964) naar zijn mening had veroorzaakt. Weeber sloot zich aan bij de kritiek die Van Tijen in 1961 formuleerde: 'De architect is niet verantwoordelijk voor de maatschappij. Hij is alleen verantwoordelijk voor de architectuur, ten dele voor het bouwen en volledig voor zijn eigen werk. Als men dat niet uit elkaar houdt, kan men de architectuur niet bevorderen.' Daarmee kritiseerde Weeber tegelijkertijd het op hol geslagen maatschappelijk engagement van de democratiseringsbeweging.

Aan het slot richtte Weeber zijn pijlen op een specifiek ontwerptechnisch vraagstuk: het vrije blokkenplan: 'Na het functionalisme brak in de progressieve ontwikkeling een periode aan waarin rationele beginselen werden verlaten. Het stadsontwerp werd gezien als ware het een driedimensionale vrije plastiek. Het neoplasticistisch schilderij werd vergroot en in drie dimensies vertaald.' Hij riep met name de stedenbouwers tot de orde. Zij zouden hun vak als ontwerpende discipline opnieuw serieus moeten nemen en niet alleen verbale doelstellingen moeten formuleren. De objectiviteit van de stedenbouw ligt in het plattevlak: 'Het stadsplan op kaart kan reeds (…) een legitieme basis voor consensus zijn zònder dat hierbij de driedimensionale belevingskwaliteit aan de orde hoeft te worden gesteld.'

21. Linda Dalrymple Henderson, *The Fourth Dimension and Non-Euclidean Geometry in Modern Art*, Princeton, New Jersey 1983, pp. 334-338.

21. Linda Dalrymple Henderson, *The Fourth Dimension and Non-Euclidean Geometry in Modern Art*, Princeton, New Jersey 1983, pp. 334-338.

variety of meanings, values and functions.'
'A good working relationship with architecture'
will develop only when urban design has
restored its own formal objectivity first. Real
urban design 'needs the essentials of the design,
by their internal, formal self-evidence, to be
absorbed by and become a reproductive force
within the actual building.'

Weeber still aims his criticism at urban design
and hardly mentions architecture, as he did on
his graduation day in 1964. However, at that
time it led him to plea for three-dimensional
urban design: architecture and urban design act-
ing as one single discipline. Weeber and Bakema
were of one mind on the issue. The architect-
urbanist however would solely develop solid
permanent structures. Detailing and later adapta-
tions are beyond his reach.

Expressing the malleability and passage of
time is beyond the reach of the architect.
Weeber is at variance with the expressive functionalism of Van den Broek and Bakema on this.
Quoting from the discussion following Polak
and Gonggrijp's introduction on autonomous
architecture might clarify matters. Van den
Broek: 'I myself find dynamic forms more
intriguing, provocative. I am a child of my time.
We do not live in static times.' Weeber: 'It is
amazing anyone ever thought of building
dynamically at all. But now that we live in
dynamic times our attention is drawn towards
the static, thus reinforcing the dynamic.'[22]
Weeber's point of view agrees with J.J.P. Oud's
commentary to his design for the Rotterdam
Beurs (Exchange). The dynamics of its hybrid
programme and constant need of change made
Oud design an Exchange facilitating said
dynamics, yet: 'without damaging architecture'.
Both the column grid and the uniform alloca-
tion of windows in its facades contribute to
reducing its heterogeneity to an ultimate form,
ready to cope with any alteration that might
come to face it.[23]

Remarkably, TU Delft considerations on
autonomous architecture fail to pay attention to
either Oud's Beurs or Van Eesteren's Amsterdam
Rokin (1923), Berlin Unter den Linden (1925)
and Paris city centre (1826). For these represent
the kind of architectural interventions, in actual
cities, that exemplifies De Stijl's turn to realism.
Architecturally, Weeber's graduation project is an
extrapolation of outlines sketched earlier. But

'De geschiedenis van de stedebouw kent voorbeelden van stadspatronen die dit objectieve karakter hebben. Volgens deze patronen rangschikken zich samen
met de stedelijke openbare ruimten, zoals straten,
pleinen, lanen, singels enz., de artefacten, zoals gebouwen en infrastructuren; alle dragers van wisselende
betekenissen, waarden en functies.' Pas als de eigen
formele objectiviteit van de stedenbouw is hersteld,
zou 'een goede operationele relatie met de architectuur weer mogelijk zijn'. Een stedenbouwkundig plan
is 'indien het plankarakter, als gevolg van een eigen
interne (formele) evidentie, door het gebouwde zelf
kan worden overgenomen en zich hierin ook reproduceert'.

Evenals bij gelegenheid van zijn afstuderen richt
Weebers kritiek zich hier op de stedenbouwkundige
praktijk en komt de architectuur nauwelijks ter sprake. Het verschil is dat zijn kritiek in 1964 uitmondde
in een pleidooi voor een driedimensionale stedenbouw: een project waarin architectuur en stedenbouw
als een enkele discipline zouden moeten optreden. In
dit opzicht zat Weeber toen op één lijn met Bakema.
De architect-urbanist zou zich echter strikt moeten
beperken tot het ontwerpen van de stabiele, permanente structuur. De individuele invullingen en veranderingen in de loop van de tijd behoren niet tot zijn
discipline.

Expressie van beweging en verandering, van de
factor tijd, ligt buiten het bereik van de architectuur.
Hierin wijkt Weeber af van het expressief functionalisme van Van den Broek en Bakema. In dit verband is
een fragment uit de discussie na de inleiding over
autonome architectuur van Polak en Gonggrijp verhelderend. 'Van den Broek: Dinamische vormen vind
ik voor mezelf intrigerender, prikkelender. Ik ben een
kind van mijn tijd. Onze tijd is niet statisch. Weeber:
Verwonderlijk dat men ooit dinamisch is gaan bouwen. Maar nu wij in een dinamische tijd leven, gaat
men weer aandacht schenken aan het "statische",
zodat daardoor het "dinamische" wordt versterkt.'[22]
Het standpunt van Weeber is verwant aan dat wat
J.J.P. Oud in 1926 formuleerde in zijn ontwerp voor
de Beurs in Rotterdam. Het dynamische gegeven van
het programma, dat bovendien aan 'voortdurende verandering' onderhevig zou zijn, was voor Oud aanleiding tot een ontwerp dat deze dynamiek weliswaar
mogelijk maakt, echter 'zonder dat de architectuur
hiervan schade ondervindt'. Het kolommengrid en de
uniforme verdeling van de ramen in de gevels herlei-
den de heterogene elementen van het programma tot
de meest algemene vorm; een vorm die tevens
bestand is tegen mutaties van het programma die zich

his design ignores the limits of architectural intervention. In Weeber's graduation project, the facades are missing: Oud's main inspiration! His commentary to the Beurs design eventually results in a statement on the quality of facades of large urban buildings. During the same period, Ludwig Hilberseimer came to similar conclusions.

Thus 'Formele objectiviteit…' is about more than just urban design. The main conclusion seems to be that architecture, having no intrinsic limitations, should have limitations forced upon it. Trying to reconstruct Weeber's change of heart, turning from three-dimensional structures to two-dimensional urban design, there are several moments worthy of our attention. The discussion on the 1977 assignment for the design of the Rotterdam Central Library should probably be considered pivotal but does not appear out of the blue. Earlier Weeber criticised the megastructural qualities of the 1974 Amsterdam Academisch Medisch Centrum (hospital) and the exhibition 'Bouwen '20 – '40' also inspired some pointed conclusions.

In 1970 Weeber was appointed project manager of the exhibition on 'De Nederlandse bijdrage aan het Nieuwe Bouwen' (17 September to 7 November 1971) by Jean Leering of the Van Abbemuseum. To Leering, it concluded a series of exhibitions devoted to art in the 1920s and '30s. However the relevance of such an exhibition had declined after the events of 1968–69: 'Both the events at TU Delft's department of architecture (resulting among other things in the publication of *De Elite*) and the fundamental debate among architects that even got public opinion involved made the need for another starting point felt.' The 'Bouwen '20 – '40' exhibition was emphatically staged within a social and cultural context. The perception of that context would show, more clearly than any work of art could ever do, that architecture: 'was still facing the same old dilemma.'

Especially the Delft contribution to the exhibition catalogue, by J. Nycolaas, N. Luning Prak

in het verdere verloop van de tijd zouden kunnen voordoen.[23]

Het is opmerkelijk dat het Beursontwerp van Oud evenmin als de ontwerpen van Van Eesteren voor het Rokin in Amsterdam (1923), Unter den Linden in Berlijn (1925) en het Centrum van Parijs (1926) in de Delftse beschouwingen over autonome architectuur onder de loep zijn genomen. Het zijn juist deze architectonische interventies in bestaande steden die aan De Stijl een realistische wending hebben gegeven. Voorzover het de architectuur betreft, kan Weebers afstudeerontwerp gezien worden als een extrapolatie van de lijn die toen is uitgezet. In Weebers ontwerp wordt echter juist de begrenzing van de architectonische interventie genegeerd. In zijn ontwerp ontbreken de gevels. Juist die waren voor Oud het belangrijkste motief van overdenking. Zijn toelichting bij het beursontwerp spitst zich uiteindelijk toe in uitspraken over de hoedanigheid van de gevels van stedelijke gebouwen van grote afmetingen. Ludwig Hilberseimer formuleerde rond dezelfde tijd conclusies van gelijke strekking.

Vanuit deze optiek is het belang van de tekst 'Formele objectiviteit…' niet alleen van stedenbouwkundige aard. De belangrijkste conclusie lijkt dat er voor het architectonisch project een begrenzing wordt ingevoerd die niet van binnenuit ontwikkeld kan worden en dus van buitenaf wordt geforceerd. Als we nu proberen te reconstrueren hoe de wending van een driedimensionale structuur naar een tweedimensionale stedenbouw in Weebers werk tot stand is gekomen, dan is er een aantal momenten dat aandacht verdient. De discussie rond de prijsvraag voor de Centrale Bibliotheek in Rotterdam in 1977 moet waarschijnlijk als keerpunt worden beschouwd, maar komt niet uit de lucht vallen. Eraan vooraf gaat Weebers kritiek op de megastructuur van Academisch Medisch Centrum in 1974 en de conclusies die hij in 1971 formuleerde bij de tentoonstelling 'Bouwen '20–'40'.

In 1970 werd Weeber door Jean Leering gevraagd als projectleider voor de samenstelling van een tentoonstelling over 'De Nederlandse bijdrage aan het Nieuwe Bouwen' in het Van Abbemuseum (17 september–7 november 1971). Leering zag deze tentoon-

22. 'Architektuurkommentaar', *Delftse School* no. 7, 1962, p. 6.
23. J.J.P. Oud, 'Motto "X"', commentary to the rough design of the Rotterdam Beurs, 15 November 1926, typescript, archive J.J.P. Oud, NAi. Cf. Henk Engel, 'Architecture without Characteristics', in: *Delft University of Technology, The architecture annual 1995–1996*, Rotterdam 1997, pp. 66–72.

22. 'Architektuurkommentaar', *Delftse School* nr. 7, 1962, p. 6.
23. J.J.P. Oud, 'Motto "X"', toelichting tot het voorlopig schetsontwerp voor een beursgebouw te Rotterdam, 15 november 1926, typoscript, archief J.J.P. Oud, NAi. Zie: Henk Engel, 'Architecture without characteristics', in: *Delft University of Technology, The architecture annual 1995–1996*, Rotterdam 1997, pp. 66–72.

and Yap Hong Seng, expressed such strong views on context that only one conclusion could be drawn. It was drawn by Carl Weeber, in his introductory notes: 'Architecture must not be overrated, especially in a society that has more urgent needs than those architecture can fulfil, needs that render architects and their work powerless.' With these words, Weeber puts aside the modernist Utopian pretensions that played a key role during the 1960s. His perception of reality changed. The observations preceding the above remark are therefore immanently significant.

stelling als afsluiting van de reeks tentoonstellingen gewijd aan de kunst van de jaren twintig en dertig. Echter de actualiteitswaarde van een dergelijke tentoonstelling was na de gebeurtenissen van 1968–1969 niet meer zo vanzelfsprekend: 'De gebeurtenissen op de afdeling Bouwkunde Delft (waarvan onder andere de publicatie *De Elite* de neerslag vormt) en de principiële diskussies, die allerwege onder architecten, maar ook onder het publiek ontstonden, deden de noodzaak gevoelen een ander uitgangspunt te nemen.' Voor de tentoonstelling 'Bouwen '20–'40' werd gekozen de architectuur van het Nieuwe Bouwen in Nederland nadrukkelijk te plaatsen in de historische context van maatschappij en cultuur. Meer dan het werk zelf zou het inzicht in de maatschappelijke en culturele context aantonen dat de architectuur ondanks alle verschillen, 'nu nog steeds voor hetzelfde dilemma staat als toen'.

Met name de Delftse medewerkers aan de tentoonstelling – J. Nycolaas, N. Luning Prak en Yap Hong Seng – zorgden met hun bijdragen in de catalogus voor een *overkill* aan context, waaruit slechts een conclusie mogelijk was. Die werd onder woorden gebracht door Weeber in zijn inleidende aantekeningen: 'De architectuur mag niet overschat worden, zeker niet in een samenleving waarin aan behoeften die door middel van architectuur bevredigd kunnen worden, behoeften vooraf gaan waartegen de architectuur en daarmee het werk van architekten machteloos staat.' Met deze uitspraak neemt Weeber afscheid van de utopische pretenties van het modernisme, die in de jaren zestig in verhevigde mate op de voorgrond waren geplaatst. Het opende een ander zicht op de realiteit. In die zin zijn de constateringen die aan deze uitspraak voorafgaan, van verstrekkende betekenis.

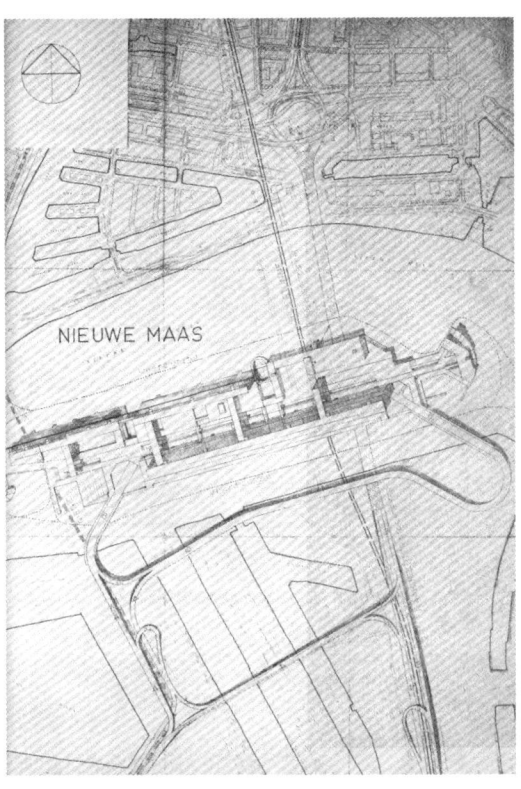

2.23

2.24

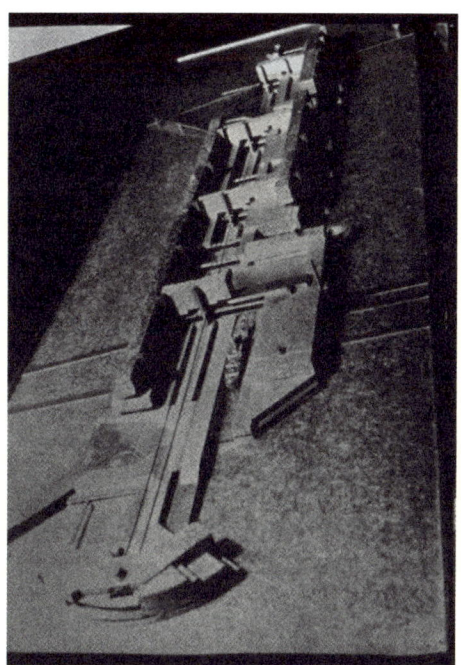

2.25

Carel Weeber

2.23 Carel Weeber, situatie Kreatief Centrum Rijnmond, Noordereiland Rotterdam, Afstudeerproject TU Delft, 1964/
Creative centre Rijnmond, Noordereiland Rotterdam, site plan of final graduation project TU Delft, 1964
2.24 – 2.25 Maquette Kreatief Centrum Rijnmond, Noordereiland Rotterdam, Afstudeerproject TU Delft, 1964/
Creative centre Rijnmond, Noordereiland Rotterdam, model of final graduation project TU Delft, 1964
2.26 Dwarsdoorsnede Kreatief Centrum Rijnmond, Noordereiland Rotterdam, Afstudeerproject TU Delft, 1964/
Creative centre Rijnmond, Noordereiland Rotterdam, cross section of final graduation project TU Delft, 1964

J.J.P.Oud
2.27 Beurs Rotterdam, prijsvraag project, 1926/
Rotterdam Stock Exchange, project competition, 1926

Ludwig Hilberseimer
2.28 Industrieel gebouw, 1922/
Industrial gebouw, 1922

2.26

2.27

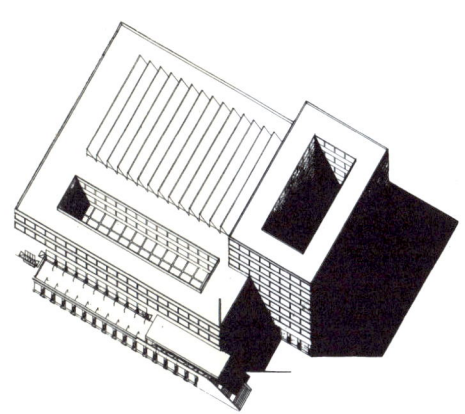

2.28

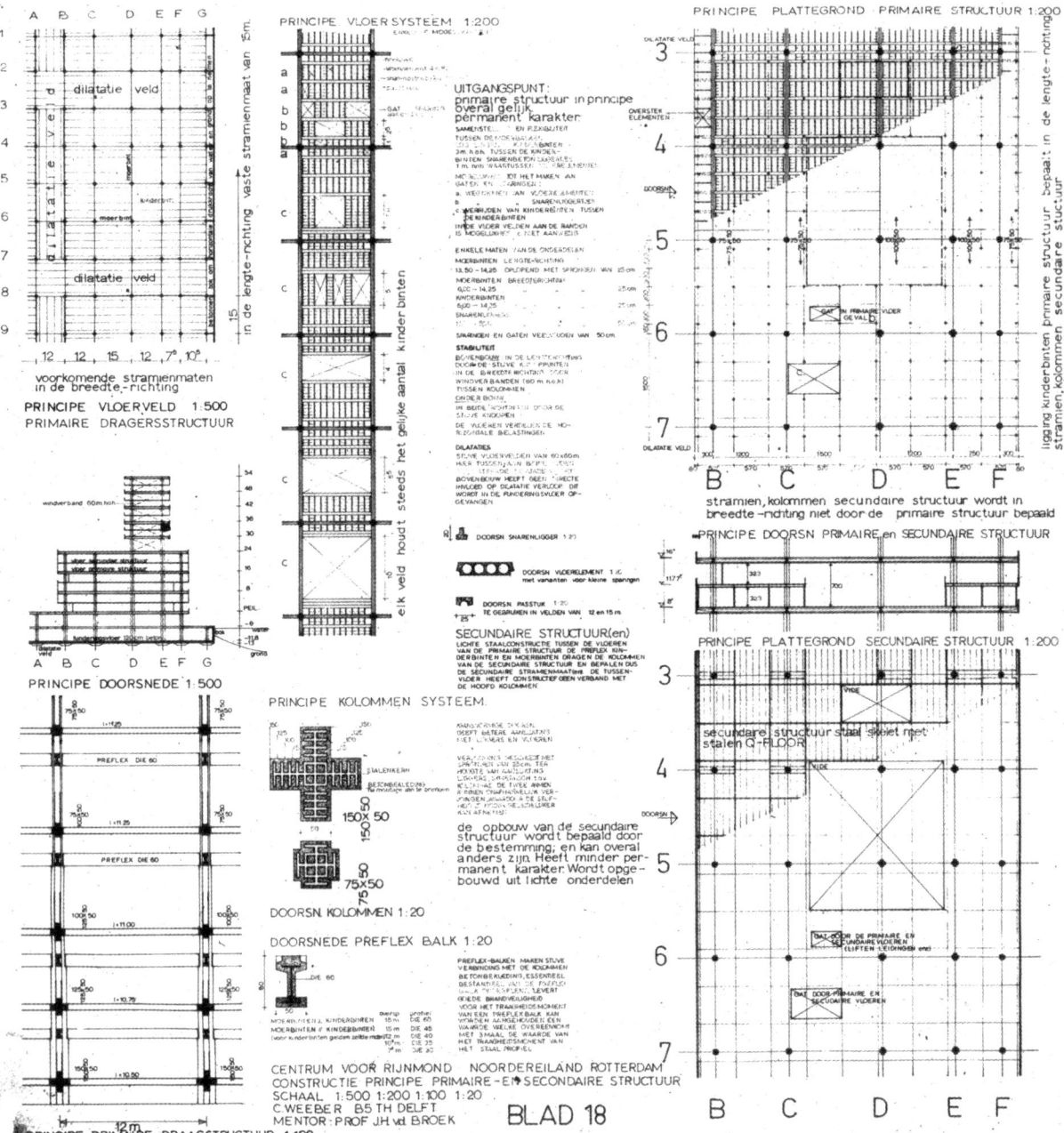

Carel Weeber

2.29 Constructiesysteem Kreatief Centrum
Rijnmond, Noordereiland Rotterdam,
AfstudeerprojectTU Delft, 1964: 'Is industriële
woningbouw mogelijk?'/
Creative centre Rijnmond, Noordereiland, Rotterdam,
structural system of final graduation projectTU Delft,
1964: 'Is industrial production of housing possible?'

Architecture 'ohne Eigenschaften'

In the *Bouwen '20–'40* catalogue Weeber had expressed his doubts about TU Delft's perception, following De Stijl, of the essence of autonomous architecture: a principle of undefined form, rejecting any narrative power. 'The consequences of the functionalist period are mainly moral', says Weeber. 'The battle for improved living conditions has been fought here by a handful of architects, commissioners and public bodies.' According to Weeber, the new style of building is architect's architecture. The public is hardly interested, 'contrary to its interest in the architecture of the distant past. The same goes for deformations like Madurodam and Klein Walcheren (miniatures), and open-air museums.' The architecture of the 1920s and '30s is not strong on visual comfort. Original examples of modernist architecture lack 'tokens': metaphors, symbols and allegories that are essential to the appreciation the general public will muster up. Possibly these are indispensable grammatical elements of a language meant to contribute to visual comfort.

Long before Charles Jencks' *The Language of Post-Modern Architecture* was published in 1977, even before Robert Venturi's 1972 *Learning from Las Vegas*, Weeber realised that modernist architecture was failing as a mass-medium. For the time being his choice of segments, ornaments and materials reinforcing the small-scale architecture of the traditional Dutch town reflected his views. In this respect his early 1970s reform matches Van Eyck's and in a broader sense the architecture advocated by the Werkgroep Nieuwe Woonvormen (Study Group New Housing Types).

Three years after *Bouwen '20–'40* Weeber reviewed the design of the Amsterdam Academisch Medisch Centrum (AMC).[24] The Amsterdam AMC is to be 'one of the largest buildings in the world'. Weeber illustrates this by comparing the maps of the AMC, the USA Pentagon and the Dutch town of Elburg. The size of their built-up areas coincides. As if that was not enough, he demonstrated that the AMC 'footprint' was of a size allowing the Rome Saint Peter Cathedral, the Madrid Escorial,

24. Carel Weeber, 'Academisch medisch centrum: een der grootste gebouwen ter wereld. Achterhaalde stedebouwkundige principes slaan toe in bouwwerk', *Wonen-TA/BK* no. 24, 1974, pp. 6-10.

Architectuur 'ohne Eigenschaften'

In de catalogus *Bouwen '20–'40* formuleerde Weeber zijn twijfels over wat in Delft, in navolging van De Stijl, als de essentie van autonome architectuur was aangemerkt: het principe van vormloosheid in de zin van verwerping van elk narratief vermogen. 'De betekenis van de periode van het functionalisme ligt op de eerste plaats op het morele vlak', schrijft Weeber. Als verschijningsvorm echter is de architectuur van het Nieuwe Bouwen volgens hem vooral een architectuur voor architecten. Het grote publiek heeft er nauwelijks belangstelling voor. 'Dit vaak in tegenstelling met de architectuur uit het verre verleden. Hetzelfde geldt voor deformaties als Madurodam, Klein Walcheren en Openluchtmusea.' 'Visueel komfort' is niet de sterkste kant van de architectuur van de jaren '20–'40'. De originele voorbeelden van de moderne architectuur ontbreekt het aan 'betekenissen die voor de waardering door de oppervlakkige toeschouwers opgebracht, van essentiële aard schijnen en waarschijnlijk liggen op het vlak van metaforen, symbolen en allegorieën. Bij een grammatika van een taal die moet bijdragen aan het visuele komfort, mogelijk onontbeerlijke elementen.'

Ruim voor de publicatie van *The Language of Post-Modern Architecture* van Charles Jencks (1977) en zelf nog voor Robert Venturi's *Learning from Las Vegas* (1972) kwam Weeber tot de conclusie dat de moderne architectuur als massamedium een zeer gebrekkig verschijnsel was. Vooralsnog kwam deze vaststelling in zijn architectuur tot uiting in de verwerking van geledingen, beeldmotieven en materialen die inspelen op de kleinschalige architectuur van de traditionele Hollandse stad. In dit opzicht spoort de wending die zich in het begin van jaren zeventig in zijn werk voordoet met die in het werk van Van Eyck en in meer algemene zin met de architectuur die door de Werkgroep Nieuwe Woonvormen werd gepropageerd.

Drie jaar na *Bouwen '20–'40*, schreef Weeber een kritiek op het ontwerp voor het Academisch Medisch Centrum in Amsterdam.[24] Het AMC zal 'een der grootste gebouwen ter wereld' worden. Dat maakt Weeber direct duidelijk door eenvoudige grafische vergelijkingen van de plattegrond van het AMC met die van het Pentagon in de Verenigde Staten en het stadje Elburg in Nederland. De maten van de drie bouwwerken komen overeen. Alsof dit nog niet

24 Carel Weeber, 'Academisch medisch centrum: een der grootste gebouwen ter wereld. Achterhaalde stedebouwkundige principes slaan toe in bouwwerk', *Wonen-TA/BK* nr. 24 1974, pp. 6-10.

Stockholm town hall, the London Parliament buildings and the Paris Opera to congregate.

The Amsterdam AMC is a megastructure on the brink of actual realisation. Other than in the 1960s Weeber was not amused: 'The design just shows a system of columns, floors, staircases, elevators and walls and does not anticipate a liveable built environment.' In ten years, megastructures, once the architect-analyst's experimental model, had become a toy of social forces, leaving the architects empty-handed. 'The design for the Amsterdam AMC fails when it comes to city planning: the functional disintegration and unnecessary scaling up are stemming from certain social circumstances.'

Professional criticism may be less sweeping, but it can show a design's internal flaws. Weeber went on to do just that. Weeber uses the criteria he developed in his commentary to his Prix de Rome design in his criticism.[25] The abstract way in which he formulated the characteristics of an architectural structure is now actualised in his review of the Amsterdam AMC design: by comparing it to existing buildings. These are deployed to acquire knowledge about the new design. The above-mentioned examples demonstrate the size of the Amsterdam AMC but also allow other comparisons.

The Pentagon may be a boring building, but its pentagonal megaform makes the internal system of corridors slightly more understandable to those who need to find their way inside the building. Elburg shows similar features. Its outline is rectangular, neutral but clear-cut. The relation between outline and network of streets is understandable. This network of Elburg main roads, streets and alleys is hierarchic, thus facilitating orientation. The Amsterdam AMC design lacks such structural spatial features, says Weeber, not to mention the hopeless distribution of the programme.

Note that Weeber uses historic examples as his source of information on internal arrangement of space and is less interested in their appearance. In doing so he gets quite close to Rossi. Rossi's commentary to his designs for the 1966 Monza San Rocca and the Milan Gallaratese (1969–1970) are instructive. In it, Rossi investigates the compositional possibilities of forms characterised by 'distributive indifference'. San Rocca is based on the court type, its facilities grouped around an open square.

genoeg is, toont een andere tekening dat in de 'foot-print' van het AMC de Sint Pieter in Rome, het Escorial bij Madrid, het stadhuis van Stockholm, het parlementsgebouw in Londen en de Opera van Parijs bijeengepakt kunnen worden.

Het AMC is een megastructuur, maar een die op het punt stond werkelijk gerealiseerd te worden. Weeber was, anders dan in de jaren zestig, niet enthousiast: 'Het ontwerp is helaas niet meer geworden dan een stelsel van kolommen, vloeren, trappen, liften en wanden, en biedt geen uitzicht op het totstandkomen van een leefbare gebouwde omgeving.' Na tien jaar was 'megastructure' niet meer een experimenteel model uit de laboratoria van de architectuur, maar een instrument van maatschappelijke krachten waar architecten geen greep op hebben: 'De belangrijkste gebreken van het AMC-ontwerp liggen in het planologisch-stedebouwkundig vlak: functionele desintegratie en onnodige schaalvergroting voortkomend uit bepaalde aspecten van het maatschappelijk stelsel.'

Een vakmatige kritiek is minder verstrekkend, maar kan wel de interne gebreken van het ontwerp aan het licht brengen. Dat doet Weeber vervolgens ook. In zijn kritiek maakt hij gebruik van criteria die hij in de toelichting bij zijn ontwerp voor de Prix de Rome had uitgewerkt.[25] Wat hij daar in abstracte termen als de kenmerken formuleerde van een architectonische structuur, wordt in zijn beschouwing van het AMC-ontwerp concreet door vergelijkingen met bestaande gebouwen. Het al bekende arsenaal van bouwwerken wordt ingezet om kennis te verkrijgen van een nieuw ontwerp. De aangehaalde voorbeelden geven inzicht in de omvang van het AMC, maar maken ook vergelijkingen op andere vlakken mogelijk.

Het Pentagon mag een saai gebouw zijn, maar de vijfhoekige megavorm zorgt er wel voor dat het interne gangenstelsel enigszins overzichtelijk en bevattelijk is voor degenen die zich in het gebouw moeten kunnen oriënteren. Het stadje Elburg vertoont dezelfde kwaliteiten. De omtrek is rechthoekig, neutraler, maar duidelijk bepaald. Er is een bevattelijke samenhang van omtrek en intern stratenstelsel. Bovendien is er in Elburg een hiërarchie van hoofdstraten, straten en stegen, die oriëntatie makkelijker maakt. Het zijn deze structureel ruimtelijke kwaliteiten die AMC-ontwerp volgens Weeber mist, nog afgezien van de hopeloze distributie van het programma.

Belangrijk in dit verband is dat Weeber hier historische voorbeelden gebruikt als bron van kennis, niet als beeld maar om inzicht te krijgen in de structuur van 'ruimteverdeling'. Daarmee komt hij dicht bij de werkwijze van Rossi. De toelichting bij de ontwerpen

Gallaratese is based on the arcade type, a long outer corridor opening onto facilities. In both cases the facilities may be arranged at will. Both forms are generic, that is indifferent to the distribution of functions. Architecturally however they are definitely predetermined.

Rossi points out that distributive indifference should not be mistaken for typological indifference: 'Typological indifference assumes space is some kind of container – that is if there ever was any clear assumption at all – a kind of volume that may hold any quality, signify anything. Typological indifference means architectural disorder: I am not referring to expressionist disorder but to non-architectural disorder of choices not made. Distributive difference on the other hand is intrinsic to architecture; which was confirmed by studying the ancient buildings I have been working on so often. It has the value of a law. The transformation for instance of amphitheatres (Arles, Lucca, Rome, etc.) clearly show that even pre-urban transformations have ultimate architectural precision potentially offers ultimate distributive freedom and, generally speaking, ultimate functional freedom.'[26]

However one needs to remember that Italian Rationalism did not get through to Delft until the late 1970s. The enlightening debate on the design for the Rotterdam Central Library clearly demonstrates this gap between Weeber's work and Italian Rationalism. Carel Weeber and Jaap Bakema were adversaries in a closed competition. Aldo van Eyck being a member of the jury, Carel Weeber faced two of *Forum*'s former bigwigs. After the results – Bakema and Boot had won – were made public, on 13 January 1978 Delft saw the confrontation, covered by *Wonen-TA/BK* of May 1978. Jan de Heer was being provocative, needling Van Eyck. I compared the designs, wondering about their implications to urban design.

I said: 'Bakema specifies the relation between building and city using run lines, Weeber uses alignments. Run lines connect, alignments limit. In this respect these designs each clearly represent an architectural choice…. Bakema's design arranges activities. The road that connects them fixes their sequence. Traffic fixes the main structure of the building, must make it understand-

van de wooneenheid San Rocca in Monza (1966) en het woongebouw Gallaratese in Milaan (1969–1970) is in dit opzicht verhelderend. In deze ontwerpen worden de compositorische mogelijkheden onderzocht van bouwvormen die gekenmerkt worden door wat Rossi een 'distributieve indifferentie' noemt. De wooneenheid San Rocca is gebaseerd op het hoftype, waarbij de gebruiksruimten rond een open vierkant zijn geplaatst. Het woongebouw Gallaratese gaat uit van het galerijtype, waarbij een lange buitengang toegang geeft tot de gebruiksruimten. In beide gevallen kunnen de gebruiksruimten naar believen worden ingedeeld. Beide bouwvormen zijn generiek, dat wil zeggen met betrekking tot de distributie van het gebruik indifferent. In architectonisch opzicht zijn ze echter geenszins onbepaald.

Distributieve indifferentie moet volgens Rossi beslist niet worden verward met typologische indifferentie: 'Typologische indifferentie komt voort uit de hypothese van de ruimte als "container" – als hierbij ooit al van een duidelijke hypothese sprake was – een soort volume die met elk attribuut en betekenis kan worden gevuld. Typologische indifferentie betekent in de architectuur wanorde; hierbij refereer ik niet zozeer aan de expressionistische wanorde, als wel aan de wanorde van de non-architectuur, van de niet gemaakte keuze. Distributieve indifferentie is daarentegen eigen aan de architectuur; de transformatie van oude bouwwerken, waarmee ik me meerdere malen heb beziggehouden, bevestigen deze stelling. Zij heeft de waarde van een wet; de voorbeelden van de transformatie van de amfitheaters (Arles, Lucca, Rome, etc.) maken duidelijk dat, nog voordat er sprake was van stedelijke transformaties, de hoogste architectonische precisie – in deze gevallen van het monument – potentieel de hoogste distributieve vrijheid bood en in meer algemene zin de grootst mogelijke functionele vrijheid.'[26]

Zoals eerder opgemerkt moeten we echter in gedachten houden dat het Italiaanse rationalisme pas in de tweede helft van de jaren zeventig in Delft begon door te dringen. Duidelijk merkbaar is dit in de discussie over de ontwerpen voor de bibliotheek in Rotterdam. Een discussie die bijzonder verhelderend is, juist omdat de afstand tussen het werk van Weeber en het Italiaanse rationalisme er zo duidelijk in naar voren komt. In een besloten prijsvraag streden Carel Weeber en Jaap Bakema om de eer. Met Aldo van Eyck in de jury werd het een treffen tussen Weeber en de twee kopstukken van het oude *Forum*. Nadat de

25. *Bouwkundig Weekblad* no. 3, 1967, pp. 38-39.
26. Aldo Rossi, 'Due progetti', *Lotus* no. 7, 1970, pp. 62-67.

25. *Bouwkundig Weekblad* nr. 3, 1967, pp. 38-39.
26. Aldo Rossi, 'Due progetti', *Lotus* nr. 7, 1970, pp. 62-67.

able…. In Weeber's design activities are reduced to a general standard, levelled out by the use of volume quantities; "the programme is a prerequisite of the design". Activities are not arranged, they are given room, facilitated. Van Eyck calls this given "room" empty, because it is not thoroughly "marked". But Weeber arranges space by using boundaries, slices with holes in them.' I concluded: 'Weeber's reuse of traditional techniques is not in any way connected to the ideal typologies for public buildings. In this sense Weeber's design raises an important question in my mind.' Weeber said he would have to think about that and added: 'I do use the morphology of surroundings, but not the typology of adjacent buildings, it is true. The thought had not occurred to me…. I do think the building is as clear-cut as similar buildings of that time.'

The debate on the commission for the Rotterdam Central Library marked the beginning of a period of intensive architectural research and public debate. Weeber's designs of that period are his contribution. His 'Formele objectiviteit…' may be taken to act as a theoretical anchorage. In it, he explicitly formulates a different orientation concerning urban design. Its equivocal consequences to architectural design can only be deduced from his work. In all cases, the main issues are the limitation and appearance of the architectural object. Of his designs for the Spijkenisse underground stations (1978–1985), the Centraal Station in particular is a forceful remake of a given type of building, as is his Rotterdam De Schie Prison (1985–1989). Both designs have been compared to the work of Rossi and Durand. Weeber's large residential buildings – the bulk of his work – resists such comparisons. Outstanding examples are the Rotterdam Peperklip (1979–1982) and The Hague Zwarte Madonna (1982–1985).

Both entertaining and sound is Joost Meuwissen's view of De Peperklip.[27] His analysis contributes to making 'Formele objectiviteit…' more explicit. It also suggests that it is not all that self-evident that 'the essentials of a plan can be absorbed by and become a reproductive force within the actual building'. De Peperklip appears to be a splendidly isolated architectural object. However, the large form of the building is not based upon an architectural type but randomly refers to the shape of a bent open paperclip, open, to taste, to phallic inter-

uitslag bekend was gemaakt – het ontwerp van Bakema en Boot had gewonnen – vond in Delft op 13 januari 1978 de confrontatie plaats. Een verslag daarvan staat in *Wonen-TA/BK* van mei 1978. Jan de Heer hield een prikkelend betoog waardoor Van Eyck direct op de kast zat. Ik vergeleek de ontwerpen en stelde de vraag hoe beide ontwerpen in het verband van de stad gedacht werden.

Ik stelde: 'Door Bakema wordt de relatie gebouw–stad gedacht met behulp van looplijnen, door Weeber met behulp van rooilijnen. Looplijnen vormen verbindingen, rooilijnen vormen grenzen. Op dit niveau stellen deze twee ontwerpen, glashelder een architectonische keuze aan de orde. (…) In het ontwerp van Bakema worden activiteiten geordend. De volgorde wordt ontworpen door de weg die ze verbindt. Het verkeer vormt de hoofdstructuur van het gebouw, deze moet het gebouw begrijpelijk maken. (…) In het ontwerp van Weeber worden activiteiten herleid tot gemeenschappelijke maat, via de benodigde volumekwanta gelijk gemaakt; "het programma is de randvoorwaarde van het ontwerp". De activiteiten worden niet geordend, er wordt ruimte voor gemaakt, ter beschikking gesteld. Deze ruimte noemt Van Eyck leeg, omdat ze niet van plek tot plek "gemerkt" is. Weeber deelt de ruimte door middel van grenzen, schijven met gaten erin.' Ik besloot met de opmerking: 'Het opnieuw in gebruik nemen van traditionele ontwerptechnieken heeft bij Weeber elke band met de ideale typologieën van openbare gebouwen verloren. Dit laatste lijkt me het belangrijkste probleem, dat door het ontwerp van Weeber wordt opgeroepen.' Weeber antwoordde dat hij daarover zou moeten nadenken en vervolgde: 'Hoewel ik de morfologie van de omgeving oppak, doe ik dat niet met de typologie van openbare gebouwen uit de omgeving. Dat is zo. Het is ook niet in mij opgekomen. (…) Ik beweer wel dat het gebouw de vorm van helderheid heeft van dit soort gebouwen uit die tijd.'

De discussie over de prijsvraag voor de bibliotheek in Rotterdam was het begin van een periode van intensief architectonisch onderzoek en openbaar debat. Weebers bijdrage daaraan ligt besloten in de ontwerpen die hij in die periode maakte. Zijn tekst 'Formele objectiviteit…' kan in theoretisch opzicht als ankerpunt gezien worden. Voor de stedenbouw formuleert hij daarin expliciet een ander oriëntatie. De consequenties voor het architectonisch ontwerpen zijn alleen in zijn ontwerpen te achterhalen en niet eenduidig. De centrale problematiek is in alle gevallen de begrenzing en de verschijningsvorm van het architectonisch object. Van de metrostations in Spijkenisse

pretation. That is why De Peperklip, along with contemporary Weeber buildings, was associated with pop art.

Meuwissen calls De Peperklip 'an unusual interpretation of the closed building block': 'Architecturally, it is unambiguous, but its meaning is vague.' 'It is complicated, appears to hesitate between being a singularly beautiful building and being a closed building block located around a public place.' 'It is not just a large classic building with courtyard (of the European type…) but rather an area that had to be build on, finding itself closed after the street plan has been plotted.' Meuwissen calls the character of the urban building block weak. Van Doesburg might have called it amorphous, not committed to any architectural type. This puts 'Formele objectiviteit…' and its first realisation, the urban design for the The Hague Forum Area, in a new perspective. The large form of the Zwarte Madonna, one of the Forum Area building blocks, has no random basis, like De Peperklip, but is based instead upon objective urban planning. But how objective a basis is this?

Traditionally urban building blocks were architectural figures arranging the division of urban building lots, opening up and dividing parcels of land. The building blocks were used to generate streets and squares, to make room for a selection of architectural objects like houses, sometimes interspersed with other buildings: it balanced mutual relationships. It is not part of the city/house analogy, but a formal figure preparing the development of a city, from a multitude of houses. In itself, a building block is not an architectural type. But when it comes to scales and measures, this architectural figure (especially when rationalised) has always referred to a conventional type of building. Around 1900, Stübben wrote: 'An area meant for large rentable houses needs blocks and streets of another kind, size and orientation than an area meant for factories or detached single-family dwellings.'[28]

When, however, urban building blocks are being replaced by single buildings and thus transformed into architectural objects, the connection between urban planning and what has actually been built no longer has any conven-

(1978–1985) is met name het ontwerp voor Station Centrum een overtuigende bewerking van een gegeven gebouwtype. Het ontwerp voor gevangenis De Schie in Rotterdam (1985–1989) is dat ook. Voor beide ontwerpen is gewezen op verwantschap met het werk van Rossi en ook van Durand. De ontwerpen voor grote woongebouwen, het merendeel van Weebers werk, verzetten zich tegen een dergelijke interpretatie. De Peperklip in Rotterdam (1979–1982) en De Zwarte Madonna in Den Haag (1982–1985) zijn in dit opzicht markant.

Aan de Peperklip heeft Joost Meuwissen een niet alleen vrolijke maar ook steekhoudende beschouwing gewijd.[27] Zijn analyse geeft een opmerkelijk inzicht dat in 'Formele objectiviteit…' onuitgesproken bleef. Ook wordt duidelijk dat het helemaal niet zo vanzelfsprekend is dat formele evidentie van een stedenbouwkundig plan 'door het gebouwde zelf kan worden overgenomen en zich hierin ook reproduceert'. De Peperklip verschijnt als een architectonisch object dat geheel op zichzelf staat. De 'grote vorm' van het gebouw is echter niet ontleend aan een architectonisch type, maar aan een willekeurige referent: een opengebogen paperclip, waaraan, zo men wil, een fallische of welke betekenis ook gehecht kan worden. Om die reden is de Peperklip, en ook andere ontwerpen van Weeber uit die periode, in verband gebracht met popart.

Meuwissen beschouwt de Peperklip als 'een bijzonder interpretatie van het gesloten bouwblok': 'Het architectonisch beeld van de Peperklip is eenduidig, maar de betekenis is vaag.' De Peperklip toont 'een complexe aarzeling tussen zijn verschijning als enkel prachtig gebouw of als gesloten bouwblok dat rondom een openbare ruimte ligt': 'Het is niet zozeer een groot, klassiek gebouw met binnenhof (het type Europees gebouw…) alswel een continu te bebouwen oppervlak dat nu eenmaal gesloten is als het stratenpatroon is uitgezet.' Meuwissen noemt het karakter van het stedelijk bouwblok week. Van Doesburg zou gezegd kunnen hebben: het stedelijk bouwblok is vormloos; het kent geen architectonisch type. Dit werpt een bijzonder licht op 'Formele objectiviteit…' en de eerste toepassing daarvan in het stedenbouwkundig ontwerp voor het Forumgebied in Den Haag. De 'grote vorm' van de Zwarte Madonna, een van de bouwblokken die in het Forumgebied gerealiseerd zijn, wordt niet bepaald door een willekeurige referent, zoals in de Peperklip het geval was. Daarvoor in de plaats treedt de objectiviteit van het stedenbouw-

27. Joost Meuwissen, 'Peperklip te Rotterdam', *Plan* XIV no. 9, 1983, pp. 29-36.

27. Joost Meuwissen, 'Peperklip te Rotterdam', *Plan* XIV nr. 9, 1983, pp. 29-36.

tional basis. The urban building block has been stripped of its meaning and has become a screen on which imaginary visualisations are projected. The Dutch architect Berlage recognised this fact early on. Philosophically, he immediately came up with an alternative, which was later radicalised by Oud and Hilberseimer and, more recently, actualised by the realisation of the Zwarte Madonna. In *Bouwkunst and Impressionisme* (Architecture and Impressionism) of 1894, Berlage wrote: 'Once, a block of speculation houses was a single unit: now, each house is fully turned out like an old Dutch residence in order to avoid monotony. . . . Just imagine how crisp, beautiful and simply large, befitting its character, such a building block might stand, impressionistically angular, a silhouette of several entrances showing some simple, varying details. For the sacrosanctity of public roads urges you to look upon the silhouette as essential.'

Berlage foresaw an architecture that would be simultaneously flat and solid. Only the outline matters: mass housing-construction frees us from the anguished search for symmetry while putting in thousands and thousands of windows, the dizzy despair of modern neighbourhoods. Hilberseimer concluded that the facades of very large buildings, unable to represent an inner structure, are actually no longer facades at all. 'Historically, windows have always been independent elements: sections, accents, representing an axis. . . . The windows of a residential block or high-rise have complete lost their autonomous significance. Because of their large numbers, they no longer contrast but are absorbed, become part and component of the surface itself. The window no longer relieves its monotony, it evenly lights up the walls.'[29]

Remarkably, architects of other nationalities have built all the successful Dutch projects developing these themes: Giorgio Grassi's Groningen Public Library (1989–1992), Hans Kollhoff's Amsterdam KNMS island Pireaus housing (1989–1994) and Diener and Diener's Amsterdam KNMS/Java island dwellings (1995–2001). Having the yield to one of Hans Kollhoff's major urban building blocks would be ultimately cynical.

Translation: Maria van Tol

kundig plan. Maar hoe objectief is de grondslag daarvan?

Het stedelijk bouwblok is van oudsher een stedenbouwkundige figuur die de verdeling van stedelijke bouwgrond regelt; de ontsluiting en verdeling van percelen. Met het bouwblok werden straten en pleinen gevormd en werd plaatsgemaakt voor een verzameling architectonische objecten (huizen, al of niet gemengd met andersoortige gebouwen). Het bouwblok regelde de onderlinge verhoudingen. Het bouwblok staat buiten de klassieke analogie van stad en huis. Het is een syntactische figuur die het mogelijk maakt uit een veelheid van huizen een stad te vormen. Het bouwblok zelf is niet een architectonisch type maar, zeker in een gerationaliseerde vorm, altijd een referentie aan een conventionele bebouwingstypologie. Zo schreef Stübben rond 1900: 'Een stadsdeel bijvoorbeeld, dat hoofdzakelijk bestemd is voor het bouwen van grote huurhuizen, moet blokken en straten van andere aard, andere afmetingen en andere oriëntatie hebben, dan een stadsdeel voor fabrieken of voor vrijstaande eengezinshuizen. Het onderscheid betreft (...) zowel de blokken als het netwerk van straten.'[28]

Op het moment echter dat het stedelijk bouwblok wordt ingenomen door een enkel gebouw en wordt getransformeerd tot een architectonisch object, ontvalt aan de verbinding van het stedenbouwkundig plan met het gebouwde de conventionele grondslag. Vanaf dat moment is het stedelijk bouwblok een lege vorm: een scherm voor projectie van imaginaire voorstellingen. In Nederland is dit al vroeg onderkend door Berlage. Hij formuleerde meteen ook een stoïcijns alternatief, dat door Oud en Hilberseimer werd geradicaliseerd en met de realisatie van de Zwarte Madonna opnieuw een actuele betekenis heeft gekregen. Berlage schreef in *Bouwkunst en Impressionisme* (1894): 'In plaats van een blok speculatie-huizen, als één geheel op te vatten wordt nu van elk huis een oud-Hollands huis gemaakt, volgens volledig programma, onder het motief, het ontgaan van eentonigheid. (...) Hoe kernachtig mooi en eenvoudig groot, volkomen bij het karakter passend, zou een bouwblok speculatiehuizen kunnen verrijzen impressionistis kantig, gesilhouetteerd met enkele eenvoudige variërende details van de verschillende ingangsdeuren. De onschendbaarheid van den openbaren weg geeft u immers ernstig in overweging, het silhouet wel als hoofdzaak te moeten beschouwen.'

Berlage voorzag een architectuur die vlak en massief tegelijk is. Alleen de contour geldt: 'De huizenbouw "en masse" verlost (ons) van een angstig zoeken

naar symmetrie in de plaatsing der duizende en nog eens duizende vensters, de duizelig makende wanhoop der moderne buurten.' Hilberseimer verbond hieraan het inzicht dat de omhulling van zeer grote gebouwen het vermogen verliest tot representatie van de interne geleding en in feite ophoudt façade te zijn. 'In de historische architectuur is het venster altijd een zelfstandig element: geledingsfactor, accent of representant van de assen. (...) De vensters van een woonblok of een torenhuis hebben deze betekenis van zelfstandig bouwdeel volledig verloren. Ze vormen door hun grote aantal niet langer een contrast met het vlak, maar gaan erin op, zijn enkel nog een stuk en bestanddeel van het vlak zelf. Het venster onderbreekt niet meer het muurvlak, maar verlevendigt het gelijkmatig.'[29]

Het is opmerkelijk dat de meest geslaagde projecten in Nederland, die in deze lijn verder zijn gegaan (wellicht vanuit een andere achtergrond), zijn ontworpen door buitenlandse architecten: de Openbare Bibliotheek in Groningen van Giorgio Grassi (1989–1992), het woongebouw Piraeus op het KNMS-eiland in Amsterdam van Hans Kollhoff (1989–1994) en de woongebouwen van Diener & Diener op de aansluiting van het KNMS- en het Java-eiland (1995–2001). Het is alleen cynisch te noemen, als de Zwarte Madonna nu zou moeten wijken voor een paar torens van Hans Kollhoff.

28. J. Stübben, 'Über den Zusammenhang zwischen Bebauungsplan und Bauordnung' (On the Connection Between Building Plans and Regulations), in: *Städtebauliche Vorträge*, book 2, no. 4, 1909, p. 7. Henk Engel, François Claessens, 'Massawoningbouw, object van stadsanalyse en architectuur' (Mass Housing: Subject of City Analysis and Architecture), in: Susanne Komossa e.o. (eds.), *Atlas van het Hollandse bouwblok* (Building Block Atlas of Holland), Bussum 2002. Cf.: Giorgio Piccinato, *La costruzione dell'urbanistica, Germania 1871-1914*, Rome 1977. German translation: *Städtebau in Deutschland 1871-1914: Genese einer wissenschaftlichen Disziplin*, Braunschweig/Wiesbaden 1983.
29. Ludwig Hilberseimer, 'Grossstadtarchitektur', *Der Sturm XV* no. 4, 1924, pp. 177-189. In the 1908 *Die Entstehung der Barockkunst in Rom*, art historian Alois Riegl says: 'The facade could only be created simultaneously with the window-linking inside to outside. ...The facade is a wall betraying the fact that, behind it, a space extends....The word facade: face, mirror of the soul; no face without eyes, no facade without windows....The facade reminds us of something that is not visible and even less tangible. The facade is home to a picturesque optical element.'

28. J. Stübben, 'Über den Zusammenhang zwischen Bebauungsplan und Bauordnung', in: *Städtebauliche Vorträge*, Bd. 2, Heft 4, 1909, p. 7. Henk Engel, François Claessens, 'Massawoningbouw, object van stadsanalyse en architectuur', in: Susanne Komossa e.a. (red.), *Atlas van het Hollandse bouwblok*, Bussum 2002. Zie ook: Giorgio Piccinato, *La costruzione dell'urbanistica, Germania 1871–1914*, Rome 1977. Duitse vertaling: *Städtebau in Deutschland 1871-1914: Genese einer wissenschaftlichen Disziplin*, Braunschweig/Wiesbaden 1983.
29. Ludwig Hilberseimer, 'Grossstadtarchitektur', in: *Der Sturm XV* no. 4, 1924, pp. 177-189. 'De façade', zegt de kunsthistoricus Alois Riegl in *Die Entstehung der Barockkunst in Rom* (1908), 'kon pas ontstaan met het venster, die de verbinding tussen binnen en buiten tot stand brengt. (...) De façade is een wand die tegelijkertijd verraadt dat zich daarachter een ruimte bevindt die zich in de diepte uitstrekt. (...) Het woord façade: gezicht, spiegel van de ziel; geen gezicht zonder ogen, en geen façade zonder vensters. (...) De façade herinnert aan iets, dat tegelijkertijd niet zichtbaar en, minder nog, tastbaar is. De façade is van huis uit een "malerisches", optisch element.'

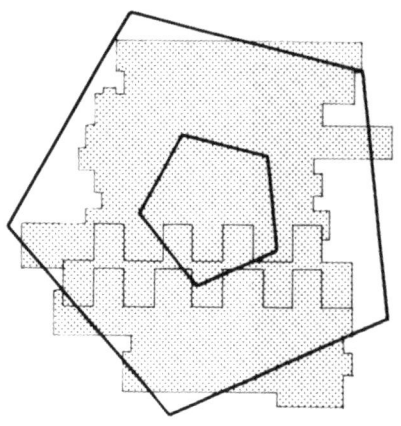

2.30

2.31

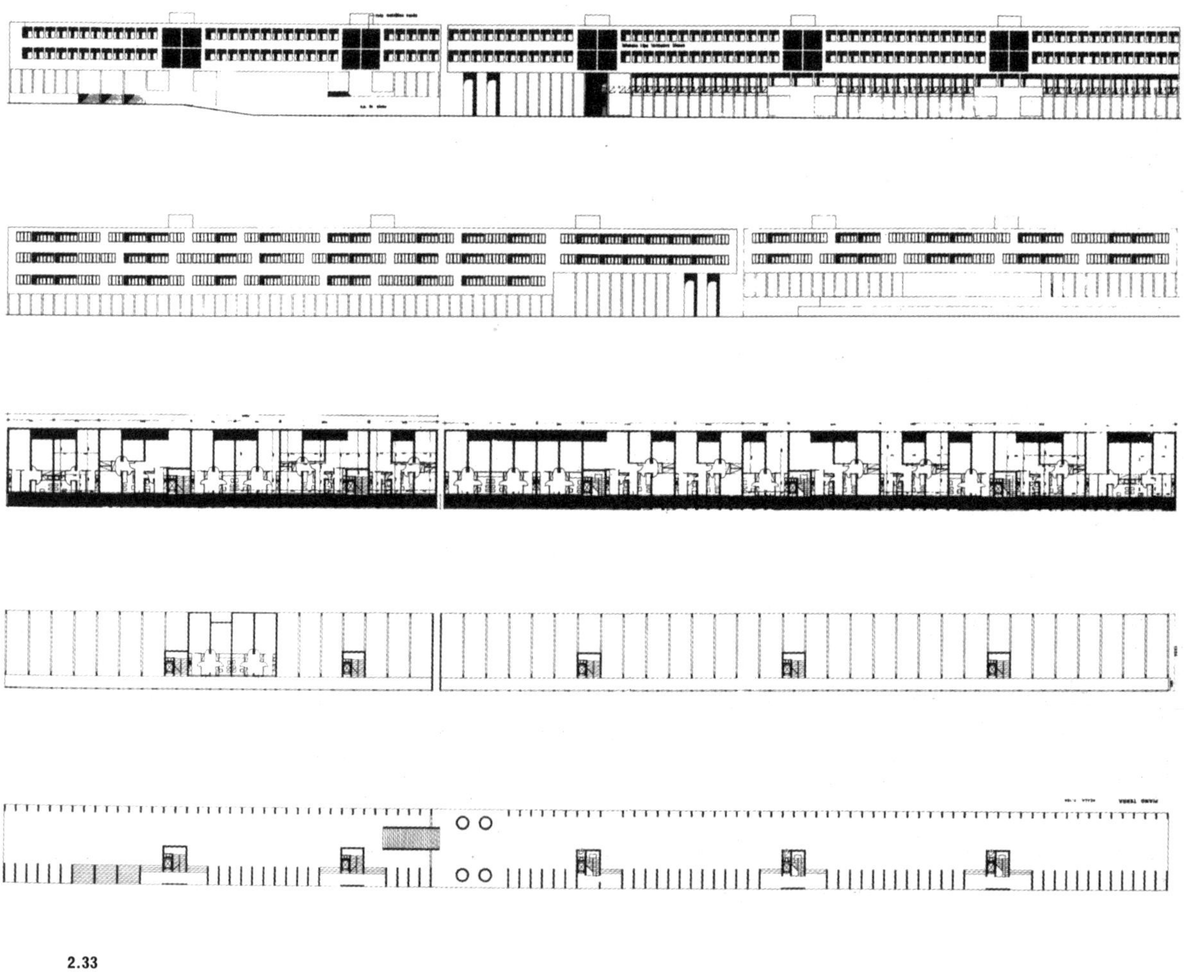

2.33

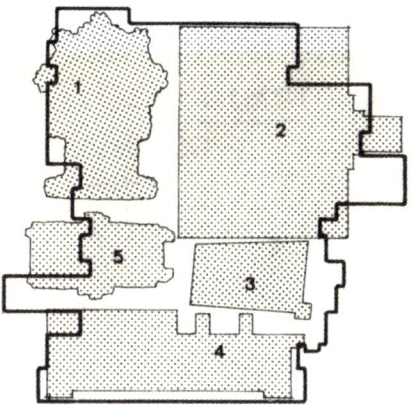

2.32

Carel Weeber over het ontwerp van het Academisch Medisch Centrum in Amsterdam (AMC) in 1974, 'Één der grootste gebouwen ter wereld':/
Weeber on the design for the new hospital on the Amsterdam periphery (AMC) in 1974, 'One of the world's largest buildings':
2.30 Schaalvergelijking met het Pentagon/
Scale comparison with the Pentagon
2.31 Schaalvergelijking met Elburg/
Scale comparison with Elburg (NL)
2.32 Schaalvergelijking met Sint Pieters Basiliek/
Scale comparison with Saint Peter Basilica

Aldo Rossi
2.33 Woongebouw, Gallaratese, Milaan, 1969-1973:
gevels, plattegrond woonlaag, één unit en begane grond/
Residential building, Gallaratese, Milan, 1969-1973:
elevations, housing floor, one unit and ground-floor plan
2.34 Prijsvraaginzending met Giorgio Grassi, woningbouw San Rocco, Monza, 1966/
Competition entry with Giorgio Grassi, housing San
Rocco, Monza, 1966

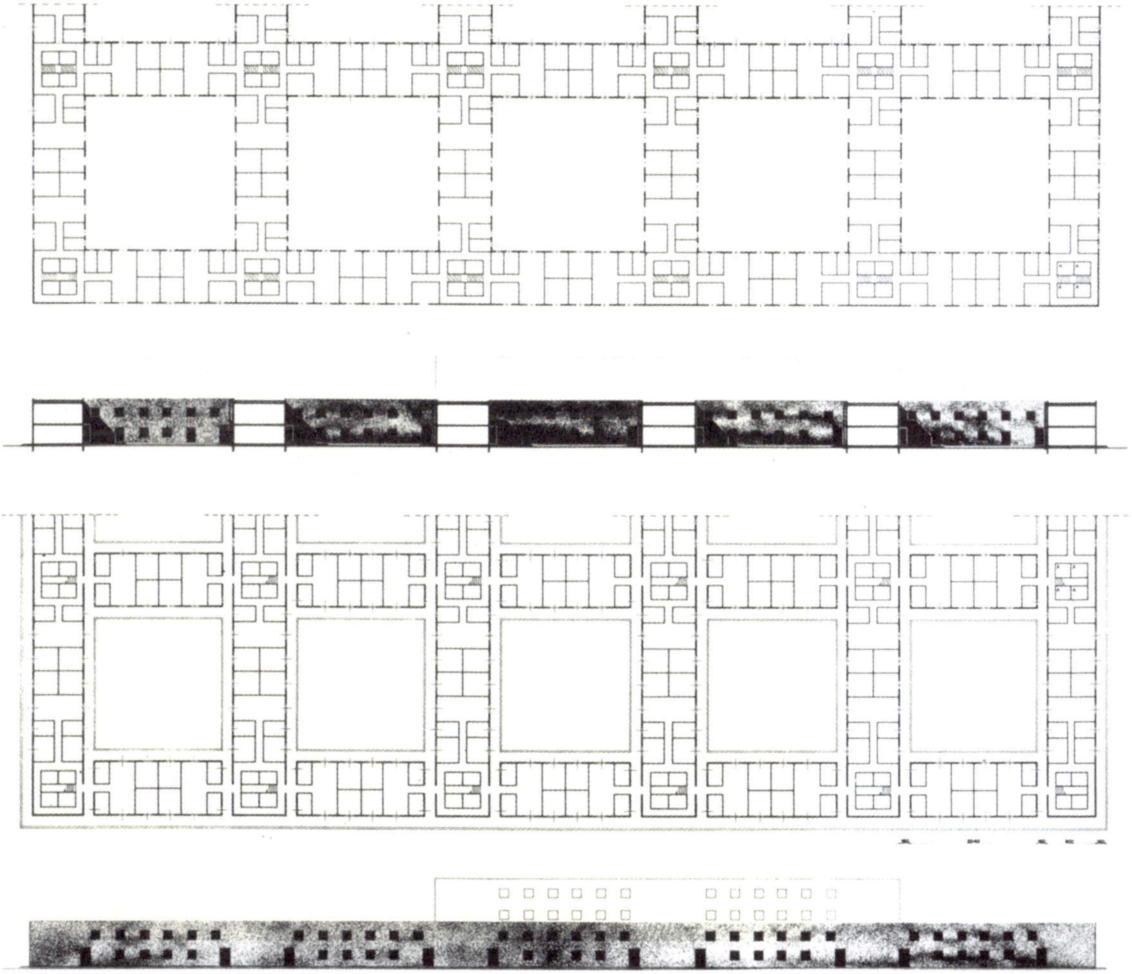

2.34

2.35

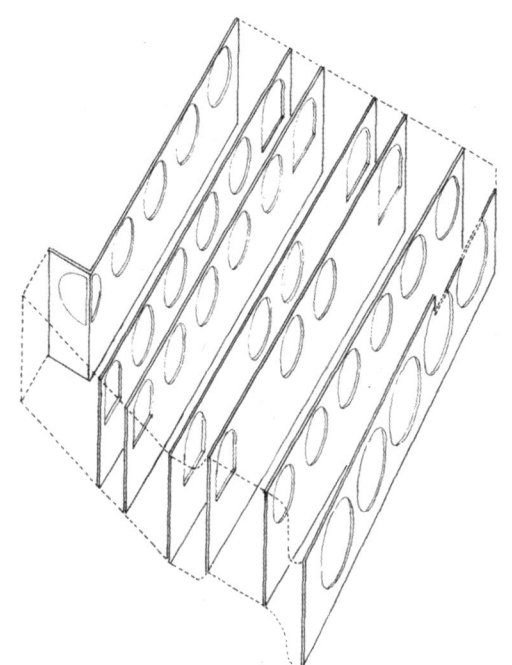

2.36

2.37

Aldo Rossi

2.35 'Due progetti' in Lotus nr. 7, 1970: San Rocco, Monza (boven), onder Gallaratese, Milaan (onder)/ 'Due progetti' in Lotus no. 7, 1970: San Rocco, Monza (top) en Gallaratese, Milaan (bottom)

Carel Weeber

2.36 Project voor een Centrale Bibliotheek in Rotterdam, 1977: Schijvenstructuur/ Project for a Central Library in Rotterdam, 1977: structure of slabs

2.37 Metrostation Spijkenisse-Centrum, 1978-1985/ Metropolitan railway station Spijkenisse-Centrum, 1978-1985

2.38 Project voor een Centrale Bibliotheek in Rotterdam, 1977: meervoudige opdracht gemeente Rotterdam/ Project for a Central Library in Rotterdam, 1977: entry in a closed competition

2.38

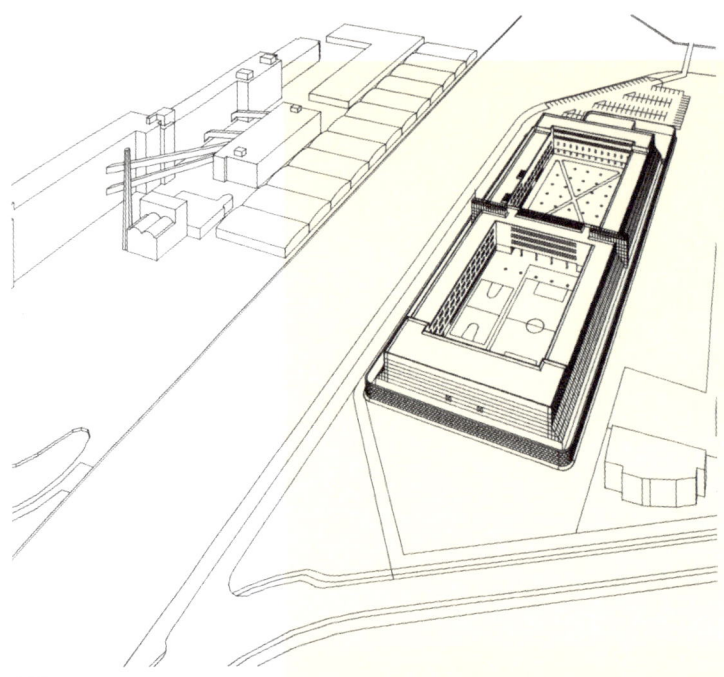

2.39

2.40

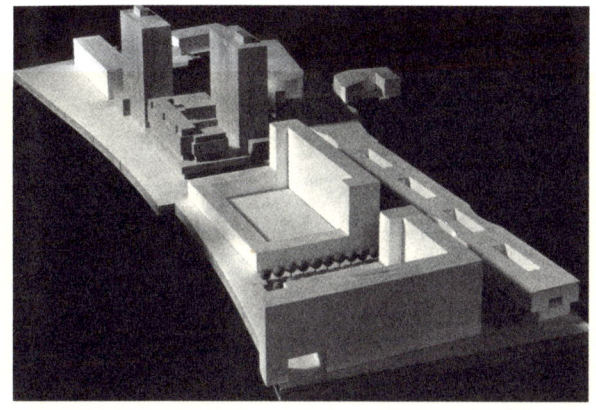

2.41

Carel Weeber
2.39 Gevangenis De Schie, Rotterdam, 1985-1989: perspectieftekening met tegenover gelegen Van Nellefabriek/
De Schie prison, Rotterdam, 1985-1989: perspective drawing with the Van Nelle factory across
2.40 Woningbouw De Peperklip, Rotterdam, 1979-1982/
Housing De Peperklip, Rotterdam, 1979-1982
2.41 Maquette Forumgebied, The Hague, 1979/
Model of Forum Area, The Hague, 1979
2.42 Plan-masse perspectieftekening in rood, geel en blauw van het Forumgebied, Den Haag, 1979: het blok achteraan rechts is wat later de Zwarte Madonna wordt/
Plan-masse perspective drawing in red, yellow and blue of Forum Area, The Hague, 1979: the block in the back on the right is to become the Zwarte Madonna
2.43 Plattegrond Forumgebied, Den Haag, 1979/
Plan of Forum Area, The Hague, 1979

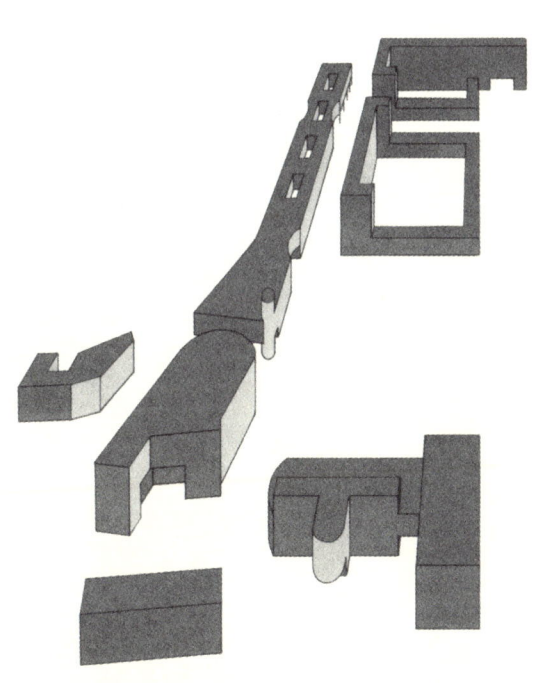

plan weeber

2.42   2.43

Sascha Jenke

Enkele observaties over de Zwarte Madonna
Technologie en typologie – het geheel en het deel /
Observations on the Zwarte Madonna
Technology and Typology – The Whole and the Part

Carel Weeber
3.01 Woongebouw Zwarte Madonna (zijgevel), Den
Haag 1982-1985 /
Apartment building Zwarte Madonna (side eleva-
tion), The Hague, 1982-1985

When you approach the Zwarte Madonna (Black Madonna), it looks at first like a large block, formed out of a single building. But when you walk round it, you realise that, at the narrow side, the volume is separated by a wide gap into two halves, high at the front and low at the back. Both buildings are covered in a black facade, a cloak of tiles, which seems to unify the two parts. It is impossible to walk past this building unmoved. It is too much in evidence for that. It occupies space and dominates it. Moreover, in the original urban design, the main facade was intended to be as high as 15 storeys. But the opposite side was also to have been substantially lower than it is now. The road therefore looks very narrow, and the building, despite its having been reduced to 8 storeys in height, still does not have the space its imposing appearance warrants. The reason for this lies in the design of the facade, which plays a key role in the interpretation of the building, and is arguably its most controversial aspect.

In the overall plan, a row of different modules, including the Zwarte Madonna, forms an axis leading to the central railway station. The whole urban design was based on this principle of blocks and road, with the complex of ministries as the point of departure. The Zwarte Madonna itself is an urban building block comprising apartments, ground-floor shops on the main facade, and an inner courtyard with a garden. Private functions in the upper floors and public on the ground floor, and the way the building nestles passively against the infrastructure – clearly evident from the rounded corner – are characteristic of this nineteenth century typology. Whereas reference to this typology is generally indicative of a rationalistic attitude on the part of the architect, in this case, the typology of the building block is broadened by an orientation towards technological progress, and the line of thought diverges to some extent from a strictly rationalistic stance.[1] For while a consciously accentuated relationship between city form and building type is generally a characteristic of rational architecture, it usually opposes the laws of the division of labour.[2] Weeber's building, in contrast, is based on a formal objective architecture which attempts to reconcile a

Als je de Zwarte Madonna nadert ziet ze er aanvankelijk uit als een groot blok, dat als één enkel bouwlichaam is vormgegeven. Maar als je eromheen loopt, merk je dat het bouwvolume aan de smalle kant door middel van een brede spleet verdeeld is in een hogere helft aan de voorkant en een lagere aan de achterkant. Beide gebouwen zijn bekleed met een zwarte gevel, een mantel van tegels als het ware, die de delen met elkaar verbindt. Het gebouw laat je zeker niet onberoerd als je erlangs loopt, daarvoor is het te aanwezig. Het neemt de ruimte in beslag en beheerst haar. Bovendien was de belangrijkste gevel in het oorspronkelijke stedenbouwkundige ontwerp zelfs vijftien verdiepingen hoog gedacht. Dan zou de tegenoverliggende kant duidelijk lager zijn geweest dan nu het geval is. Daardoor maken de straten nu pas een werkelijk smalle indruk. Ondanks het feit dat het tot acht verdiepingen gereduceerd is, heeft het gebouw nog niet de hoeveelheid ruimte die het vanwege zijn bijzondere uitstraling nodig heeft. De oorzaak daarvan is de vormgeving van de gevel, die een sleutelrol speelt bij het interpreteren van het gebouw en het meest omstreden deel ervan is.

In het totale plan vormt een reeks verschillende bouwblokken, waarvan de Zwarte Madonna er één is, een as naar het Centraal Station. Het totale stedenbouwkundige ontwerp berust vanuit dit principe op bouwblok en straat, waarbij het complex van ministeriegebouwen het uitgangspunt vormde. De Zwarte Madonna zelf is een stedelijk bouwblok dat bestaat uit woningen, winkels op de begane grond aan de voorkant en een binnentuin. De particuliere functies boven en de openbare op de begane grond, alsmede de passieve aansluiting bij de infrastructuur – duidelijk zichtbaar bij de ronde hoek – zijn kenmerkend voor deze negentiende-eeuwse typologie. De verwijzing naar deze typologie duidt in algemene zin op een rationalistische instelling van de architect. Maar in dit geval wordt de typologie van het bouwlichaam verruimd door een op de vooruitgang van de technologie georiënteerd gedrag en de gedachtegang keert zich deels af van een streng rationalistische houding.[1] De bewust geaccentueerde relatie tussen stedelijke vormgeving en bouwtype is in het algemeen gesproken een kenmerk van rationele architectuur, die zich gewoonlijk keert tegen de productiewetten van arbeidsdeling.[2] In tegenstelling daarmee gaat Weebers gebouw uit van een formeel objectieve architectuur die het vertrouwen in de technologische vooruitgang

1. Giorgio Grassi, *La costruzione logica dell'archittetura* (Distinguishing and defining architectural Rationalism), Padua 1967, pp. 17 ff.

1. Giorgio Grassi, *La costruzione logica dell'architettura* (Onderscheid en definitie van het rationalisme in de architectuur), Padua 1967, pp. 17 e.v.

faith in technological progress with rationalism. After all, the building's construction and appearance are both fundamentally characterised by industrial building methods.

In my opinion, it is primarily due to the fact that Weeber's building expresses the technological aspects of repeatability, countability and isolation of elements that it has elicited so much disapproval. In this article, I will therefore attempt to show how the technical aspect of 'jointing' was elevated to the main principal as regards the facade and the building as a whole.

The building block was adjusted in three respects: firstly, it was adjusted to the programme and the situation (as is usual), secondly, it was constructed using serial, industrial methods, and thirdly, the residential conditions were expressed in the facade. As I will attempt to show, it is the latter two points that have led to tensions and contradictions in the design. Separating the building into two parts is a programmatic, architectural and urban development decision. Firstly, the high part contains the more expensive maisonettes, secondly the gap separates the apartments situated along the walkway from those at the back, and thirdly, the volume is divided into a front part (the main part), and a back part, so that the high part on the north side catches the most sun on the south side.

The urban building block can be described as a 'soft' mass which subordinates itself to the conditions of the public space or the topography. First, the mass is formed by its surroundings, and then the apartments are fitted into this form; although, while being repeated as often as possible, they cannot, in general, be understood or visualised as separate plots that have been added on. On the contrary, in the dense urban space, the apartments are appropriately hidden behind an anonymous facade.

In the case of the Zwarte Madonna, this passive principle of the building block is doubly overlaid: by the repetitive interpretation of the apartments, and by the additive treatment of the structural elements. The form of the building as a whole is articulated as six separate, juxtaposed parts. In turn, each part can be read as a series of residential units. Starting from a central stairwell, the low building develops symmetrically widthwise (1). The western part is curved round to become a side wing (2), which in turn formally merges into the side part of the high building

en het rationalisme met elkaar probeert te verzoenen. Tenslotte drukken industriële bouwmethoden op essentiële wijze hun stempel op constructie en verschijningsvorm van het gebouw.

Naar mijn mening is vooral het feit dat Weebers gebouw de technische aspecten van herhaalbaarheid, telbaarheid en het isoleren van elementen tot uitdrukking brengt, debet aan de vele afwijzende reacties die het gebouw heeft opgeroepen. Hieronder probeer ik aan te tonen dat het technische aspect van het 'voegen' dan ook tot voornaamste uitgangspunt van de gevel en van het hele gebouw verheven werd.

Het bouwblok werd hier in drie opzichten aangepast: enerzijds werd het (zoals gebruikelijk) aangepast aan het programma en aan de situatie, anderzijds werd het met seriële, industriële methoden gerealiseerd en ten derde werden de woonomstandigheden in de gevel tot uitdrukking gebracht. Zoals ik hieronder wil duidelijk maken zijn het de laatste twee punten die tot spanningen en tegenstrijdigheden in het ontwerp hebben geleid. De splitsing in twee bouwdelen is een programmatische, een architectonische en een stedenbouwkundige beslissing. Ten eerste zijn in het hoge deel de duurdere (maisonnette)woningen gesitueerd, ten tweede scheidt de spleet de aan de openbare promenade gelegen woningen van die aan de achterkant en ten derde wordt de bouwmassa verdeeld in een hoofd- (voor-) en een achterdeel, zodat het op het noorden gelegen hoge deel aan de zuidkant de meeste zon krijgt.

Het stedelijke bouwblok kan men beschrijven als een flexibele massa die zich ondergeschikt maakt aan de voorwaarden van de openbare ruimte of van de topografie. Nadat de massa door de omgeving is gevormd, worden de woningen daarin ingepast, waarbij ze weliswaar zo vaak mogelijk herhaald worden, maar in het algemeen niet als een toevoeging van aparte kavels kunnen worden begrepen of letterlijk gezien. Integendeel, de woningen worden, in overeenstemming met de verdichte stedelijke ruimte, achter een anonieme gevel verborgen.

Bij de Zwarte Madonna wordt dit passieve principe van het bouwblok tweevoudig verhuld: door een repetitieve opvatting aangaande de woningen en door een additieve behandeling van de bouwkundige elementen. De totale bouwvorm is verdeeld in zes losse, nevengeschikte bouwdelen. Ieder bouwdeel laat zich op zijn beurt weer lezen als een reeks wooneenheden. Uitgaande van een centraal trappenhuis ontwikkelt het lage gebouw zich symmetrisch in de breedte (1). Het westelijke deel wordt omgebogen en fungeert als zijvleugel (2), die formeel weer overgaat in het zijge-

(3). At the east side, the low side part (4) likewise merges into the high part (5), but forms a corner both on the north and the south part. It is striking how the two high side parts do not connect with the main building at the back but at the side (6), thus framing the main building. The sides together have to form the transitions between front and back, and, accordingly, there are different bay widths at the corners so that the given distance is bridged. Collectively, the sides thus make a somewhat stretched impression, an effect which is further accentuated by the gap between the two buildings, and which even goes on to affect the slab structure of the facades. I will come back to this later.

Although the form as a whole (curve) suggests a passive form for the apartments, the 'softness' of the city form is based on the possibility of making the individual residential unit, a rectangular container, longer or narrower. This ensues in a rhythm of apartments of different widths, and the elasticity is not solved by a single element, the wall, as is, for example, the case in Oswald Matthias Ungers' project in Berlin.[3] There, residence as a whole is interpreted as a 'soft' filling of the building block. While the use of the urban building block was based on the public space in both projects, in Weeber's case, its execution was designed on the basis of the single private apartment.

For the structuring of the block, Weeber again falls back on the classical principle of symmetry. The main and the subordinate facades are treated differently to accommodate the complex medley of extensions. The whole face of the representative, high side of the block is articulated by a main symmetry. The ground plan clearly shows that, in the central part, a single type of apartment, a 3.90-metre-wide maisonette, is loosely juxtaposed (and piled up) like containers. The other, subordinate sides are articulated by sub-symmetries, while the back is also articulated by a (hardly noticeable) main symmetry. Although the back part consists of the repetition of a certain bay width, the apartments are also arranged diagonally through the bearing walls,

deelte van het hoge gebouw (3). Aan de oostkant gaat het lage zijgedeelte (4) op dezelfde manier over in het hoge deel (5), maar vormt zowel aan de noord- als aan de zuidkant een hoek. Het is bijzonder opvallend dat de twee hoge zijgedeelten niet met de achter- maar met de zijkanten aan het hoofdgebouw aansluiten (6) en het daardoor van een kader voorzien. Alle kanten bij elkaar moeten de overgangen tussen voor- en achterkant vormen en in overeenstemming daarmee bevinden zich in de hoeken afwijkend brede asmaten om de gegeven afstand te overbruggen. Daardoor maken de kanten gezamenlijk een enigszins uitgerekte indruk, wat door de spleet tussen de twee gebouwen nog wordt versterkt en zelfs doorwerkt in de plaatstructuur van de gevels. Daarover straks.

Weliswaar wordt een passieve vormgeving van de woningen in de vorm als geheel (bocht) aangekondigd, maar toch is de flexibiliteit van de stedelijke vorm gedacht vanuit de mogelijkheid om van de wooneenheden, iedere woning op zich, een rechthoekige container, langer of breder te maken. Van daaruit ontstaat een ritme van woningen van verschillende breedte en de flexibiliteit wordt niet door een enkel element in de woning, de muur, opgelost, zoals bijvoorbeeld het geval is bij het project van Oswald Matthias Unger in Berlijn.[3] Daar wordt het wonen als geheel als een flexibele opvulling van het bouwblok opgevat. Hoewel in beide gevallen het gebruik van het stedelijke bouwblok vanuit de openbare ruimte is gedacht, is de uitvoering ervan bij Weeber ontworpen vanuit de aparte particuliere woning.

Bij de doorwerking van de structuur van het blok grijpt Weeber opnieuw terug op het klassieke principe van de symmetrie. De belangrijkste en de meer ondergeschikte gevels zijn verschillend behandeld op basis van de gecompliceerde wirwar van verlengingen. De hele voorkant van de representatieve hoge kant van het bouwblok wordt geleed door een hoofdsymmetrie. Op de plattegrond is duidelijk te zien hoe in het middendeel woningen van één enkel type, een maisonnettewoning met een breedte van 3,90 meter, als containers los naast elkaar geplaatst zijn (en ook gestapeld). De andere, minder belangrijke kanten worden geleed door deelsymmetrieën, de achterkant ook door een (nauwelijks opvallende) totale symmetrie. Het achterdeel bestaat weliswaar uit een herha-

2. *Lexikon der Architektur des 20. Jahrhunderts,* Stuttgart 1998, pp. 304 ff, 'rationale Architektur'. This opposition applies in particular to German and Italian architectural space.
3. Residential buildings Köthener Straße 35-37/ Bernburger Straße 16-18.

2. *Lexikon der Architektur des 20. Jahrhunderts,* Stuttgart 1998, pp. 304 e.v., 'rationale Architektur'. Deze tegenstelling heeft vooral betrekking op de Duitse en Italiaanse architectonische ruimte.
3. Woningbouw Köthener Straße 35-37/Bernburger Straße 16-18.

again introducing a new unit (of three container widths) into the design. In the ground plan, the impression of an additive sequence of plots of different widths is thus further strengthened. All the apartments in the inner courtyard are unified by the continuous access gallery, and on the outside, by the continuous cladding of the facade.

In the design, a distinction is thus made between two possible residential forms, arranged according to the surroundings: symmetry – linked to the aristocratic, representative and also expensive accommodation – is used on the main axis and the divided-looking and as a result externally more individual, originally middle-class apartments, are at the 'back'. The design thus refers to types of accommodation already built in the history of architecture, and accords them a suitable place in the typology. A remarkable characteristic of the design is that one part is highly regular and repetitive while the other parts appear more varied and additive.

This tension between collective construction type and individual living spaces is continued in the facade. Another idiosyncrasy in the design is that the difference between the apartments is expressed in the facade, thus taking away the apartments' anonymity. The first thing that strikes one is that the axes of all the residential units coincide with a joint on the outside. The residential units at the side and the back part, in turn, are subdivided on the facade into two sections (facade slabs), one wide and one narrow. Contrary to the definition of the urban building block, these slabs indicate the size of the apartments and rooms, as well as the type and height.[4] Despite the differentiated arrangement of the different types of accommodation, tension arises between the public and private spaces. The reason for concealing the exterior of the apartments in the urban building block is to lend anonymity and distance to residence in the city environment. In my opinion, the Zwarte Madonna is clad in black to recover this distance, making it look very defensive and also magical, while also, in conjunction with the tiles, lending it more solidity.

The basic idea behind the design could perhaps be described as 'historical typology plus industrial technology', whereas the opposite approach, starting from industrial technology, is perhaps simpler, and for that reason was used

ling van een bepaalde asmaat, maar de woningen zijn ook dwars door de dragende wanden heen gesitueerd, waardoor weer een nieuwe eenheid (van drie keer de breedte van één container) in het ontwerp wordt geïntroduceerd. In de plattegrond wordt daardoor de indruk van een additieve reeks van percelen met verschillende breedtes nog versterkt. Alle woningen aan de binnentuin worden door een rondlopende galerij-toegang samengevoegd; aan de buitenkant gebeurt dit door middel van de omlopende gevelbekleding.

Op deze manier worden in het ontwerp twee mogelijke woonvormen onderscheiden, die in overeenstemming met de omgeving in het ontwerp geordend zijn: de symmetrie – gerelateerd aan het aristocratisch-representatieve en ook dure wonen – is op de hoofdas toegepast en het opgedeelde – en daarom naar buiten toe meer individuele, oorspronkelijk burgerlijke wonen – aan de 'achterkant'. Het ontwerp refereert daardoor aan woontypen die in de architectuurgeschiedenis al eerder zijn gebouwd en geeft ze een passende plaats in de typologie. Het merkwaardige van het ontwerp is bovendien dat één deel heel regelmatig en repetitief is, terwijl de andere delen meer gevarieerd en additief lijken.

Deze spanning tussen de collectieve bouwvorm en het individuele wonen zet zich voort in de gevel. Een andere eigenaardigheid van het ontwerp is namelijk dat het verschil in woningen in de gevel tot uitdrukking komt en daardoor de anonimiteit van de woning opheft. Daar valt allereerst op dat de assen van alle wooneenheden samenvallen met een voeg aan de buitenkant. De wooneenheden aan de zij- en achterkanten zijn aan de gevel opnieuw onderverdeeld in twee vlakken (gevelplaten): een breed en een smal vlak. In tegenspraak met de definitie van het stedelijke bouwblok geven deze platen dus de maten van de woningen en ruimtes, het type en de hoogte aan.[4] Ondanks de gedifferentieerde rangschikking van de woningtypen ontstaat een spanning tussen de openbare en de particuliere ruimte. De reden om bij een stedelijk bouwblok het beeld van de woning buiten onzichtbaar te maken, is om aan het wonen in de stedelijke omgeving anonimiteit en afstand te verlenen. Naar mijn mening is de Zwarte Madonna gehuld in een zwarte gevel om deze afstand weer terug te halen: enerzijds werkt de gevel zeer defensief en ook magisch en anderzijds geeft hij met zijn tegels het gebouw een massiever aanzien.

De grondgedachte van het ontwerp zou men kunnen omschrijven als 'historische typologie plus industriële techniek', waarbij de omgekeerde weg – uitgaan van de industriële techniek – misschien een-

much more often, or increasingly often, in the course of the twentieth century, with an open formal (= typological) result; which does not, however, ultimately preclude other building types, whether old or new.

This raises the question of how technology ties in with typology in the design. The emphatic expression of technology in the architecture of the 1980s in particular ('High Tech'), does not necessarily involve the actual use of high-tech materials but uses the stylistic language of technological construction methods such as formalism, stylistic means and a representational gesture relating to the period.[5]

In the case of the Zwarte Madonna, the use of industrial technology is readily recognizable in the elements of the facade. The facade consists of grey, industrial prefabricated concrete slabs into which black tiles are set, their width and height determined by a grid. The small size of the tile as point of departure allows flexible dimensions, and ultimately leads in the design to all other elements of the facade being left out and the whole facade being solved with variants of a single industrial prefab element. If one were to trace back the steps taken in the design, the first step would have been to design a slab a certain number of tiles high and wide. One could then conclude that the standard element is the slab with window (the windows are integral parts of the slabs!), with the variants being 'blind' slabs (without window), slabs with ventilation openings, slabs with an aperture instead of a window for the balconies, and slabs with a corner solution (a small rounding at the outermost slab is supposed to take the facade round the corner!).

The use of industrial prefabricated parts takes on particular relevance here in three respects. Firstly, the joints between the slabs are strongly emphasised. The slabs are butt-jointed, and the grey silicon joints in between are accentuated by the wide grey edge of the concrete slabs. The joint itself becomes a true element of the facade and the design. Normally, a joint plays a completely subordinate role, indicating the jointing of two elements but without being treated as an element in its own right. Joints are made, but

voudiger is en daarom in de loop van de twintigste eeuw veel vaker of steeds vaker bewandeld werd, met een open formeel (= typologisch) resultaat, wat niet wil zeggen dat uiteindelijk niet toch weer bouwtypen (oude of nieuwe) ontstaan.

De vraag die opgeroepen wordt, is hoe het technische aspect hier betrokken is bij het typologische ontwerp. De nadrukkelijke formulering van het technische in vooral de hightech-architectuur van de jaren tachtig heeft namelijk niet per definitie betrekking op het inzetten van hoogwaardig technologische middelen, maar bedient zich van de vormentaal van technische constructiemogelijkheden als formalisme, stijlmiddel en tijdgebonden representatiegebaar.[5]

Bij de Zwarte Madonna kan men het gebruik van industriële techniek goed aflezen aan de gevelelementen. De gevel bestaat uit grijze, industrieel geprefabriceerde betonplaten waarin zwarte tegels zijn aangebracht. Hoogte en breedte worden door het tegelraster bepaald. De kleine maat van de tegels, die als uitgangspunt dient, maakt flexibele afmetingen mogelijk en leidt er in het ontwerp uiteindelijk toe dat alle andere gevelelementen weggelaten worden en de hele gevel met de varianten van één enkel industrieel geprefabriceerd element wordt opgelost. Als men de verschillende stappen in het ontwerp probeert terug te volgen, zou de eerste stap hebben bestaan uit de vormgeving van een plaat met een bepaald aantal tegels in hoogte en breedte. Het standaardelement is – zo zou men kunnen concluderen – de plaat met een raam (de ramen zijn integrale bestanddelen van de plaat!). Varianten zijn dan 'blinde' platen (zonder raam), platen met ventilatieopeningen, platen met een gat in plaats van een raam voor de loggia's, platen met hoekoplossing (een kleine ronding van de buitenste plaat moet de gevel om de hoek heen brengen!).

De toepassing van een industrieel geprefabriceerd deel verkrijgt hier in drie opzichten een bijzondere relevantie. Om te beginnen valt het op dat de voegen tussen de platen sterk geaccentueerd zijn. De platen zijn stomp gemaakt en de grijze siliconenvoeg ertussenin wordt door de brede grijze rand van de betonplaten benadrukt. De voeg zelf wordt een echt element van gevel en vormgeving. Gewoonlijk speelt de voeg een totaal ondergeschikte rol: hij geeft de aansluiting tussen twee elementen aan, maar wordt zelf niet als een zelfstandig element behandeld.[6]

4. Joost Meuwissen, *Zur Architektur des Wohnens, Karlsruher Vorlesungen 1992/93*, Karlsruhe 1995, p. 238.
5. *Lexikon der Architektur des 20. Jahrhunderts*, pp. 159 ff, 'High Tech'.

4. Joost Meuwissen, *Zur Architektur des Wohnens, Karlsruher Vorlesungen 1992/93*, Karlsruhe 1995, p. 238.
5. *Lexikon der Architektur des 20. Jahrhunderts*, pp. 159 e.v., 'High Tech'.

the technique of making joints is only ever represented indirectly. A joint is something that is not actually there, or ought not to be there; it is the thing in between. Here, it becomes readable particularly as an accentuated framing and isolating of the separate elements. The network of joints creates a curious tension between isolating and at the same time jointing the separate elements, between differences and similarities. The variants of elements repeated in juxtaposition and the strong demarcation between the slabs both focus the onlooker's attention firstly on the single element and its variants, and finally on the differences between the apartments as reflected in the facade.

The use of tiles serves to heighten this effect. Because of their relatively small dimensions, they suggest a calculability and countability of differences. The tiles function as a unit of measurement for the architectural whole. For example, window size can be determined by counting the number of tiles, or, of course, the width and height of a slab. This makes not only the number of windows or facade elements readable to any observer, but the single part (window), the size of a apartment or residential unit, and finally the whole building itself is countable, calculable, measurable, repeatable, and, above all, comparable to the next part. The apartments are subject to mathematic comparison.

The use of industrial technology and its specific elaboration in turn influence the way the building conveys its architectural idea in its urban context. This can be illustrated by comparison with another urban building block, one from the early days of typology in the nineteenth century: Schinkel's Alte Museum in Berlin. The difference between the two projects is particularly clear in the main facades and at the corners of the edifices.

The following explanation of Schinkel's corner is based on observations by Joost Meuwissen, Peter Behrens and Phillip Johnson. It concerns the demarcation of the symmetrical back facade. The vertical pilaster at the corner of the facade terminates the middle horizontal ledge while the upper and lower continue round the corner. 'The rhythm of the windows ends. The last window is further from the corner than from the window next to it. The unique pilaster… sits conclusively in the

Er wordt gevoegd, maar de techniek van het voegen zelf wordt altijd alleen maar indirect getoond. De voeg is datgene wat er eigenlijk niet is of er niet zou moeten zijn, het 'ertussen'. Hier wordt hij vooral leesbaar als een opmerkelijke spanning tussen het isoleren en het gelijktijdige samenvoegen, tussen verschillen en overeenkomsten. Allebei – de opeenvolging van zich herhalende varianten van elementen en de overduidelijk gemarkeerde grens tussen de platen – richten ze de aandacht van de beschouwer in de eerste plaats op het enkele element en zijn varianten en uiteindelijk op de verschillen tussen de woningen die zich in de gevel weerspiegelen.

Dit effect wordt nog versterkt door de toepassing van de tegels. Vanwege hun relatief kleine afmetingen roepen ze associaties op met berekenbaarheid en telbaarheid van de verschillen. De tegels fungeren als deelmaat van een architectonische eenheid. Zo kan men bijvoorbeeld de maten van de ramen bepalen aan de hand van het aantal tegels en dat geldt natuurlijk ook voor de hoogte en breedte van een plaat. Daardoor wordt niet alleen het aantal ramen of geveldelen voor iedere beschouwer afleesbaar, maar ook het enkele deel (raam), de maat van een woning of wooneenheid en ten slotte wordt het hele gebouw zelf telbaar, berekenbaar, meetbaar, herhaalbaar en allereerst vergelijkbaar met het deel ernaast. Het wonen laat zich rekenkundig vergelijken.

Het gebruik van industriële techniek en de bijzondere uitwerking ervan heeft weer invloed op de manier waarop het gebouw zijn architectonische idee in de stedenbouwkundige context overbrengt. Dit laat zich aantonen aan de hand van een vergelijking met een ander stedelijk bouwblok uit de periode in de negentiende eeuw, waarin de typologie ontstond, het Alte Museum van Schinkel in Berlijn. Het verschil tussen beide projecten is met name duidelijk waarneembaar in de voorgevels en aan de hoeken van de gebouwen.

De volgende verklaring van de hoek van Schinkel berust op observaties van Joost Meuwissen, Peter Behrens en Philip Johnson. Het gaat om de afsluiting van de symmetrische achtergevel. De verticale pilaster op de hoek van de gevel beëindigt de middelste horizontale rand, de bovenste en onderste lopen daarentegen door, de hoek om. 'Het ritme van de ramen stopt. Het laatste raam bevindt zich verder van de hoek dan van het raam ernaast. De unieke pilaster (…) ligt op overtuigende wijze in de muur (…).'[7] Op deze manier houdt de muur op voordat hij ophoudt en begint er al in het gebouw iets nieuws. De hoekzuil of pilaster hoort in zijn verschijningsvorm al bij de

wall…'[6] In this way, the wall stops before it stops, and starts something new while still in the building. The corner pillar or pilaster looks as if it is already part of the city, whereas it is actually an element of the building (albeit a tectonically unnecessary one), or maybe precisely because of that. Joost Meuwissen remarks in conclusion: 'It was one of the first architectural definitions of the urban building block, in the sense of the public space.' Schinkel's arrangement of facade and corner is relatively simple and yet highly complex: a solution based on Schinkel's thought, 'that an idea, when expressed in architecture, continues to develop there; a building is endless, and continues into infinity. The building stops so that the idea can continue architecturally.'[7] 'But the question now, of course, is how the building does that, how it opens itself up to the limitless imagination, which can, and should, encompass not only the positive but also the negative.'[8]

The symmetry of the main facade and the ending of the building are dealt with entirely differently in Weeber's case, less straightforwardly. This can be attributed to the reduction of the facade elements to variants of slabs on the one hand and the addition of residential units on the other. First of all, it is noticeable that the whole main facade, which is suspended over a recessed ground floor, is framed by 'blind' slabs (at the top and bottom by a narrow slab, to the left and right by two sections). In each sixth section from the outside is the vertical element, the emergency stairwell, which, however, is subordinate to the grid of the slabs and joints. This vertical element delineates the actual end of the main body, as described above. Not only are the slabs subsequently continued (they never actually stopped, only the concrete of the slabs has been replaced by a different material – glass), the joints, too, run horizontally across the whole facade. After the stairwell, the facade is somewhat compressed, as the outer slabs are slightly narrower than those in the central part. At the same time, the repetition of the slabs with windows runs out until there are only blind slabs left. Finally, the building ends with the slight rounding at the joint of the outermost slab.

stad, terwijl hij toch eigenlijk een – zij het tektonisch niet noodzakelijk – element van het gebouw is, of juist om die reden. Joost Meuwissen merkt concluderend op: 'Het was een van de eerste architectonische definities van het stedelijke bouwblok in de zin van openbare ruimte.' Schinkels ordening van gevels en hoek is relatief eenvoudig en toch heel gecompliceerd. Aan deze oplossing ligt Schinkels gedachtegang ten grondslag 'dat een idee, indien in de architectuur uitgedrukt, zich daar ook steeds verder ontwikkelt, het gebouw heeft geen eind en gaat door tot in het oneindige. Het gebouw houdt op opdat de idee in architectonische zin toch doorgaat.'[8] 'Maar het is natuurlijk de vraag hoe het bouwwerk dat doet, hoe het openstaat voor de grenzeloze verbeelding die niet alleen het positieve maar ook het negatieve kan omvatten.'[9]

De symmetrie van de belangrijkste voorgevel en het beëindigen van het gebouw worden bij Weeber heel anders, veel omslachtiger vormgegeven, wat op de reductie van de gevelelementen tot varianten van de platen terug te voeren is en anderzijds door de toevoeging van de wooneenheden wordt bepaald. In de eerste plaats valt op dat de totale hoofdgevel, die boven een naar achteren wijkende begane grond zweeft, door 'blinde' platen omkaderd is (boven en onder door een smalle plaat, links en rechts door twee vlakken). In het zesde veld van buitenaf bevindt zich telkens het verticale element, het brandtrappenhuis, dat evenwel ondergeschikt is aan het raster van platen en voegen. Dit verticale element betekent het eigenlijke einde van het belangrijkste bouwlichaam, zoals al eerder beschreven. Niet alleen gaan de platen daarna verder (eigenlijk zijn ze helemaal niet opgehouden, maar het beton van de platen is vervangen door een ander materiaal, namelijk glas), ook de voegen lopen horizontaal door over de hele gevel. De gevel wordt na het trappenhuis enigszins samengeperst omdat de buitenste platen iets smaller zijn dan die in het centrale deel. Tegelijkertijd loopt de herhaling van platen met ramen op zijn eind tot er alleen nog maar blinde platen overblijven. Uiteindelijk houdt het gebouw op met de kleine ronding in de voeg van de buitenste plaat.

Diagonaal bekeken wordt zichtbaar dat de laatste vijf velden eigenlijk de zijgevel van het hoge deel van

6. Phillip Johnson, quoted in Joost Meuwissen, *Zur Architektur des Wohnens*, pp. 134-135.
7. Ibid. p. 114.
8. Ibid. p. 108.

6. Vanuit een etymologisch standpunt betekent 'voegen': aanpassen, ondergeschikt maken, aansluiten.
7. Philip Johnson, geciteerd in Meuwissen, *Zur Architektur des Wohnens*, pp. 134-135.
8. Idid. p. 114.
9. Idid. p. 108.

Viewed diagonally, one sees that the last five sections actually represent the side facade of the high side part of the building, which has to be bound here into the main facade. One sees, too, how flat the main facade is, with its absence of balconies, and the oppressive effect this has on the street space. There is no closing element on this flat main facade to contain the strong horizontal lines and lead them round the corner. The reduction of the facade elements to slabs and the ensuing lack of plasticity in the facade are the consequences of industrial prefabrication. Unlike in the cases of Loos or Grassi, that reduction can be understood no longer as the elision of a quote, as Giorgio Grassi explains it in the *Costruzione logica dell'architettura*,[9] but as the introduction of new, flexible elements into the type of the urban building block.

When viewing the main facade frontally, one gets the impression that, after the windows, the slabs, too, disappear, and only the joints continue beyond the building. The idea that the joints could virtually continue horizontally at the main facade points to the great importance of this element in the design. Because of the even number of sections on the main facade (6+7+12+7+6), even the middle of the building, which is always vital in a symmetrical arrangement,[10] is determined by a joint. All of the vertical joints are wider than the horizontal ones, to more strongly emphasise the impression of standing up straight in the horizontal body. It becomes clear here how the joints assume something of the function of the omitted vertical elements such as the pilasters or the windows in the Alte Museum.[11] The two expansion joints between the seven and the twelve sections are also emphasized by their exaggerated width. The significance of the joint in architecture is not limited to the technical aspect of jointing. 'The tectonic becomes the art of jointing', as Adolf Heinrich Borbein stresses, referring to the development in an aesthetic sense.[12] Although here, the aestheticisation of the joint primarily refers to the additive construction of the form as a whole.

If you were to continue the idea of the impression of the closing corner in the sense of the analysis of the Alte Museum, the measurable, calculable idea of the technological would continue beyond the building. In the sense of the urban building block, the Zwarte Madonna also

het gebouw aan de zijkant vormen, die hier in de hoofdgevel moeten worden ingevoegd. Men merkt hier ook op hoe vlak de hoofdgevel is, omdat er geen loggia's aan zitten en hoe neerdrukkend dat op de straat werkt. Deze vlakke hoofdgevel heeft geen afsluitend element dat de kracht van de horizontale lijnen kan stoppen en om de hoek kan leiden. De reductie van de gevelelementen tot platen en het opgeven van plasticiteit van de gevel dat daaruit voortvloeit, zijn de consequenties van de industriële prefabricage. Anders dan bij Loos of Grassi kan de reductie daarbij niet meer als een elisie van een citaat worden beschouwd, zoals Giorgio Grassi dat verklaart in de *Costruzione logica dell'architettura*,[10] maar als een introductie van nieuwe, flexibele elementen in het type van het stedelijke bouwblok.

Wanneer de hoofdgevel van voren wordt bekeken, wordt de indruk gewekt dat na de ramen ook de platen verdwijnen en alleen de voegen nog buiten het gebouw doorlopen. Het denkbeeld dat de voeg aan de belangrijkste gevel virtueel horizontaal zou kunnen doorlopen, wijst op de grote betekenis van het element in dit ontwerp. Door het precieze aantal velden aan de hoofdgevel (6+7+12+7+6) wordt zelfs het midden van het gebouw, dat bij een symmetrische ordening altijd van bijzonder belang is, door een voeg bepaald.[11] De verticale voegen zijn overal breder vormgegeven dan de horizontale om de indruk van het recht overeind staan in het horizontale bouwlichaam sterker te benadrukken. Hier wordt duidelijk hoe de voegen iets van de functie van de weggelaten verticale elementen zoals de pilaster of de ramen bij het Alte Museum overnemen.[12] De twee uitzetvoegen tussen de zeven en de twaalf velden worden eveneens door hun overdreven breedte geaccentueerd. De betekenis van de voeg in de architectuur is vooral gelegen in het technische aspect, namelijk het 'voegen' van delen. 'Het tektonische wordt tot de kunst der verbindingen', zoals Adolf Heinrich Borbein naar voren brengt, zich daarbij betrekkend op de ontwikkeling van dit begrip naar het esthetische.[13] Desondanks verwijst hier de esthetisering van de voeg vooral naar de additieve constructie van de totale vorm.

Als men deze indruk van de hoek in de zin van de analyse van het Alte Museum verder zou denken, dan zou dat betekenen dat de meetbare, berekenbare voorstelling van het technische zich buiten het gebouw zou voortzetten. In de zin van stedelijk bouwblok houdt ook de Zwarte Madonna op ten gunste van de openbare ruimte, maar de ideële afsluiting ervan is minder duidelijk afgebakend. Het gehanteerde principe laat zich eerder als 'fading'

stops in favour of the public space, but its non-material demarcation is less strongly determined. The principle used here should rather be described as a kind of fading out. In the case of the Zwarte Madonna, you could also say that where the building ends, the idea of the technological continues, the technological solvability of the public space. The idea of architecture and the city, which continues beyond the building, is anticipated. Building and outside space (landscape) should be designed technologically and objectifiably.

The design for the Zwarte Madonna evinces a conflict between a rationalistic treatment of the building type and the use of serial, industrial construction methods. This is particularly clear in the use of the building's constituent elements. Weeber's architecture is obviously much more strongly inclined towards new technological solutions than a further development of the building type with its historical means. The building seems conceived less as a tectonic and more as a geometric organism, and links the characteristic Dutch building block with dwellings in a row with the anonymous residential form of the urban building block. The passive urban architectural block rigidifies in a traditional fashion after nestling against the urban space, giving the still shapeable residences a solid framework. Instead of a fixed grid, so beautifully visible in Ungers' project, the piling up and juxtaposition of different sizes of housing containers in Weeber's case leads to a discontinuous grid with elements jumping out of place, as it were. The building block is developed not only passively, but also from the inside out. This gives the building a certain smoothness and suppleness, accompanied by inconsistencies and displacements. The design seems to embody

beschrijven, een langzaam aflopen. In het geval van de Zwarte Madonna zou men ook kunnen zeggen dat daar waar het gebouw ophoudt de idee van het technische doorgaat, van de technische oplosbaarheid van de openbare ruimte. Op het idee van de architectuur en de stad, dat voorbij het gebouw voortgaat, wordt al geanticipeerd. Gebouw en buitenruimte (landschap) moeten technisch en objectiveerbaar ontworpen worden.

Het conflict tussen een rationalistische benadering van het bouwtype en het gebruik van seriële, industriële bouwmethoden komt in het ontwerp van de Zwarte Madonna naar voren. Weebers architectuur is duidelijk veel meer geneigd naar nieuwe technische oplossingen dan naar het verder ontwikkelen van het bouwtype met zijn historische middelen. Het gebouw lijkt minder als tektonisch dan als geometrisch organisme gedacht en maakt een verbinding tussen de Nederlandse traditie van een blok opgebouwd uit individuele huizen en de anonieme woonvorm van het bouwblok. Het passieve stedenbouwkundige blok verstart op traditionele wijze na het aansluiten bij de stedelijke ruimte ten einde de nog vorm te geven woningen een vast kader te geven. In plaats van een strak raster, zoals dat heel fraai in Ungers projecten te zien is, heeft de stapeling en aaneenrijging van verschillende grote woningcontainers bij Weeber een onderbroken raster en verschuivingen als resultaat. Het bouwblok is niet alleen passief maar ook van binnenuit ontwikkeld. Dat geeft het gebouw een zekere gladheid en soepelheid die vergezeld gaan van wisselvalligheden en verschuivingen. Het ontwerp lijkt iets weg te hebben van het begrip van buigzaamheid zoals Greg Lynn dat beschreven heeft: 'Concepten als buigzaamheid en gladheid scheppen de mogelijkheid om te ontsnappen aan de twee kampen waarvan het ene de architectuur onder de druk van het verschil in stukken breekt, en het andere zich tegen deze druk wil verzetten.'[14] Het ontwerp blijft

9. In *La costruzione logica dell'architettura* Giorgio Grassi describes the problems of quoting and elision in rationalistic architecture, pp. 165-169.

10. Normally, the question always arises of whether a window (with an uneven number) or an intermediate element or, more specifically, pilaster, (with an even number) is situated in the middle.

11. cf. Bauakademie, Schinkel.

12. Adolf Heinrich Borbein, 'Tektoniek. Zur Geschichte eines Begriffs der Archäologie', in: *Archiv für Begriffsgeschichte*, Bd XXVI, Heft 1, 1982; quoted in Kenneth Frampton, *Studies in Tectonic Culture: The Poetics of Construction in Nineteenth and Twentieth Century Architecture*, New York 2001, p. 4.

10. Giorgio Grassi beschrijft in *La costruzione logica dell'architettura* die problemen van citaat en elisie in de rationalistische architectuur, pp. 165-169.

11. In normale gevallen komt altijd de vraag op of een raam (bij een oneven aantal) of een tussenelement, meer in het bijzonder een pilaster (bij een even aantal), zich in het midden bevindt.

12. Vgl. Bauakademie, Schinkel.

13. Adolf Heinrich Borbein, 'Tektoniek. Zur Geschichte eines Begriffs der Archäologie', in: *Archiv für Begriffsgeschichte,* Bd.XXVI, Heft 1, 1982; geciteerd in Kenneth Frampton, *Studies in Tectonic Culture: The Poetics of Construction in Nineteenth and Twentieth Century Architecture*, New York 2001, p. 4.

something of the concept of pliability as described by Greg Lynn: 'Concepts like pliability and smoothness make it possible to escape from the two camps, one of which causes the architecture to collapse under the pressure of difference, one of which tends to oppose this pressure.'[13] The design, despite the rather defensive facade, remains 'soft', and owes its appearance more to an experimental attitude that is modern and forward-looking than a historically oriented Rationalism. This distinguishes Weeber's building from the rationalistic traditions of Germany or Italy.

Translation from German: Claire Jordan

13. Greg Lynn, 'Das Gefaltete, das Biegsame und das Geschmeidige' (The folded, the pliant and the supple), in *Arch+* 131, p. 62.

ondanks zijn enigszins defensieve gevel week en dankt zijn uitstraling eerder aan een ontwerphouding die gelooft in het experiment en open wil zijn naar de toekomst dan aan het rationalisme dat zich oriënteert aan het verleden. Daardoor onderscheidt Weebers gebouw zich van de rationalistische tradities van Duitsland of Italië.

Vertaling vanuit het Duits: Philip Peters

14. Greg Lynn, 'Das Gefaltete, das Biegsame und das Geschmeidige', *Arch+* 131, p. 62.

3.02

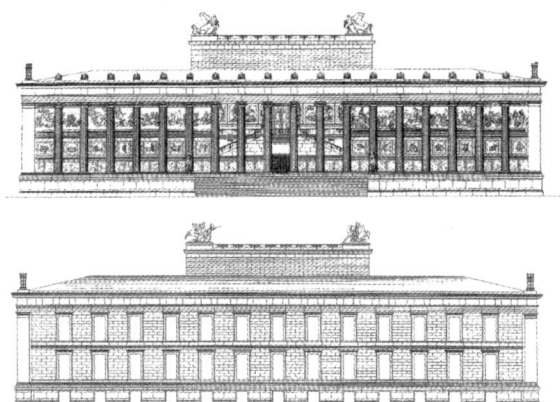

3.03

Oswald Mathias Ungers
3.02 Stedelijk woonblok Köthener Straße/Bernburger Straße, Berlijn, 1987/
Urban apartment block Köthener Straße/Bernburger Straße, Berlin, 1987

Karl Friedrich Schinkel
3.03 Voor en achtergevel Altes Museum, Berlijn, 1830/
Front and rear façade of the Altes Museum, Berlin, 1830

Eric van Straaten
Zwarte Madonna – een foto-essay /
Zwarte Madonna – a Photographic Essay

3,1 m
na 90 m

**Natuur, techniek, geschiedenis
Vormen van analogie in architectonische taal /
Nature, Technique, History
Forms of Analogy in Architectural Language**

I TESTIMONI DELL'ARCHITETTURA

Antonio Monestiroli

L'ARCHITETTURA
DELLA REALTÀ

UMBERTO ALLEMANDI & C.

The subject of this text is architectural language as the definition of simple elements of architecture and their use in construction. The first question one needs to ask is to what extent it is legitimate to consider the issue on its own. We have to ask if it is possible to define rules of language that are part of a theory of architectural design. To answer this question the distinction between language and type needs to be examined. As an initial formulation we can say that the building type takes form for the most part as the adaptation of a genre of buildings for a function, and that the language is constructed as a *system of representation*. Therefore the building types are different, while the language through which they take form is the same. Only in particular moments, such as the eclecticism of the 1900s, is each building genre constructed with its own language.

Thus language is a system of representation of the sense of buildings; we can say that it defines their identity, and at the same time it is a system of representation of a world of forms that has its own unity. The architecture of a period is represented through its language.

The modes of permanence and variation of building types and architectural language are different. The duration of a building type does not necessarily correspond to that of a language: a single building type can be constructed, over time, with different languages, as the history of architecture has demonstrated. This indicates that there is a certain autonomy of the architectural language within the construction, making it possible to approach the question on its own, as a part of architecture for which rules can be defined.

The construction of a language is a moment of the construction of a style. Style and language are distinguished from each other by their varying degree of generality. Language can be constructed based on a personal viewpoint, while style cannot. Style is *shared language* that achieves *stability* and *permanence* precisely because it is shared. In order for a language to become style it must be recognised by a society.

The difficulty of approaching the question of language lies in the fact that systematic discussion of it has ceased for more than a century.

Dit artikel behandelt de architectonische taal. Hiermee wordt de definitie van de enkelvoudige elementen van de architectuur en het gebruik ervan in de constructie bedoeld. De eerste vraag die we ons moeten stellen, is in hoeverre het geoorloofd is het probleem überhaupt te behandelen. We moeten ons afvragen of het mogelijk is om voor de taal eigen regels te definiëren die deel uitmaken van de theorie van het architectonische ontwerp. Om deze vraag te beantwoorden moet het onderscheid tussen taal en type bekeken worden. In een eerste benadering kan men zeggen dat het gebouwtype zich meestal vormt uit de aanpassing van een soort gebouw aan een bestemming en dat de taal wordt opgebouwd als een *representatiesysteem*. Bijgevolg zijn er verschillende gebouwtypes die vorm krijgen binnen één enkele taal. Enkel op bijzondere momenten, zoals het negentiende-eeuwse eclecticisme, wordt elk soort gebouw met een eigen taal geconstrueerd.

De taal is dus een representatiesysteem van de betekenis van de gebouwen. Men kan zeggen dat de taal de identiteit ervan definieert en tegelijkertijd een representatiesysteem is van een formele wereld met een eigen eenheid. Door deze taal wordt de architectuur van een periode gerepresenteerd.

De mate van permanentie en variatie van gebouwtypes enerzijds en de architectonische taal anderzijds zijn verschillend. De permanentie van een gebouwtype correspondeert niet noodzakelijk met die van een taal: eenzelfde gebouwtype kan in de loop van de tijd geconstrueerd worden met verschillende talen, zoals bewezen in de architectuurgeschiedenis. Dit om te zeggen dat er een zekere autonomie van de architectonische taal bestaat binnen de constructie die toelaat het probleem op zich te benaderen als onderdeel van de architectuur, waarvan de regels gedefinieerd moeten worden.

De constructie van een taal is een moment in de constructie van een stijl. Stijl en taal onderscheiden zich van elkaar door een verschillende mate van algemeenheid. De taal kan geconstrueerd worden vanuit een persoonlijk standpunt, de stijl niet. De stijl is een *gemeenschappelijke taal* die een eigen *stabiliteit* en *permanentie* verkrijgt precies door het gemeenschappelijk zijn. Om een stijl te kunnen worden, moet een taal aanvaard worden door een maatschappij.

De moeilijkheid in de benadering van de taal komt voort uit het feit dat er sinds meer dan een eeuw niet meer systematisch over gesproken wordt. Sinds de taal

Since it stopped being codified in the architectural orders, it has become material for study by art historians, and architects have approached it without providing, apart from the example of their work, a body of communicable rules for its construction. We can say that Loos, Le Corbusier and Mies van der Rohe have given a *stable* definition of the elements and principles of construction of a new language. Nevertheless, in their work we cannot find that formal unity that characterises the periods of architectural history in which the attribution of a work was possible only after careful observation of the details. Although today it is very difficult to find agreement on the question of style, when we talk about language we must always have style as our objective. This is why we need to understand the modes of formation of the different languages of modern architecture, and which systems of reference were utilised in their definition. We need to acquire instruments for their evaluation, to make advance toward a successive level of unification possible.

I have said that architectural language can be defined as a formal system suitable to define and describe, in the act of construction, the sense of buildings and, at the same time, a formal system that contains a general point of view on architecture. In the history of modern architecture various, and in some ways contradictory, languages are utilised. Language is understood as an indication of laws of construction (technical language), or an evocation of other worlds of form, natural forms, or historical forms (evocative language). But also as a system of identification of the elements of architecture, as knowledge and representation of their *identity*.

We will focus for the most part on this latter aspect, which stands out from the others because it is based on the conviction not only that the identity of each element must be represented, but also that the way in which it is represented must lead to its recognition. The simple elements of construction – the wall, the pillar, the door, the window – must be composed in such a way as to represent themselves and their role in the construction. We will see, as the discussion proceeds, that these different viewpoints on language are simultaneously present in modern architecture, and that when the general objective of knowledge and representation of what is constructed was lost, there was a relapse into the

niet meer gecodificeerd is in de architectonische ordes, is ze studieobject geworden van kunsthistorici, en de benadering van architecten heeft geen corpus van regels opgeleverd dat omzetbaar is voor de constructie van de taal en het eigen werk overstijgt. We kunnen stellen dat Loos, Le Corbusier en Mies van der Rohe een *stabiele* definitie van de elementen en principes van de constructie van een nieuwe taal hebben gegeven. In hun werk is echter die onderlinge formele eenheid, karakteristiek voor de periodes in de architectuurgeschiedenis waarin de toeschrijving van een werk enkel mogelijk was na een aandachtige observatie van de details, niet herkenbaar. Ook al is het vandaag moeilijk overeenstemming te vinden over de stijlkwestie, toch moeten we, wanneer we over de taal praten, altijd de stijl als doel hebben. Daarom moeten we begrijpen hoe de verschillende talen van de moderne architectuur zich vormen en welke referentiesystemen aangenomen worden voor de definitie ervan. We moeten ons de instrumenten toe-eigenen om deze talen te beoordelen en op die manier een vooruitgang mogelijk maken naar een volgend niveau van eenmaking.

Ik heb nu gesteld dat de architectonische taal gedefinieerd kan worden als een formeel systeem, geschikt om de betekenis van de gebouwen te bepalen en te beschrijven met de daad van de constructie, en tegelijk als een formeel systeem dat een algemeen gezichtspunt op de architectuur bevat. In de geschiedenis van de moderne architectuur zijn de aangenomen talen verscheiden en in zekere zin tegengesteld. De taal wordt begrepen als een ontsluiering van de constructieve wetten (de technische taal) of als een evocatie van andere formele werelden – de natuurlijke vormen of de historische vormen – (evocatieve taal). Maar ook als systeem voor de identificatie van de architectuurelementen, als kennis en representatie van hun *identiteit*.

We zullen ons voornamelijk bezighouden met dit laatste; het onderscheidt zich van de andere aspecten omdat het zich niet alleen baseert op de overtuiging dat men van elk element de identiteit moet weergeven, maar ook op het feit dat de manier waarop de identiteit wordt weergegeven naar herkenning moet leiden. De eenvoudige elementen van de constructie, zoals de wand, de pilaster, de deur, het venster, zullen op een zodanige wijze gecomponeerd moeten worden dat ze zichzelf en hun rol in de constructie representeren. We zullen tijdens het ontwikkelen van het discours zien hoe deze verschillende gezichtspunten op de taal samen aanwezig zijn in de moderne architectuur en hoe we, wanneer we het algemene doel

different forms of naturalism, historicism or technicism.

Mimesis and Analogy

The question of language was approached in antiquity through the continuous return to emphasis on the architectural orders, as well as the definition of a complex of principles for their use. The general principle also applied to architecture, namely that of art as *imitation*, be it imitation of nature or imitation of historical forms. These two aspects of imitation in art have always been intertwined, though they remain distinguishable in the various works.

There are different interpretations of imitation of nature: from that of the simple reproduction of natural forms, to the more complex approach involving an analogy between *artistic construction* and *construction in nature*. The principle of definition of art as imitation of art itself, on the other hand, is based on the idea that an artistic form of reference must exist, an exemplary form, and therefore on the concept of historical continuity of artistic practice. We can say that the terms of reference, with more emphasis or less, in ancient and modern architecture, have always been *nature* and *history*. The constant reference to these two terms has defined the way of proceeding of knowledge in architecture. Some believe that the basic difference between antique and modern architecture lies in the fact that modern architecture has given up on mimesis. I believe that if we recognise that mimesis is a form of analogy, we can see that analogy to nature and to historical forms also form the basis of modern architecture.

We can say *analogy rather than mimesis* first of all because imitation is part of analogical thinking, and secondly because analogy is recognised, by now, as an indispensable instrument in the process of scientific knowledge in general, and is utilised in a prevalently regulated manner. Saying analogy instead of mimesis means going beyond the debate that always returns on the relationship between two worlds of form, that to be imitated and that produced by the imitation, establishing that the passage from one world to another, through analogy, is the result of a cognitive process.

I have said that analogy can be between form and form, or between concept and form (this latter mimesis was known to antiquity as 'imita-

van de kennis en de representatie van wat geconstrueerd wordt uit het oog hebben verloren, zijn vervallen in de verschillende vormen van het naturalisme, historicisme of het technicisme.

Mimesis en analogie

Het probleem van de taal wordt in de Oudheid aan de ene kant benaderd door het steeds opnieuw voorstellen van de architectonische ordes, aan de andere kant door het bepalen van een geheel van principes gerelateerd aan het gebruik ervan. In elk geval geldt ook voor de architectuur het principe 'kunst als *imitatio*', in de beide betekenissen van de imitatie van de natuur en de imitatie van historische vormen. Deze twee aspecten van imitatie in de kunst zijn altijd onderling verwikkeld, ook als ze te onderscheiden blijven in de verschillende werken.

Er zijn verschillende interpretaties van de imitatie van de natuur: van die van de eenvoudige reproductie van natuurlijke vormen tot die, meer complexe, van de analogie tussen *artistieke constructie* en *constructie van de natuur*. Daarentegen is het definiërende principe van de kunst als imitatie van de kunst zelf gebaseerd op de idee dat er een referentiekunstvorm moet bestaan, bedoeld als exemplarische vorm en dus gebaseerd op het concept van historische continuïteit van artistieke handelingen. We kunnen bevestigen dat in de antieke en moderne architectuur altijd, met meer of minder nadruk, *natuur* en *geschiedenis* de referentiebegrippen zijn geweest. Het constante refereren aan deze twee termen heeft de manier vastgelegd waarop de kennis in de architectuur voortschrijdt. Sommigen houden vol dat wat het fundamentele verschil tussen de architectuur van de Oudheid en moderne architectuur in stand houdt eruit bestaat dat de moderne architectuur heeft afgezworen mimetisch te zijn. Ik geloof dat als we onderkennen dat mimesis een vorm van analogie is, we kunnen bevestigen dat de analogie met de natuur en met historische vormen aan de basis ligt van de moderne architectuur.

We kunnen spreken over *analogie in plaats van mimesis* op de eerste plaats omdat de imitatie deel is van het analogische denken, en ook omdat de analogie nu wél erkend wordt als een onmisbaar instrument in het wetenschappelijke kennisproces in het algemeen en ook het gebruik ervan grotendeels aan regels werd onderworpen. Spreken over analogie in plaats van mimesis betekent verdergaan dan alleen het debat dat zich altijd opnieuw aandient over het verband tussen de twee formele werelden – die van het object van mimesis en die van het product van mimesis – en betekent vastleggen dat de overgang van de

tion of the idea'). Formal analogy, the first and most elementary type, is ingenuous, and with the passage of time it turns into conceptual analogy. In architecture the passage between formal analogy and conceptual analogy corresponds to the process of refinement of a language. A new language nearly always begins with formal analogy, and gradually the analogy becomes more abstract, or ceases to operate. In fact, every analogy has a temporary validity, functioning only as an idea or an initial impulse, and does not survive beyond this moment. Nevertheless, the initial analogy informs the general character of language and can also be recognised in the most advanced phases of its definition.

The functions of analogy in architecture are: the *synthetic function*, based on the assumption of the unity of knowledge, placing architecture within its overall process – without the premise of this unity fields of knowledge would not communicate and analogy would be unfeasible; the *evocative function*, which establishes a visual relationship between different formal worlds; and the *hypothetical function*, which establishes the need for verification of the formal hypothesis produced by analogy.

These three functions, belonging to analogy in general, clarify the difference that exists between logical and analogical procedures. We know that logic is a linear deductive system that begins with mutually coherent axioms applicable to all possible cases. On the other hand, analogy does not deduce from a system of given principles, but *determines a hypothesis starting from one or more systems of reference*. The construction of knowledge through analogy does not guarantee certainties, but is always subject to testing. In architecture this testing happens through the *recognition of the work*.

The complementary relationship between analogy and induction is evident: induction makes it possible to establish certain new characteristics with respect to an analogous world already encountered: 'Without induction analogies are empty and tautological, while inductions without analogy are blind and baseless.'[1]

Let us now analyse the hypothesis that the construction of architecture follows an analogical process. Analysis of its historical construction allows us to test its progress through the modifi-

1. Enzo Melandri, *L'analogia, la proporzione, la simmetria*, Milan, 1974.

ene naar de andere wereld, dankzij de analogie, het resultaat is van een kennisproces.

Ik heb hierboven gesteld dat de analogie kan voorkomen als analogie tussen twee vormen of als analogie tussen concept en vorm (deze laatste analogie in de Oudheid 'mimesis van de idee' genoemd). De formele analogie, de eerste en meest elementaire vorm van analogie, is intuïtief en na verloop van tijd verandert deze in conceptuele analogie. In de architectuur correspondeert de overgang van formele naar conceptuele analogie met het verfijningsproces van een taal. Een nieuwe taal vertrekt bijna altijd vanuit een formele analogie. De analogie wordt dan geleidelijk abstracter en algemener ofwel ze houdt op werkzaam te zijn. In feite heeft elke analogie een voorbijgaande geldigheid, ze heeft alleen maar waarde als idee of vertrekpunt en overleeft dit moment niet. Nochtans informeert de oorspronkelijke analogie de algemene kenmerken van de taal en is ze ook herkenbaar in de verder gevorderde fasen van haar definitie.

De functies van de analogie zijn in de architectuur de volgende. De *synthetische functie*, die van een eenheid van kennis uitgaat en de architectuur plaatst in het algemene kennisproces – zonder een dergelijke eenheid voorop te stellen zouden de kennisvelden niet met elkaar kunnen communiceren en is de analogie dus onbruikbaar; de *evocatieve functie*, die een zichtbare relatie vastlegt tussen verschillende formele werelden; en de *hypothetische functie*, die de noodzaak bepaalt van de verificatie van de door de analogie geproduceerde formele hypothese.

Deze drie functies, eigen aan de analogie in het algemeen, verhelderen het verschil dat tussen een logisch en een analogisch proces bestaat. We weten dat de logica een lineair, deductief systeem is dat vertrekt van onderling coherente en op alle mogelijke gevallen toepasbare axioma's. Daarentegen is de analogie niet afgeleid van een systeem van gegeven principes, maar *stelt het een hypothese vanuit één of meer referentiesystemen*. De constructie van kennis door de analogie biedt geen zekerheden, maar is altijd nog te verifiëren. In architectuur heeft men een basis voor verificatie vanuit het *verkennen van het werk*.

De wederzijdse wisselwerking tussen analogie en inductie is evident: de inductie laat toe enkele nieuwe kenmerken vast te stellen wat betreft een reeds gekende analoge wereld: 'Analogieën zonder inductie zijn leeg en tautologisch, inducties zonder analogie zijn blind en ongefundeerd.'[1]

1. Enzo Melandri, *L'analogia, la proporzione, la simmetria*, Milaan 1974.

cation of forms. Through analogy a modification is made to forms with respect to a formal world taken as the reference of the analogy itself, and at the same time relations with that world are maintained, in order that the advances will be perceptible. Progress from one formal world to the next is possible only if the person making the analogy between the two commits an act of transgression. The need to transgress with respect to the formal world of origin is inherent in analogy: 'Without transgression analogy is static, unproductive.'[2]

Therefore analogy comprises the concept of mimesis applied in architecture since ancient times, and allows us to look at architecture as part of the overall process of knowledge. The introduction of this notion clarifies the complex relationship between induction and deduction in architecture. Analogy and logic are the procedures involved in this relationship.

Analogy and the Orders

The three functions of analogy – synthetic, evocative, hypothetical – are evident in all the architectural theory of the Renaissance. The synthetic function, because all Renaissance art theory was based on absolute faith in the *unity of knowledge* and the *unity of creation*; the evocative function, which establishes a visual relationship with the classic forms of antiquity; and the hypothetical function, as every new construction is an undertaking for the community, awaiting its examination and recognition.

Analogy, in Renaissance architecture, applies to both nature and history. The levels of analogy to nature are different. On the one hand a direct relationship is established between natural and architectural forms, in anthropomorphism; on the other, an analogical relationship is developed between the harmony of the created world and the harmony of construction, with the assumption that *harmony* is an attribute shared by these two formal worlds. Nevertheless, even the direct, anthropomorphic analogy contains a deeper concept that goes beyond the visual relationship between the two formal worlds: the concept of *individuality* of natural forms and architectural forms. This concept includes the idea of the element as organism, as *a living thing that manifests its life through its forms*.

The analysis of the column belonging to one order and the form of each of its parts in that

Laten we de hypothese analyseren dat de constructie van de architectuur een analoog proces volgt. De analyse van haar historische constructie staat ons toe een voortgang te verifiëren door de veranderingen van de vormen. Door middel van de analogie wordt een verandering van de vormen, teweeggebracht met betrekking tot een formele wereld, opgevat als referentie van de analogie zelf. Tegelijkertijd wordt de relatie met deze referentie stevig behouden en op die manier wordt de vooruitgang met betrekking tot deze referentie herkenbaar gemaakt. De vooruitgang tussen één formele wereld en de volgende is alleen mogelijk wanneer degene die de analogie tussen beide vastlegt een daad van overschrijding pleegt. De noodzaak van transgressie ten opzichte van de formele wereld van vertrek is eigen aan de analogie: 'Zonder transgressie is de analogie statisch en onproductief.'[2]

De analogie bevat dus het begrip mimesis, sinds de Oudheid in de architectuur aanvaard, en maakt het mogelijk de architectuur te beschouwen als een deel van het algemene kennisproces. De introductie van deze notie verduidelijkt de complexe verhouding tussen inductie en deductie in de architectuur. De analogie en de logica zijn de werkwijzen die deze verhouding realiseren.

De analogie en de ordes

De drie functies van de analogie – de synthetische, de evocatieve en de hypothetische – zijn evident in heel de geschiedenis van de architectuur van de Renaissance: de synthetische functie omdat heel de kunsttheorie van de Renaissance het absolute geloof in de *eenheid van het weten* en de *eenheid van het geschapene* als basis neemt; de evocatieve functie omdat ze een visueel verband legt met de klassieke vormen van de Oudheid; en de hypothetische functie omdat elke nieuwe constructie een onderneming is gewijd aan de collectiviteit en die wacht op erkenning.

De analogie in de architectuur van de Renaissance wordt toegepast op de natuur en op de geschiedenis. De niveaus van analogie met de natuur zijn verschillend. Enerzijds wordt een rechtstreeks verband gelegd tussen natuurlijke vormen en architectonische vormen – de antropomorfe vormen –, anderzijds wordt een analoge relatie bepaald tussen de harmonie van het geschapene en de harmonie van de constructie, waarbij de *harmonie* wordt opgevat als een gemeenschappelijk attribuut van de twee formele werelden. Nochtans, ook in de directe analogie – de antropomorfe – verschuilt zich een dieper begrip dat verdergaat dan de visuele relatie tussen twee formele werelden: het begrip van *individualiteit* van de natuur-

order indicates a descriptive intent of everything that happens under the weight of the construction, from the base to the capital. Each part has its own role and together the parts contribute to construct a greater unit, namely the *column*. Intervening on these parts, modifying their measurements and relationships, one alters the character of each order. Doric, Ionic, Corinthian have different decorative features and different proportions. According to Vitruvius they have different characters. This is why one order, as opposed to another, is selected for one type of building or another.

Therefore the orders have and conserve their own formal and expressive individuality, like natural forms. The proportional relationships, the *concinnitas*, the theory of the *nihil addi* of Leon Battista Alberti, refer to the reproduction in architecture of concepts of *individuality of elements* and *harmony of forms taken* from nature.

The dual analogy with nature and history is the principle of construction of the Renaissance language: the analogy with history provides the formal material on which to express a judgement, but the cognitive elements for the formulation of that judgement and the modification of that formal world are drawn from nature. In this way, in Renaissance thinking deduction and induction interact: deduction of a formal world from the analysis of existing material, and induction of a new system suggested by observation of nature.

The orders of the Renaissance were and remained, until the nineteenth century, the unchallenged formal system of reference for all the elements of architectural language. They comprise not only the column and its decorative repertory, but all the elements of the construction. The orders define simple elements of the architectural language and, at the same time, proportional relationships between them. A complex system containing the rules of construction. The task of every architect is not so much that of interpreting architecture as that of interpreting the orders. Architectural language becomes a conventional language, universally recognised. And had the cathedrals not been built with forms utterly extraneous to the language of the orders, we could say that in the occident the culture of the Greeks, the principle of mimesis as formulated by the philosophers of

2. Enzo Melandri, op. cit.

lijke vormen en van de architectonische vormen. Een dergelijk begrip bevat het idee van het element als organisme, als *levend wezen dat zijn leven in zijn vormen manifesteert*.

De analyse van de kolom die tot een orde behoort en van de vorm van elk van zijn delen in het geheel van deze orde, toont een beschrijvende bedoeling die aanwezig is in al wat plaatsvindt onder het gewicht van de constructie, van de basis tot het kapiteel. Elk deel heeft zijn rol en alle delen participeren samen in de constructie van een hogere eenheid die precies de *kolom* is. Door deze delen te manipuleren, door de maten en verhoudingen ervan te wijzigen, kan men ingrijpen in het karakter van elke orde. Dorisch, Ionisch en Corinthisch hebben verschillende decoratieve schema's en verschillende verhoudingen. Volgens Vitruvius hebben ze verschillende karakters. Dit is waarom steeds één bepaalde orde in plaats van een andere wordt aangewend, afhankelijk van de verschillende soorten gebouwen.

De ordes hebben en behouden hun formele en expressieve individualiteit die ze in de nabijheid brengt van de natuurlijke vormen. De verhoudingsrelaties, de *concinnitas*, de theorie van het *nihil addi* van Leon Battista Alberti, worden in verband gebracht met de reproductie in de architectuur van de uit de natuur gehaalde begrippen *individualiteit van de elementen* en *harmonie van de vormen*.

De dubbele analogie met de natuur en de geschiedenis is het constructieprincipe van de taal van de Renaissance: de analogie met de geschiedenis levert het formele materiaal waarover een oordeel wordt uitgesproken, maar de kenniselementen om dit oordeel te formuleren en om die formele wereld te wijzigen worden uit de natuur gehaald. Op deze wijze zijn deductie en inductie in de gedachtewereld van de Renaissance van elkaar afhankelijk: deductie van een formele wereld uit de analyse van pre-existerend materiaal en inductie van een nieuw systeem gesuggereerd door observatie van de natuur.

De ordes zijn in de Renaissance het onbetwiste formele systeem waaraan alle elementen van de architectonische taal moeten refereren en ze blijven dat tot de negentiende eeuw. Bij de ordes behoren niet alleen de kolom en het decoratief schema, maar alle enkelvoudige elementen van de constructie. De ordes definiëren de enkelvoudige elementen van de architectonische taal en tezelfdertijd de verhoudingen ertussen. Zo is het een complex systeem dat grotendeels de regels van het construeren bevat. De taak van elke architect is niet zozeer het interpreteren van de

2. Enzo Melandri, op. cit.

antiquity, remains the only conceptual reference to the construction of architectural language. With all the variants the system permits inside it, including its very contradiction.

Nevertheless, precisely the language of the cathedrals demonstrates that gothic architecture, though in a profoundly different form, is still constructed through the principle of analogy. The analogy with nature (involving the question of technique as a universe analogous to the laws of nature) can be seen in the Gothic forms, in the dual sense of formal and conceptual analogy. In fact, apart from the evidently naturalistic forms, the analogy with nature is contained in the concept of *construction*, of organicity of construction taken to the point of melding the architectural elements in a single body. In the cathedral it is as difficult as it is useless to distinguish the column from the arch, the window from the wall structure. The architecture of the cathedral is a unitary system that is constructed based on analogy with the idea of unity in nature. 'Medieval architecture achieves style because it proceeds with the same logical order it glimpses in the works of nature.'[3] This, perhaps, is 'that inner spiritual idea' that Goethe, Schinkel and Hegel perceive in Gothic architecture, manifesting a general idea about the *natural order*.

Even the decoration attempts to be an exhaustive inventory of living beings, a 'sum' of creatures. The decoration is both the mirror of nature and the mirror of history, meaning history of the Lord. The cathedral is seen as the 'mirror of creation'.[4] The meaning is completely contained in this analogy, in the emulation of nature and its evocation through forms. The language of Gothic architecture is aimed at *direct manifestation* of this analogy. This is why the forms of cathedrals wind up resembling natural forms. And this direct relationship marks the limit of Gothic architecture in its naturalism. This is the critique advanced by Raphael regarding the architects of the cathedrals. This is also the reason behind the relatively brief reign of the Gothic with respect to classical architecture.

The return to the architecture of antiquity permitted the theorists of the Renaissance to avoid direct reliance on similarity to nature. We might say that the humanists sought this analogy in a pre-existing formal world, never establish-

architectuur, maar het interpreteren van de ordes. De architectonische taal wordt een conventionele taal die universeel erkend is. En indien de kathedralen, waarvan de vormen volledig vreemd zijn aan de taal van de ordes, niet gebouwd waren, zouden we kunnen zeggen dat in het Westen de cultuur van de Grieken, het principe van de mimesis zoals het door de filosofen vanaf de Oudheid wordt verteld, de enige conceptuele referentie blijft aan de constructie van de architectonische taal – met alle varianten die het systeem in zich toelaat, inclusief de contradictie met zichzelf.

Nochtans toont precies de taal van de kathedralen dat de gotische architectuur zich nog construeert door middel van het principe van de analogie, zij het dan in een fundamenteel verschillende vorm. De analogie met de natuur (waartoe ook de kwestie behoort van de techniek als universum analoog aan de wetten van de natuur) is in het geval van de gotische vormen herkenbaar in haar dubbele betekenis van formele en conceptuele analogie. Het is inderdaad zo dat, bovenop de evident-naturalistische vormen, de analogie met de natuur omvat wordt door het concept van *constructie*, in het organische concept van constructie dat zover doorgevoerd wordt dat het de architectonische elementen in één lichaam samenvoegt. In de kathedraal is het moeilijk zo niet nutteloos de kolom van de boog te onderscheiden, het venster van de wandstructuur. De architectuur van de kathedraal is een unitair systeem dat wordt opgebouwd in analogie met de idee van eenheid van de natuur. 'De middeleeuwse architectuur komt tot stijl omdat ze met dezelfde logische orde werkt die ze in de werken van de natuur ziet.'[3] En dit is misschien 'die intieme, spirituele idee' die Goethe, Schinkel en Hegel in de gotische architectuur lezen, dat deze namelijk een algemene idee over de *natuurlijke orde* manifesteert.

Ook de decoratie wil een uitputtende inventaris zijn van de levende wezens, een 'summa' van schepsels. De decoratie zelf is spiegel van de natuur en spiegel van de geschiedenis als geschiedenis van God. De kathedraal wordt begrepen als 'spiegel van het geschapene'.[4] De betekenis is volledig vervat in deze analogie, in de wedijver met de natuur en in het oproepen van de natuur door de vormen. De taal van de gotische architectuur heeft tot doel een dergelijke analogie *rechtstreeks te manifesteren*. Dit is de reden waarom de vormen van de kathedralen tenslotte ook op natuurlijke vormen lijken. En dit rechtstreekse verband geeft ook de grens van de gotische architectuur in het naturalisme ervan aan. Dit is de beschuldiging

ing it directly. Although each time the classical language reaches a high degree of conventionalism, that is when the analogy with historical forms produces tautological forms, the architects turn once again to the Gothic, trying to discover the secrets of its inspiration. In the conviction that architectural language, to renew itself, must go back to nature, there to seek the motives of that renewal. This is what happens in the Enlightenment, another moment of rejection and renewal of the language. In this period Gothic architecture was studied and considered alongside classical architecture, not as an alternative to it. The naturalness classical architecture seemed to have lost was sought in the Gothic. The architects of the Enlightenment found the complementary characters, in these two different forms of architecture, with which to construct *their architecture*.

The gap in the Enlightenment between academic architects and revolutionary architects was due to the condition of stoppage of the analogy with nature. For architecture to re-attain its cognitive value it was necessary to clarify its new relationship with nature, as the basis for a new form of analogy. In the meantime architectural forms were constructed based on themselves, awaiting a new conception. For a certain period historical analogy, imitation of the historic forms of architecture, got the upper hand.

We have already examined the meaning of nature in the Enlightenment. It is worth reviewing three of its fundamental aspects. First, nature is the place of the origins of man, of his primordial sentiments, the original forms of his civilization, and therefore of the original forms of construction. Second, it is the place of elementary emotions to analyse and reproduce in art. Third – and this is the point of the break with the Renaissance – scientific knowledge of nature is based on the distinction between *essence* and *appearance*, a distinction that was to lead to the awareness that natural forms should be studied in terms of their constituent phenomena. I believe that this attitude brought about a new point of view for everyone, including architects. These different ways of looking at nature seem contradictory, but together they

van Rafaël gericht aan de architecten van de kathedralen. Dit is ook de reden voor de betrekkelijk korte duur van de gotiek ten opzichte van de klassieke architectuur.

De heropleving van de architectuur van de Oudheid laat de Renaissance-theoretici toe zich niet direct toe te vertrouwen aan de analogie met de natuur. Men kan stellen dat de humanisten die analogie nastreven binnen een formele wereld die al bestond en deze nooit rechtstreeks vastleggen. Al is het ook waar dat, steeds als de klassieke taal een hoge graad van conventionalisme bereikt, wanneer met andere woorden de analogie met historische vormen tautologische vormen produceert, de architecten zich opnieuw tot de gotiek wenden op zoek naar de geheimen van haar inspiratie. Dit in de overtuiging dat de architectonische taal om zich te vernieuwen naar de natuur moet terugkeren en dáár de motieven van haar vernieuwing moet zoeken. Dit is, zoals we gezien hebben, wat gebeurt in de Verlichting, een ander moment van breuk en vernieuwing van de taal. In deze periode wordt de gotische architectuur bestudeerd en beschouwd naast de klassieke architectuur en níét als alternatief ervoor. In de gotiek zoekt en vindt men die natuurlijkheid die in de klassieke architectuur verloren lijkt. De architecten van de Verlichting vinden in deze beide verschillende vormen van architectuur de aanvullende kenmerken waarmee ze *hun architectuur* kunnen construeren.

De afstand die in de Verlichting bestaat tussen academische architecten en revolutionaire architecten is toe te schrijven aan de stagnatie van de analogie van de natuur. Om de kenniswaarde van de architectuur terug te krijgen, moet de nieuwe relatie tot de natuur opgehelderd worden, moet op deze relatie een nieuwe vorm van analogie afgestemd worden. Ondertussen worden de architectonische vormen op zichzelf geconstrueerd en blijven deze wachten op een nieuwe conceptie. Voor een zekere tijd neemt de analogie van de geschiedenis, met de historische vormen van de architectuur, het voortouw.

Over de betekenis die de natuur opneemt in de Verlichting hebben we het al gehad. Laten we er drie fundamentele aspecten van herhalen. Enerzijds is de natuur de plaats van de oorsprong van de mens, van zijn oorspronkelijke gevoelens, van de oorspronkelijke vormen van zijn beschaving, en dus ook van de oorspronkelijke vormen van het bouwen. Anderzijds is de natuur de plaats van de elementaire emoties die in de

3. Eugène Viollet-le-Duc, *L'architecture raisonnée*, Paris, 1964.
4. Henry Focillon, *Arte d'Occident*, Parijs 1938.

3. Eugène Viollet-le-Duc, *L'architecture raisonnée*, Parijs 1964.
4. Henry Focillon, *Arte d'Occident*, Parijs 1938.

permitted construction of a theoretical system and a new language in architecture.

Therefore the starting point is that of a return to nature as a return to origins. We can see this as the initial choice that influences all the successive ones. What is sought in nature is no longer the perfection of harmonious relationships to reproduce in art; the Renaissance myth is lost, its ideological import and formalism unveiled. Instead, in a more pragmatic way, nature is mined for meanings. The analysis of nature remains one of relationships: but instead of harmonic relationships the focus turns to relationships of significance. In the Renaissance nature was continuously described and measured. The Enlightenment seeks out its constituent laws. Diderot's theory of beauty based on significant relationships marks this turning point; just as nature contains hidden meanings to be known, so architecture is constructed based on the *meaning of buildings*. As in nature meaning is revealed in the relationship between forms, in architecture the relations between forms have the purpose of representing the meaning of buildings.

The architects of the Enlightenment seek what is hidden behind the forms of nature, which is what stimulates our sensations, but also that essence that is achieved through scientific knowledge – two completely different aspects of something that lies behind *natural forms*.

We know that the meaning of buildings, for the architects of the Enlightenment, coincides with their character, and the notion of the character of buildings exists since antiquity. But while in antique architecture character is represented through the choice of the most appropriate order (Vitruvius, Serlio), in the Enlightenment, and then in modern architecture, the character of a building is the very motive of the genesis of the forms, beyond a repertoire of conventional forms. This is the second great revolution of forms after the Gothic.

The relationship with natural forms as a cognitive one is fully theorised in Hegel's *Aesthetics*. In this moment the distance is established between natural beauty and artistic beauty, and the procedure that leads from one to the other, for Hegel, is *abstraction*. Abstraction, as the moment of knowledge, establishes a new relationship with nature, which when taken to its extreme consequences was to lead to the defini-

kunst geanalyseerd en gereproduceerd moeten worden. Ten slotte, en hier ligt het breekpunt met de Renaissance, steunt de wetenschappelijke kennis van de natuur op het onderscheid tussen *wezen* en *schijn*, een onderscheid dat zal leiden naar het bewustzijn dat de samenstellende fenomenen van deze natuurlijke vormen moeten worden onderzocht. Ik meen dat deze houding voor iedereen een nieuw gezichtspunt heeft teweeggebracht, ook voor architecten. Deze verschillende manieren om de natuur op te vatten lijken tegenstrijdig; samengenomen zullen ze echter de mogelijkheid bieden een theoretisch systeem en een nieuwe taal in de architectuur te construeren.

Het vertrekpunt is derhalve dat van een terugkeer naar de natuur als een terugkeer naar de bronnen. Deze oorspronkelijke keuze informeert alle daaropvolgende keuzen. Met betrekking tot de natuur zoekt men echter niet de perfectie van de harmonische verhoudingen die dan in de kunst gereproduceerd moeten worden, de renaissancemythe is verloren en de ideologische reikwijdte en het formalisme ervan werden ontsluierd; wél worden op meer roekeloze wijze de betekenissen ervan opgespoord. De analyse van de natuur blijft altijd analyse van verhoudingen: in plaats van harmonische verhoudingen zoekt men de betekenisvolle verbanden. Als in de Renaissance de natuur voortdurend beschreven en gemeten wordt, dan zoekt men in de Verlichting naar haar samenstellende wetten. De esthetische theorie van Diderot geeft als theorie van de betekenisvolle verbanden deze ommekeer aan, waardoor, precies zoals de natuur verborgen en te ontdekken betekenissen bevat, de architectuur wordt opgebouwd vanuit *de betekenis van de gebouwen*. Zoals in de natuur de betekenis geopenbaard wordt door het verband tussen de vormen, zo hebben in architectuur de verbanden tussen de vormen het doel de betekenis van de gebouwen te representeren.

De architecten van de Verlichting zoeken in de natuur dat wat achter de vormen verborgen ligt, datgene wat onze sensaties opwekt, maar ook dé essentie, die men bereikt door wetenschappelijke kennis. Twee totaal verschillende aspecten van iets wat achter de *natuurlijke vormen* staat. We weten dat de betekenis van de gebouwen voor de architecten van de Verlichting samenvalt met het karakter ervan en dat de notie 'karakter van de gebouwen' al bestaat in de Oudheid.

Maar als in de architectuur van de Oudheid het karakter gerepresenteerd wordt door de keuze van de hiervoor meest geschikte orde (Vitruvius, Serlio), is in de Verlichting en daarna in de moderne architectuur daarentegen het karakter van een gebouw de reden zélf van de genese van de vormen, over elk repertoire

tive abandoning of any formal reference to nature.

What counts is the beauty of the abstract form. The concepts of regularity, harmony, symmetry are taken from nature and remain the only terms of reference for any relationship with it. The discourse centres on the notion of 'the artistic ideal' which, derived from nature, becomes the true object of representation. The relationship with nature is no longer based on the perfecting of its forms, but on the knowledge of an ideal and its revealing. The correspondence between natural and artistic forms is no longer relevant: 'Art, to the extent that it leads back to harmony with the true concept that which in the rest of existence is contaminated by accident and exteriority, tosses aside everything that apparently does not correspond to the concept, and only by means of this abstraction can it create the ideal.'[5]

This clarifies the new relationship with natural forms. Regularity, symmetry, harmony have become the *tools* of representation of an *ideal*. Nevertheless, it is always observation of natural forms that offers the tools for the construction of forms analogous to what one intends to represent. The norms of construction of classical architecture as a *system of relations* are still applicable. The relation between nature and architecture through the notion of *concinnitas* is a form of analogy, and it is permanent because it is directly based on the observation of nature. What remains is the will to define architectural forms in keeping with the modes of connection of natural forms, in the belief that nature still supplies the elementary rules of construction of architecture as a world analogous to nature. The rules of composition, from Vitruvius to Milizia, are more or less the same: *order, arrangement, eurhythmy, symmetry, decoration, distribution* are the rules repeated in any treatise on architecture. The most important, and very similar to each other, are *eurhythmy* and *symmetry* which, as we have seen, contain the concept of individuality of the building and the proportioning of its parts.

The notion that regulates the entire process is that of *proportion*. Proportion, always considered the fundamental tool of architecture (architecture is always the proportioning of the parts of a

van conventionele vormen heen. Dit is de tweede grote revolutie van de vormen na de gotiek.

De relatie met natuurlijke vormen als kennisrelatie wordt zeer grondig theoretisch behandeld in de *Esthetica* van Hegel. Daar wordt de afstand bepaald tussen natuurlijk schoon en artistiek schoon; en de bewerking die van het een naar het ander leidt is voor Hegel de *abstractie*. De abstractie, als moment van het weten, legt een nieuwe relatie tot de natuur vast, die, tot haar uiterste consequenties gevoerd, zal leiden tot het definitief verlaten van elke formele referentie naar de natuur.

Wat belang heeft is de schoonheid van de abstracte vorm. De begrippen van regelmaat, harmonie en symmetrie worden uit de natuur gehaald en blijven de enige referentietermen voor de relatie tot de natuur. Centraal in het discours staat de notie van 'artistiek ideaal', die uit de natuur afgeleid het ware voorwerp wordt van de representatie. De relatie tot de natuur gaat niet meer over de vervolmaking van haar vormen, maar over de kennis van een ideaal en de openbaring hiervan. De overeenkomst tussen natuurlijke en artistieke vormen heeft geen belang meer: 'Kunst, in zoverre dat deze terugleidt naar harmonie met het ware concept dat hetgeen in de rest van het bestaan is besmet door toeval en exterioriteit, werpt opzij al wat schijnbaar niet met het concept overeen komt en kan alleen door middel van deze abstractie het ideale creëren.[5]

Zo wordt de nieuwe relatie met de natuurlijke vormen opgehelderd. Regelmaat, symmetrie en harmonie worden *instrumenten* voor een representatie van een *ideaal*. Nochtans is het steeds de observatie van de natuurlijke vormen die de instrumenten levert om de vormen te construeren die analoog zijn aan wat men wil representeren. De constructienormen van de klassieke architectuur als constructie van een *systeem van verbanden* blijven doorwerken. De relatie tussen natuur en architectuur via de notie van *concinnitas* is een vorm van analogie die, rechtstreeks gesteund als ze is door de observatie van de natuur, permanent is. De wil blijft bestaan de architectonische vormen te definiëren door de wijzen te volgen waarop de natuurlijke vormen met elkaar verbonden zijn, in de overtuiging dat de natuur steeds de elementaire regels biedt voor de constructie van de architectuur als een wereld analoog aan de natuur. De compositieregels van Vitruvius tot Milizia zijn grosso modo dezelfde gebleven: de *ordening*, de *dispositie*, de *euritmie*, de *symmetrie*, het *decorum* en de *distributie* zijn de regels

5. Georg Wilhelm Friedrich Hegel, *Aestetics: Lectures on Fine Art*, Oxford 1975.

5. Georg Wilhelm Friedrich Hegel, *Aestetics: Lectures on Fine Art*, Oxford 1975.

building), is the means that implements the analogy with nature in the various historical eras. In fact, both in the Renaissance and in the Enlightenment the proportion is the middle term of the analogy: nature is led back to proportional, harmonic or significant systems that must form the basis for the architecture. We can say that proportion becomes the common instrument of knowledge of natural forms and architectural forms.

But while in the Renaissance proportion is applied for the most part to the orders (which are, first of all, different proportional systems), when they are abandoned proportion becomes *directly* the tool of definition of the hierarchy of the parts, of identification of buildings and their character. The orders are no longer the certain system of reference of the architectural language; they are substituted by the forms of geometry, with all the resulting risk of formalism, but with a great advance in terms of knowledge.

This does not happen suddenly, but in two distinct phases. The first is when the orders are utilised with an evocative intent, that is with a secondary value of citation, no longer as primary elements. The second is when the orders vanish from construction, together with all other ornament, being deemed inessential. Buildings are constructed with forms appropriate for their character. This suitability is achieved each time through the proportioning of the parts.

Thus we can see how the system of architectural orders had become a hindrance to the definition of the form of buildings in keeping with their character, and how the architects of the Enlightenment considered the orders a limitation to freedom in their approach to the wealth of forms in nature. In this sense, their rejection is comprehensible, in favour of the use of geometric forms as forms identified based on precise relations of proportion. It is the proportion among the parts that makes the system intelligible. This principle, established with the architecture of the Enlightenment, was to remain in effect until modern architecture, as the sole principle of its construction.

While proportion is a principle of identification of buildings, *symmetry* is one of order that gives unity to the building itself. We know that the notion of symmetry for the treatise-writers

die in elk architectuurtraktaat herhaald worden, de belangrijkste, sterk met elkaar verwant, zijn de *euritmie* en de *symmetrie* die, zoals gezien, het begrip van individualiteit van het gebouw bevatten alsook van de proportionering van de delen ervan.

De notie die heel het proces regelt is de *proportie*. De proportie, die steeds beschouwd werd als het basiselement van de architectuur (de architectuur is altijd proportionering van de delen van een gebouw), is het middel dat de analogie met de natuur operationeel maakt in de verschillende historische perioden. Inderdaad, zowel in de Renaissance als in de Verlichting is de proportie de middenterm van de analogie: de natuur wordt teruggebracht op proportionele systemen, harmonische of betekenisvolle, die aan de basis geplaatst moeten worden van de architectuur. Laten we zeggen dat de proportie het gemeenschappelijke kenniselement wordt van de natuurlijke en architectonische vormen.

Maar terwijl in de Renaissance proportie voornamelijk wordt toegepast op de ordes (de ordes zijn vooral verschillende proportionele systemen), wordt met het verlaten ervan de proportie *direct* het instrument ter definitie van de hiërarchie der delen, van identificatie van gebouwen en hun karakter. De ordes zijn niet meer het zekere referentiesysteem van de architectonische taal, ze worden vervangen door de vormen van de geometrie met alle risico's van formalisme van dien, maar met een belangrijke kennisvooruitgang.

Dit alles gebeurt niet onverwacht, maar in twee te onderscheiden fasen. In de eerste fase worden de ordes gebruikt met een evocatieve bedoeling, dat wil zeggen met de secundaire waarde van het citaat en niet meer als primaire elementen. In de tweede fase verdwijnen de ordes uit de constructie tezamen met elk ander ornamenteel schema, omdat deze als niet essentieel worden beschouwd. De gebouwen worden geconstrueerd in de voor hun karakter geschikte vormen. Deze geschiktheid wordt telkens verworven door middel van de proportionering van de delen.

We begrijpen dan ook hoe het systeem van de architectonische ordes nu een belemmering is geworden voor de definitie van de vorm van de gebouwen met betrekking tot hun karakter, en hoe de architecten van de Verlichting deze beschouwden als een beperking van de vrijheid zich te meten met de rijkdom van de vormen van de natuur. In die zin begrijpt men dat deze werden verlaten en geometrische vormen werden gebruikt als vormen die werden geïdentificeerd als dragers van precieze verhoudingen. Het is de proportie tussen de delen die het systeem verstaan-

is different from that of geometry per se. For Milizia symmetry is 'the pleasing relationship between the parts and the whole', and it does not necessarily require an ordering axis. Nevertheless, the term expresses the same desire to grant unity and to permit immediate intelligibility of buildings. Proportion and symmetry are two tools of construction of classic architecture that do not change over time. In all eras they re-establish the relationship of analogy with nature, even when it appears to have been lost. Architects construct their forms through these principles, in a method that is not only ancient, but also, in a way, natural. Together with the new conception of nature and the new form of analogy established with it, the analogy with historical forms continues, and with it the relationship with the classical forms of antiquity. This permanence is due to two factors: on the one hand, it coincides with the myth of origins (the classical forms are considered the original forms of architecture), while on the other it is the result of the new historical knowledge in the Enlightenment.

There is a great difference with respect to the Renaissance. The Renaissance was the first epoch to choose its own past. The past is a precedent, essential in every field of knowledge, utilised as a point of reference for the choices of one's own era: the forms of antiquity are assumed as a *model*. In the Enlightenment, historical knowledge placed the architecture of antiquity at the origin of architecture itself. In spite of a great extent of identification with it, the architecture of antiquity was and remained architecture of the past, meaning that *progress* was possible. Therefore not a model to be repeated, but a starting point against which to gauge advance.

Therefore the two analogies, with nature and with history, also interact in the Enlightenment. The analogy with history indicates the desire to position one's research within a tradition; the analogy with nature makes it possible to state that just as behind every natural form (and every phenomenon) there is an essence to be known, so in architecture every building has an essence, which its forms must represent.

Without the analogy with nature, the analogy with history becomes tautology; without the analogy with history, the analogy with nature would not have the formal material to which to

baar maakt. Dit principe, vastgelegd in de architectuur van de Verlichting, zal, doorwerkend tot aan de moderne architectuur, het enige principe van de constructie van de architectuur worden.

Als de proportie een principe is van de identificatie van de gebouwen, dan is de *symmetrie* een ordeprincipe dat eenheid verleent aan het gebouw zelf. We weten dat de notie van symmetrie voor de auteurs van de traktaten verschillend is van de strikt geometrische notie. Voor Milizia is symmetrie 'het behaaglijke verband tussen de delen en het geheel' en voorziet deze niet noodzakelijk een ordenende as. Nochtans drukt de term dezelfde wil uit tot het verlenen van eenheid en het toelaten van een onmiddellijke begrijpelijkheid van de gebouwen. Proportie en symmetrie zijn twee constructie-elementen van de klassieke architectuur die niet veranderen in de tijd. Ze leggen in alle tijden het analoge verband met de natuur opnieuw vast, ook wanneer dit verband verloren lijkt. Door deze principes construeren de architecten hun vormen binnen een methode, die niet alleen antiek is maar in zekere zin ook natuurlijk. Samen met de nieuwe conceptie van de natuur en met de nieuwe vorm van analogie die met de natuur wordt bepaald, blijft de analogie met de historische vormen voortduren en meteen ook het verband met de klassieke vormen uit de Oudheid. Dit voortduren heeft een dubbele motivatie: enerzijds valt het samen met de mythe van de oorsprong (de klassieke vormen worden beschouwd als de oorsprong), anderzijds is het het resultaat van het nieuwe historische bewustzijn van de Verlichting.

Het verschil met de Renaissance is groot. De Renaissance is de eerste periode die voor zichzelf een verleden selecteert. Het verleden is op elk gebied van het weten het essentiële precedent waarnaar de keuzen van de eigen periode verwijzen: de vormen van de Oudheid worden opgevat als *model*. In de Verlichting plaatst het historische bewustzijn de architectuur van de Oudheid aan de oorsprong van de architectuur en hoewel zij zich hiermee grotendeels identificeert is en blijft de architectuur van de Oudheid architectuur van het verleden ten aanzien waarvan een *vooruitgang* mogelijk is. Het is dus niet een herhaalbaar model, maar een vertrekpunt ten aanzien waarvan de eigen vooruitgang gemeten kan worden.

Zo werken ook in de Verlichting de twee analogie-ën op elkaar in – die met de natuur en die met de geschiedenis. De analogie met de geschiedenis getuigt van de wil het eigen zoeken te plaatsen binnen een traditie, de analogie met de natuur geeft de bevesti-

apply itself, and in the best of cases would produce only naturalistic forms. In short, we can say that both analogies, in the process of construction of architecture, have an irreplaceable function: analogy with nature provides the motives of *renewal* of a formal context that is rooted in *tradition*.

Forms of Analogy in Modern Architecture

Klee and Mondrian define, with certain differences, one of the possible ways to establish a relationship with nature. The two artists and theorists posit the form-function relationship as the basis for the construction of art. By function Klee means 'the law immanent to the artwork', establishing a very close relationship with function as it is defined in the sciences: the objects of nature are investigated from within. The desire to unveil the vital functions concealed behind natural forms clarifies the value attributed to form by modern artists: form is a tool of knowledge and a representation of nature. The objective of art, as of science, becomes to 'penetrate the mystery'. Through this cognitive process a new nature is constructed, belonging to the artwork, which though it is lacking in formal relationships with the nature it studies nevertheless reproduces its creative act, so to speak.

When Mondrian says: 'appearance has blinded us', he sees art as a process that moves from natural forms to abstract forms that contain and manifest the secret of natural forms. Reading Mondrian one cannot help but perceive the roots of his thinking as still linked to the Enlightenment, to Diderot's definition of beauty as a system of relations, to Hegel's definition of art as manifestation of the universal. Mondrian, like Hegel, states that every style possesses a *truth* that is timeless, and a temporal appearance. The result is a conception of art as a continuous, progressive knowledge of the world. The objective of abstract art is knowledge of the real, of nature and man as a part of nature.

Let's look at the relationship with architecture. The first question regards function. This notion is innate to architecture, in the sense that it constitutes its motivation in all eras. Nevertheless, we have seen that function can be seen in terms of different degrees of generality, that it is necessary to go beyond every particu-

ging dat, precies zoals achter elke natuurlijke vorm (elk verschijnsel) er een te kennen essentie is, ook in de architectuur de essentie van elk gebouw gekend moet worden. En het zijn de vormen die deze essentie moeten representeren.

Zonder de analogie met de natuur wordt de analogie met de geschiedenis tautologisch en zonder de analogie met de geschiedenis zou de analogie met de natuur niet het formele materiaal hebben waarop ze zich kan toepassen en zou deze in het beste geval naturalistische vormen produceren. We kunnen samenvatten dat beide analogieën in het constructieproces van de architectuur een onvervangbare functie hebben: de analogie met de natuur levert de redenen voor *vernieuwing* van een formele context die is gebaseerd op de *traditie*.

De vormen van analogie in de moderne architectuur

Klee en Mondriaan definiëren, met een zeker onderling verschil, een van de mogelijke manieren om zich in verband te brengen met de natuur. De beide kunstenaars/theoretici stellen aan de basis van de constructie van de kunst het verband vorm–functie. Klee verstaat onder functie 'de aan het kunstwerk immanente wet' en bepaalt een strikt verband met de betekenis van functie in de wetenschappen: de objecten van de natuur moeten onderzocht worden vanbinnen uit. De wil de vitale functies te ontsluieren die achter de natuurlijke vormen verborgen zijn, verheldert de waarde die de moderne kunstenaars aan de vorm toekennen: de vorm is kennisinstrument en representatie-instrument van de natuur. Bedoeling van de kunst alsook van de wetenschap wordt 'het mysterie ervan te doorgronden'. Door dit kennisproces wordt een nieuwe natuur opgebouwd, eigen aan het kunstwerk, dat, hoewel het geen formele verbanden heeft met de natuur die het onderzoekt, toch van deze, om zo te zeggen, de creatieve daad reproduceert.

Wanneer Mondriaan stelt: 'de schijn heeft ons verblind', dan beschouwt hij de kunst als een proces dat van de natuurlijke vormen gaat naar de abstracte vormen, die het geheim van de natuurlijke vormen bevatten en manifesteren. Bij het lezen van Mondriaan kan men niet anders dan de wortels van zijn ideeën nogmaals te plaatsen in de cultuur van de Verlichting, in de definitie die Diderot van de schoonheid gaf als systeem van verbanden, in de Hegeliaanse definitie van de kunst, als manifestatie van het universele. Mondriaan, zoals Hegel, affirmeert dat elke stijl een *waarheid* bezit die buiten de tijd ligt, en ook een verschijnen in de tijd. Hieruit komt een

larity and to understand its more general *value*. The function of a building, seen as its reason for existing, becomes the object of knowledge leading to the definition of the identity of the building and its parts. The language of modern architecture, in turn, is constructed as knowledge and representation of the identity of the parts and the whole. We can say that the construction of the language after the classical orders is a long process, still underway, of *identification of the simple elements and definition of their role in the construction*. For every part of the building we must find its own law, the most appropriate form for its self-representation.

So the figurative arts and modern architecture operate with similar overall aim. In both cases the idea is to go beyond a given formal system – that of natural forms, for painting, and that of the classical orders, for architecture – through knowledge of the identity of each thing. The obsessive desire to find the elementary forms capable of representing this identity is shared by avant-garde artists and modern architects. The resulting formal affinities are secondary, but the fact remains that both, in their respective fields, attain a new level of knowledge, a new point of view of reality, and with it a new relationship with nature. The modern architects, like the avant-garde artists, seek the hidden laws in the reality that surrounds them, reproducing those laws in elementary forms, those forms that display their necessity, precisely like natural forms. We know that this is an ancient purpose, always present, but always interpreted in different ways.

The relationship among the arts triggers provisional formal analogies that function as initial impulses and then cease to operate, at least if formalism is to be avoided. The thinking of the artists of an epoch is always unified by the desire to interpret the nature around them and find the forms that make that interpretation intelligible. These forms become a part of the landscape, of nature itself. It is a great process in which it almost seems as if nature operates in order to know herself.

This is the program of all the great modern architects: of Loos, who breaks down the house into parts and recomposes them in a new unity which is the result of his knowledge, to be transmitted to the inhabitants and to mere passers-by. Loos' house narrates a passage of the

kunstconceptie voort als voortdurende en progressieve kennisneming van de wereld. Doel van de abstracte kunst is de kennis van het werkelijke, van de natuur en van de mens hierin vervat.

Laten we naar het verband met de architectuur kijken. Het eerste probleem heeft betrekking op de functie. Dit begrip is zo eigen aan de architectuur dat het er de drijfveer van uitmaakt in alle tijden. Toch hebben we gezien dat de functie in verschillende graden van algemeenheid kan worden opgevat, dat het nodig is uit te stijgen boven elke specificiteit ervan en de meest algemene *waarde* ervan te kennen. De functie van een gebouw, begrepen in termen van de zin van zijn bestaan, wordt het object van de kennis die leidt naar de definitie van de identiteit van het gebouw en zijn delen. De taal van de moderne architectuur wordt op haar beurt opgebouwd als kennis en representatie van de identiteit van de delen en het geheel. Men kan stellen dat de constructie van de taal na de klassieke ordes een lang proces is, nog steeds aan de gang, van *identificatie van de eenvoudige elementen en definitie van hun rol in de constructie*. Voor elk deel van het gebouw moet de eigen wetmatigheid worden opgezocht, de vorm meest geëigend aan de representatie ervan.

Beeldende kunsten en moderne architectuur handelen dus met een analoge algemene bedoeling. In beide gevallen komt het erop neer een gegeven formeel systeem te overstijgen, dat van natuurlijke vormen voor de schilderkunst en van de klassieke ordes voor de architectuur, d.m.v. de kennis van de identiteit van elk ding. De obsessieve wens de elementaire elementen te vinden die in staat zijn dergelijke identiteit te representeren, hebben avant-gardekunstenaars en moderne architecten gemeen. De formele affiniteiten die hieruit resulteren, zijn van secundaire aard; blijft het feit dat beide, in de respectievelijke velden, een nieuw kennisniveau verwerven, een nieuw gezichtspunt van de werkelijkheid, en hiermee een nieuw verband met de natuur.
De moderne architecten, evenals de avant-gardekunstenaars, zoeken in de omgevingswerkelijkheid de verborgen wetten die in elementaire vormen díe vormen reproduceren die hun noodzaak manifesteren, precies zoals met de natuurlijke vormen. We weten dat deze bedoeling uit de Oudheid stamt, maar steeds aanwezig is en op verschillende manieren begrepen wordt.

Het verband tussen de kunsten bepaalt voorlopige formele analogieën die oorspronkelijk als inspiratiebronnen (suggesties) functioneren, en die uiteindelijk op straffe van formalisme operationeel worden. De ideeënwereld van de kunstenaars van een periode

73. Adolf Loos, Kärtner Bar, 1907.

230

74. Adolf Loos, casa nella Michaelerplatz, 1909-1911.

231

endless reflection on the dwelling of men. It is constructed with an intention similar to that of those who break down reality into elementary forms and recompose it according to a form that clarifies its identity.

This *will to know* is what Loos has in common with the great architects of all eras. First of all Le Corbusier, who seeks the life of the house itself, which is the life of the people who live there. He wants to give form to that life. In few modern architects is this intention so clear: 'I find, in what I call the home of man, those *fateful arrangements* established by everyday life.'[6]

Every house by Loos, Le Corbusier or Mies van der Rohe is constructed in terms of analogy with nature, beyond any naive naturalism, attempting to closely connect forms to life, seeing life as the *sole motivation* behind the forms themselves. Just as in nature.

But there is another aspect of the analogy with nature that is very important for the modern architect: the analogy with technique. Le Corbusier explains his viewpoint regarding technical forms in *Vers une architecture*, returning to a form of analogy between architecture and technique that may be ancient (architecture is always constructed through technique) but takes on a new, pre-eminent role in the construction of the language. We can say that this is always the role played by the analogy with technique in the moments of construction of a new language.

Faced with the forms proposed by the engineers of his time, Le Corbusier rediscovered the original sense of construction as an act free of any focus on representation, except for representation of its own constructive logic. It is this representation of logic that interests Le Corbusier, Mies van der Rohe and many others, the logic that links materials and structural laws to the world of necessity belonging to a particular construction. But engineering and architecture do not coincide. Although they are closely related, they pursue two distinct goals: the former practical, the latter aesthetic. The aim of architecture is to 'move' in emotional terms, architecture must communicate the measure of 'an order that takes part in a universal order'.

Le Corbusier finds the solution of the relationship between technical and architectural

wordt altijd eengemaakt door de wil de omgevingsnatuur te interpreteren en de vormen te vinden die deze interpretatie begrijpelijk maken. Deze vormen zullen dan deel gaan uitmaken van het landschap, van de natuur zelf. Het is een omvattend proces waarin het lijkt alsof de natuur zich in beweging zet om zichzelf te kennen.

Dit is het programma van alle grote moderne architecten: van Loos bijvoorbeeld, die de delen van het huis uit elkaar haalt en ze in een nieuwe eenheid weer bijeenzet, wat het resultaat is van zijn kennis over te brengen op wie er woont en op wie er gewoon voorbijkomt. Het huis van Loos vertelt ons een stukje van de eindeloze reflectie over het huis van de mens. Het werd gebouwd met een bedoeling analoog aan de bedoeling van degenen die de werkelijkheid in elementaire vormen uit elkaar halen en opnieuw bij elkaar brengen volgens een vorm die de identiteit ervan vastlegt.

Het is deze *drang naar kennis* die Loos met de grote architecten aller tijden verbindt. Eerst en vooral met Le Corbusier, die op zoek is naar het leven eigen aan het huis, dat het leven is van de mensen die er in wonen en waaraan hij vorm wil geven. Bij weinige moderne architecten is deze bedoeling zó evident: 'I find, in what I call the home of man, those *fateful arrangements* established by everyday life.'[6] Elk huis van Loos, Le Corbusier en Mies van der Rohe wordt gebouwd in analogie met de natuur, over elk naïef naturalisme heen, op zoek naar een nauwe band tussen de vormen en het leven, het leven begrepen als de *enige drijfveer* van de vormen zelf. Precies zoals in de natuur.

Maar er is een ander aspect van de analogie met de natuur dat voor de moderne architecten van groot belang is: de analogie met de techniek. Le Corbusier verklaart zijn standpunt met betrekking tot technische vormen in *Vers une architecture*. Hij herneemt een vorm van analogie tussen architectuur en techniek die, ook al is ze de facto antiek (de architectuur wordt steeds door de techniek opgebouwd), opnieuw een vooraanstaande rol opneemt in de constructie van de taal. Men kan stellen dat steeds, in de constructiemomenten van een nieuwe taal, de analogie met de techniek deze rol opneemt.

Tegenover de vormen van de ingenieurs van zijn tijd vindt Le Corbusier opnieuw de oorspronkelijke bedoeling van de constructie als handeling die geen belangstelling heeft voor representatie anders dan die van de eigen constructieve logica. Het is de represen-

6. Le Corbusier, *Précisions sur un état présent de l'architecture et de l'urbanisme*, Parijs 1930.

6. Le Corbusier, *Précisions sur un état présent de l'architecture et de l'urbanisme*, Parijs 1930.

75. Adolf Loos, progetto del mausoleo per Max Dvorák, 1921.

233

forms in the Parthenon. The Doric order establishes the distance between the two families of forms, in the sense that on the one hand it is the order closest to the forms of its technical construction ('there was a softening and the Ionic was invented' says Le Corbusier in *Vers une architecture*), while on the other it translates that construction into plastic forms, stable forms that demonstrate meaning ('to build in this way it was not enough to be an engineer, one had to be a great artist').[7]

Therefore for Le Corbusier analogy with technical forms doesn't mean their direct use, as for many modern architects, but adherence to the conceptual universe they contain, and first of all to the relationship with nature and her laws. This is why Le Corbusier looks to aeroplanes, ships, automobiles. His aspiration to be an architect like an 'inventor of aeroplanes', while lending itself to absurd interpretations, also clarifies his desire to construct architecture like those grand machines whose form is defined based on the *relationship between their purpose and the laws of nature*. The house, like an airplane, must be constructed based on this relationship.

Le Corbusier, though he was one of the first architects to explicitly indicate the analogy with technical forms, was also one of the few modern architects that did not display this analogy in the forms utilised. In his work there is no technological emphasis. The analogy is presented correctly, regarding the relationship between one world and another, without the need to establish a direct formal relationship between the two.

The analogy with technique has influenced much of modern architecture, that part for which the logic of construction defines the elements of the language. Consider the work of certain Constructivists. In this experience the relationship with the technical is strong and direct. Construction as a technical fact is often identified with architecture. 'The youth of a style is essentially constructive, its maturity organic, its decadence decorative', writes Ginzburg, and then: 'The analogy with the static and dynamic laws of the universe transforms the world of construction into a world of forces that are often equal, for the energy of their actions, to the formidable forces of nature.'[8]

With these statements Ginzburg clarifies the

tatie van deze logica die Le Corbusier, Mies van der Rohe en vele anderen interesseert; de logica die materialen en statische wetten verbindt met de wereld van noodzakelijkheid die eigen is aan die constructie. Maar ingenieurskunst en architectuur vallen niet samen, ook al zijn het twee solidaire disciplines, ze streven verschillende doelen na: de eerste van praktische orde, de tweede van esthetische orde. Doel van de architectuur is te 'ontroeren', de architectuur moet ons de maat geven van een 'orde die participeert in een universele ordening'.

Le Corbusier vindt de oplossing voor het verband tussen techniek en architectuur in de vormen van het Pantheon. De Dorische orde bepaalt de afstand tussen de twee families van vormen in de zin dat enerzijds het de orde is die het meest nabij staat aan de vormen van de eigen technische constructie ('er is een vertedering ingetreden en de Ionische orde werd uitgevonden', zegt Le Corbusier in *Vers une architecture*), anderzijds vertaalt ze deze constructie in plastische vormen, in stabiele vormen die er de zin van manifesteren ('om op deze wijze te bouwen was ingenieur zijn niet genoeg, men moest een groot kunstenaar zijn').[7]

Analogie met de technische vormen betekent dus voor Le Corbusier niet de directe overname van deze vormen, zoals het voor vele moderne architecten het geval zal zijn, maar eerder aansluiting bij de begrippenwereld die deze bevatten. Op de eerste plaats aansluiting bij het verband met de natuur en met zijn wetten. Daarom kijkt Le Corbusier naar schepen, vliegtuigen en auto's. Zijn aspiratie architect te zijn als 'uitvinder van vliegtuigen', ook al kan dit aanleiding geven tot de meest absurde interpretaties, verheldert zijn wil zijn architectuur op te bouwen als deze grote machines die hun vorm definiëren op basis van het *verband tussen hun doel en de wetten van de natuur*. Ook het huis, zoals de vliegtuigen, moet volgens dit verband gebouwd worden.

Le Corbusier, ook al is hij een van de eerste architecten die expliciet de analogie met de technische vormen vastleggen, is ook een van de weinige moderne architecten die deze analogie niet tentoonspreiden in de aangenomen vormen. In zijn werk is er geen enkele technologische grootspraak. De analogie wordt correct voorgesteld, wat betreft het verband tussen een wereld en een andere, zonder dat tussen deze een direct formeel verband wordt gelegd.

De analogie met de techniek heeft een groot deel van de moderne architectuur geconditioneerd, namelijk dat deel waarvoor de logica van de constructie de

7. Le Corbusier, op. cit.

7. Le Corbusier, op. cit.

76. Le Corbusier, Ronchamp, 1955.

235

77. Le Corbusier, Unité d'Habitation a Marsiglia,
veduta dal tetto terrazza, 1947-1952.

236

78. Le Corbusier, La Tourette, 1959.

237

meaning he and many of his colleagues attribute to construction. 'The construction system offers us the measure of our work, beyond history, it becomes a formal system that is identified with architecture itself.'[9]

Mies van der Rohe seems to make the same choice, not stopping at technical forms, but seeking their translation into architectural forms. During his research in the United States Mies van der Rohe seems to attempt to retrace, in a shortened frame of time, the entire trajectory through which the orders of antiquity were defined, in which every part of the structure goes beyond its initial technical evidence and becomes architecture. From the simple juxtaposition of construction elements to moulding a long period passes in which the architects who built the temples sought forms to translate a technical factor into an architectural element, forms capable of displaying the identity of the elements themselves.

Therefore for modern architects the definition of architectural language still happens through analogy as an instrument of knowledge, no differently than was the case for the architects of antiquity. The first analogy is that with nature. Inside this analogy there lies the analogy with technique. Nevertheless, these two forms of analogy are not the only ones in operation: the analogy with history, the relationship with tradition, continues to exercise an indispensable function of control, allowing us to position at least a part of modern architecture in continuity with the classical tradition of architecture.

The first aspect of the analogy with history is connected precisely to the analogy with technique. The construction system establishes that continuity of architecture that unifies it as a formal system, inevitably resembling itself. This unifying fact necessarily forms the basis for the construction of architecture. The trilithic system continuously evoked by the architects of the Renaissance still forms the basis of modern architecture. Continuing reflection on the relationship among the elements, on their measures, their reciprocal proportions, is shared by architects from all eras, in confirmation of this system. But the elements are modified over time, and their modification happens through critique

elementen van de taal zelf definieert. We denken hierbij aan het werk van enkele constructivisten. In deze ervaring is het verband met de techniek sterk en rechtstreeks. De constructie als technisch feit wordt vaak met de architectuur geïdentificeerd. 'De jeugd van een stijl is essentieel constructief, de rijpheid organisch, de decadentie decoratief', schrijft Ginzburg. En nog 'de analogie met de statische en dynamische wetten van het universum transformeert de wereld van de constructie in een wereld van krachten, die vaak, door de energie van hun actie, gelijk zijn aan de machtige krachten van de natuur'.[8]

Met deze beweringen verheldert Ginzburg de betekenis die hij en veel van zijn collega's aan de constructie geven. 'Het constructieve systeem geeft ons de maat van ons opereren, over de geschiedenis heen, wordt het een formeel systeem dat zich identificeert met de architectuur zelf.'[9]

Ook Mies van der Rohe lijkt dezelfde keuze te hebben gemaakt. Zonder halt te houden bij de technische vormen, maar door het zoeken naar de vertaling ervan in architectonische vormen. Gedurende zijn onderzoek in de Verenigde Staten lijkt hij in korte tijd heel het traject te willen doorlopen waardoor de ordes van de Oudheid werden gedefinieerd, het traject waarin elk deel van de structuur over zijn eerste technische vanzelfsprekendheid uitstijgt en architectuur wordt. Van het eenvoudig naast elkaar plaatsen van constructieve elementen tot de afwerking verloopt een lange periode waarin de architecten die tempels bouwen vormen zoeken om een technisch gegeven in architectonische elementen te vertalen, de vormen die in staat zijn de identiteit van de elementen zélf tot uiting te brengen.

Voor de moderne architecten actualiseert de definitie van de architectonische taal zich dus door de analogie als kennisinstrument, niet anders dan bij de architecten in de Oudheid. De eerste analogie is de analogie met de natuur waarbinnen zich de analogie met de techniek plaatst. Deze twee vormen van analogie zijn echter niet de enige die operationeel zijn: de analogie met de geschiedenis, het verband met de traditie, gaat verder een onvervangbare controlefunctie uitvoeren die toestaat de moderne architectuur, ten minste gedeeltelijk, te plaatsen in het kielzog van de traditie van de klassieke architectuur.

Het eerste aspect van de analogie met de geschiedenis is zelf verbonden met de analogie met de techniek. Het constructieve systeem vestigt die

8. Moisej Ja. Ginzburg, *Saggi sull'architettura costruttivista*, Milan, 1977.
9. Ginzburg, op. cit.

8. Moisej Ja. Ginzburg, *Saggi sull'architettura costruttivista*, Milaan 1977.
9. Ginzburg, op. cit.

79. Ludwig Mies van der Rohe, Padiglione di Barcellona, 1929.

239

of their historical forms.

It is evident that the masters of the Modern Movement, like Loos, Le Corbusier and Mies van der Rohe, belong to the culture of the Enlightenment. In the case of Le Corbusier this is explicit (his definition of architecture is the same as that of Boullée), while in Loos and Mies van der Rohe we can see it in their work. Their relationship with historical forms is profound, but also detached from the forms themselves, which are taken as one aspect of a single, ancient cognitive problem.

This vision of history as continuous advancement of knowledge is one of the greatest achievements of modern thought. Just consider Hegel's definition of history: 'The History of the World begins with its general aim – the realization of the Idea of Spirit – only in an *implicit form*, that is, as Nature; a hidden, most profoundly hidden, unconscious instinct; and the whole process of History (as already observed), is directed to rendering this unconscious impulse a conscious one.'[10]

The idea of history as *continuous knowledge*, to which we are accustomed, took form in the Enlightenment and determines, as a whole, the choices of our life and work. We have seen how nature and history are connected in the architecture of the Enlightenment. We can state that in architectural design there has always been a close relationship between nature and history, that every architectural project is a *historical point of view on nature*. Thus the relationship with history takes on particular significance, that of freeing forms from the historical character, re-establishing their meaning each time.

This passage, still open to discussion, refers on the one hand to the notion of *continuity* of constructive experience, and on the other to the notion of *progress*. Two complementary, interdependent notions. Le Corbusier notices an aspect shared by the classical forms of all eras: their *intelligibility*. '. . . the lesson of Rome lies in this fact, in the elementary forms and their relationships.'[11]

Intelligibility of forms is the choice on which he bases his own work. His relationship with the architecture of antiquity is entirely aimed at comprehension of the logical universe of its

continuïteit van de architectuur die de architectuur verenigt als formeel systeem, onvermijdelijk op zichzelf gelijkend. De constructie van de architectuur heeft uit noodzaak dit eenmakende feit aan haar basis. Het driedelige systeem dat voortdurend door de architecten van de Renaissance wordt opgeroepen ligt nog steeds aan de basis van de moderne architectuur. De voortdurende reflectie over het verband tussen de elementen, over hun afmetingen, over hun onderlinge verhoudingen, brengt de architecten van alle tijden bijeen in de bevestiging van dit systeem. Maar de elementen echter veranderen in de tijd, door de kritiek van hun historische vormen.

Het is duidelijk dat de meesters van de Moderne Beweging als Loos, Le Corbusier en Mies van der Rohe zich binnen de Verlichtingscultuur plaatsen. Le Corbusier op expliciete wijze (zijn definitie van architectuur is dezelfde als deze van Boullée), Loos en Mies van der Rohe in hun werk. Hun verhouding met de historische vormen echter is zowel diepgaand als losgekoppeld van de vormen zelf, die worden aanvaard als een aspect van een oud en uniek kennisprobleem.

Deze visie van de geschiedenis als een voortdurende vooruitgang van de kennis is een van de grootste veroveringen van het moderne denken. Ik denk hier aan de definitie van geschiedenis door Hegel: 'De geschiedenis van de wereld begint met het algemene doel ervan – de realisatie van de Idee van de Geest – enkel in een *impliciete vorm*, d.w.z. als de Natuur; een verborgen, een uiterst verborgen, onbewust instinct; en het hele proces van de geschiedenis (zoals reeds beschouwd), is gericht op het tot bewustzijn brengen van deze onbewuste impuls.'[10]

De idee van de geschiedenis als *voortdurende kennis*, waaraan we gewend zijn, krijgt vorm in de Verlichting en bepaalt de keuzes in ons leven en ons werk volkomen. We hebben gezien hoe natuur en geschiedenis met elkaar verbonden zijn in de architectuur van de Verlichting. We kunnen beweren dat er steeds, in het architectonische ontwerp, een nauw verband bestaat tussen natuur en geschiedenis, dat ieder architectonische ontwerp *een historisch gezichtspunt op de natuur* is. Het verband met de geschiedenis krijgt dus een bijzondere betekenis, namelijk het vrijmaken van de vormen van hun historisch karakter, door het iedere keer weer funderen van hun betekenis.

Dit proces, dat inderdaad nog bediscussieerd moet worden, refereert enerzijds aan de notie van *continuïteit* van de ervaring in de constructie en anderzijds naar

10. Georg Wilhelm Friedrich Hegel, *Philosophy of History*, Dover 1956.
11. Le Corbusier, op. cit.

10. Georg Wilhelm Friedrich Hegel, *Philosophy of History*, Dover 1956.

80. Ludwig Mies van der Rohe, Neue Galerie a Berlino, 1965.

241

forms, in order to base new forms on them. Le Corbusier establishes a relationship of analogy with the forms of history. The terms of the analogy are abstract: the intelligibility of forms, the notion of harmony based on an ideal correspondence among architecture, man and universe. These are the concepts through which, in the work of Le Corbusier, the passage between ancient forms and new forms happens. 'Harmony is that characteristic of the work that makes us suppose there is a unity of the universe.'[12]

Once again, this is a Renaissance viewpoint. It is tantamount to saying that there are super-historical principles that, over time, assume historical forms; that the historical forms enact the same principle, approaching it ever more closely and gradually freeing themselves of that which no longer corresponds to the principle. This is still Hegel's definition of history: a continuous, progressive achievement of consciousness of our nature. The nature remains the same, the forms that represent it are always different, because they are the result of progressive advancement of knowledge.

This way of seeing the relationship with history is that of the finest architects of the Modern Movement. That of Loos, who seems to be the most closely linked to the historical forms, which are the *touchstones* of his work. The creator of the 'Doric column', constructing the monument to classical architecture with it, aims to construct a *paragon* for modern architecture. In this way Loos makes a gesture that cannot be repeated, unmistakably establishing his relationship with history: which means *wanting to stand up to comparison* with the architecture of antiquity. This is the sense of the citations of historical forms in his buildings.

It is a proud combination of ancient and modern forms, as if to say: 'That is the way I build things ...'. Loos constructs the analogy in stone. In my view it is an error to consider Loos a historicist architect. The greatness of Loos lies in his modernity.

We can say that Loos, Le Corbusier and Mies van der Rohe established the same advanced relationship with history, the most advanced in the experience of modern architecture, a relationship whose true realisation implies always *going beyond* the historical forms of architecture.

12. Le Corbusier, op. cit.

de notie van *vooruitgang*. Twee complementaire begrippen, zonder het eerste kan het tweede niet bestaan en andersom. Le Corbusier treft een gemeenschappelijk aspect aan in de klassieke vormen van alle tijden: hun *coherentie*. 'Hierin, in de elementaire vormen en hun verhoudingen, ligt de les van Rome.'[11]

De coherentie van de vormen is de keuze waarop hij zijn eigen werk baseert. Zijn verhouding met de architectuur van de Oudheid is volledig gericht op het begrijpen van het logische universum van haar vormen, en op het hierop gronden van de nieuwe vormen. Le Corbusier legt een analogisch verband met de vormen van de geschiedenis. De termen van de analogie zijn abstract: de begrijpbaarheid van de vormen, het begrip harmonie dat steunt op een ideale verhouding tussen de architectuur, de mens, het universum, zijn de concepten waardoor, in het werk van Le Corbusier, de overgang wordt gemaakt tussen de antieke vormen en de nieuwe vormen. 'De harmonie is die eigenschap van het werk die een eenheid in het universum doet veronderstellen.'[12]

Dit is opnieuw een renaissancegezichtspunt. Het is als beweren dat er bovenhistorische principes bestaan die in de tijd historische vormen aannemen; dat de historische vormen eenzelfde principe in actie brengen, hier steeds dichterbij komen en zich geleidelijk bevrijden van wat er niet meer mee overeenstemt. Het is nog steeds de definitie van de geschiedenis door Hegel: een continue en progressieve bewustwording van onze natuur. De natuur is onveranderlijk, de vormen die haar representeren zijn echter altijd verschillend, omdat ze het resultaat zijn van een progressieve vooruitgang van de kennis ervan.

Op deze manier begrijpen de beste architecten van de Moderne Beweging het verband met de geschiedenis. Het is de manier van Loos die het meest gebonden lijkt te zijn aan de historische vormen die de *toetsstenen* zijn van zijn werk. De auteur van de 'Dorische kolom' wil, terwijl hij hiermee een monument voor de architectuur van de Oudheid bouwt, een *toetssteen* voor de moderne architectuur construeren. Op deze wijze maakt Loos een onnavolgbaar gebaar en legt hij op een ondubbelzinnige manier zijn verhouding tot de geschiedenis vast: een verhouding tot de geschiedenis vastleggen betekent *op de hoogte willen zijn* van de architectuur van de Oudheid. Dit is de betekenis van de citaten van de historische vormen in zijn gebouwen.

Het is een vol trots benaderen van antieke en moderne vormen als om te zeggen: 'Zo, zoals ik

11. Le Corbusier, op. cit.
12. Le Corbusier, op. cit.

81. Ludwig Mies van der Rohe, Convention Hall, foto del modello, 1953-1954.

243

This going beyond is made possible by the relationship with nature, and thus Hegel's definition of history takes physical form in architecture. Our relationship with nature is revealed in architecture in a historical form. Constructed on the basis of past history, but substantially relying on our capacity to know ourselves.

Today we take on the legacy of Loos, Le Corbusier and Mies van der Rohe along with the rest of the history of architecture. Each of these architects shows us a viewpoint on architecture, largely sharing intentions and methods, but not forms.

Loos, Le Corbusier and Mies van der Rohe tend toward style but have not constructed one style, they constructed three different languages. This was due to different choices with respect to the relationship to nature, technique and history. Le Corbusier, more than the others, seeks a relationship with nature. Mies van der Rohe always pays more attention to construction and seeks the foundations of a style of our time there. Loos builds beside historical forms, comparing his forms to them. All three confront us with the problem of style as a unique, inescapable need of architecture, even modern architecture. This is the point from which our research can begin again.

Translation from Italian: Stephen Piccolo and Carla Bagnoli

bouw...' Loos bouwt de analogie in steen. Volgens mij is het verkeerd Loos als een historiserende architect te beschouwen. De grootheid van Loos ligt in zijn moderniteit.

We kunnen stellen dat Loos, Le Corbusier en Mies van der Rohe dezelfde vergevorderde relatie met de geschiedenis aangaan, de meest vergevorderde in de ervaring van de moderne architectuur, die om echt te worden waargemaakt altijd *verder* dwingt te gaan dan de historische vormen van de architectuur.

Dit overschrijden is mogelijk door de verhouding met de natuur, en Hegels definitie van geschiedenis krijgt zo gestalte in de architectuur. In de architectuur wordt onze verhouding met de natuur geopenbaard in een historische vorm, wel gebouwd op de voorbije geschiedenis, maar in wezen toevertrouwd aan het vermogen onszelf te kennen.

We gaan vandaag uit van de erfenis van Loos, Le Corbusier en Mies van der Rohe, net als van heel de geschiedenis van de architectuur. Elk van deze architecten toont ons een standpunt over de architectuur dat grotendeels eensluidend is in de intenties en de methode ervan, en niet in de vormen.

Loos, Le Corbusier en Mies van der Rohe streven naar een stijl, ze hebben echter geen stijl geconstrueerd, maar drie van elkaar verschillende talen. Dit is te wijten aan een verschillende keuze met betrekking tot de verhouding met de natuur, de techniek en de geschiedenis. Le Corbusier zoekt, meer dan de anderen, een verband met de natuur; Mies van der Rohe heeft steeds meer aandacht voor de constructie en zoekt de fundamenten van de stijl van onze tijd in de vormen van de constructie; Loos bouwt zij aan zij met de historische vormen en vergelijkt zijn eigen vormen hiermee. Zij plaatsen ons alledrie voor het probleem van de stijl als enige en niet te negeren eis van de architectuur, ook de moderne architectuur. Dit is het punt vanaf waar we ons onderzoek moeten heroverwegen.

Vertaling uit het Italiaans: Filip Geerts

82. Ludwid Mies van der Rohe, fotomontaggio dell'interno
della Convention Hall, 1953-1954.

245

L'opera fondamentale di Antonio Monestiroli,
un testo che si propone di identificare
le categorie concettuali su cui
si basa il pensiero in architettura.
Il volume è costituito da quattro saggi autonomi:
sul rapporto tra progettazione architettonica
e realtà; sulle forme dell'abitazione
in rapporto alla costruzione urbana;
sulla teoria dell'architettura nel XVIII secolo,
sulla formazione dei linguaggi
nell'architettura moderna
e sul rapporto tra linguaggio e stile.

264 pagine, 82 illustrazioni

ANTONIO MONESTIROLI è nato nel 1940 a Milano,
dove insegna presso la facoltà di Architettura del
Politecnico. Assistente di Aldo Rossi, è considerato,
grazie ai suoi progetti, solo in parte realizzati, una
delle principali figure dell'architettura italiana del
nostro tempo. Ha curato l'edizione italiana del libro
di L. Hilberseimer su Mies van der Rohe (Milano
1984) ed ha pubblicato recentemente il volume
L'architettura secondo Gardella (Roma 1997).

ISBN 88-422-0924-4

9 788842 209249

L. 45.000

Het vierde hoofdstuk uit *L'architettura della realtà* (1999) van
Antonio Monestiroli werd gepubliceerd met toestemming van de
auteur en van de uitgever Umberto Allemandi, Turijn./
The fourth chapter of *L'architettura della realtà* (1999) by Antonio
Monestiroli is published with permission of the author and of the
publisher Umberto Allemandi, Turijn.

Patrick Healy
Monestiroli, architectuur en taal /
Monestiroli, Architecture and Language

Antonio Monestiroli argues that architectural language, the definition of simple elements of architecture and their use in construction, can be described as a formal system which accounts for the sense of buildings, and contains a general point of view on architecture. This language includes the technical laws of construction; the evocation of worlds of form, natural or historical; and identity, the unity of knowledge and representation. In antiquity this language, while governed by the artistic principle of mimesis (imitation), also involved an analogy between construction and construction in nature. As an imitation of historical forms or, in the search for an exemplary form joined, the imitation of nature characterises the procedure of architectural knowledge. Monestiroli argues that if one can see that mimesis is a form of analogy, then analogy to nature and historical forms also form the basis of modern architecture. Analogy introduces a cognitive principle for imitation, which prevents it from being mere replication.

In architecture analogy has three functions: the synthetic, assuming the unity that makes communication possible; the evocative, which establishes visual relations between formal worlds, that is worlds of form; and the hypothetical, a principle of verification of the formal hypothesis produced by analogy. Renaissance architecture exemplifies all three functions of analogy.

The unity of knowledge and creation was assumed, there was an evocation with the classical past, and social recognition of the new construction. There is a double level of analogy to nature, one anthropomorphic, the other harmony between nature and construction, and this entailed the further concept of the element as organic, within the individuality of natural and architectural forms. There is in this both a deductive and inductive method. Nature and history become interactive and architectural language becomes conventional and universally recognised.

The same can be said pari passu for the Gothic, that it is constructed through the principle of analogy. It too is a unitary system, constructed on analogy with the idea of unity in

Antonio Monestiroli stelt dat architectonische taal, de definitie van eenvoudige elementen in de architectuur en hun gebruik in de constructie, kan worden beschreven als een formeel systeem dat aan gebouwen betekenis verleent en een algemeen standpunt met betrekking tot architectuur behelst. In deze taal worden de technische wetten van de constructie, de evocatie van werelden van vorm – zowel natuurlijk als historisch – en identiteit, de eenheid van kennis en representatie uitgedrukt. In de Oudheid hield deze taal, die bepaald werd door het artistieke principe van mimesis (imitatie), ook een analogie in tussen constructie en constructie in de natuur. Als imitatie van historische vormen of hiermee verbonden in de zoektocht naar een exemplarische vorm, karakteriseert de imitatie van de natuur de methodiek van de architectonische kennis. Monestiroli stelt dat als men mimesis als een vorm van analogie kan beschouwen, de analogie met de natuur en met historische vormen ook de basis vormt van de moderne architectuur. De analogie introduceert een cognitief uitgangspunt voor imitatie die verhoedt dat deze niet meer is dan een kopie.

In de architectuur heeft de analogie drie functies: de synthetische, die uitgaat van de eenheid die communicatie mogelijk maakt, de evocatieve, die visuele verbanden legt tussen formele werelden (dat wil zeggen: werelden van vorm) en de hypothetische, een verificatie van de formele hypothese die door de analogie tot stand wordt gebracht. De architectuur van de Renaissance is voorbeeldmatig voor alle drie functies van de analogie.

De eenheid van kennis en creatie werd als gegeven aangenomen, er was sprake van een evocatie van het klassieke verleden en van maatschappelijke erkenning van de nieuwe manier van bouwen. De analogie met de natuur kent een tweevoudige formulering, de ene antropomorf van aard, de andere als harmonie tussen natuur en constructie en dat bracht, binnen de individualiteit van natuurlijke en architectonische vormen, het verdergaande concept met zich mee dat ieder onderdeel als organisch beschouwt. Er is hier zowel sprake van een deductieve als van een inductieve methode. Natuur en geschiedenis worden interactief en de architectonische taal wordt gebruikelijk en algemeen erkend.

Hetzelfde kan evengoed gezegd worden over de gotiek, die geconstrueerd is met behulp van het prin-

nature. Quoting Focillon Monestiroli says 'the cathedral is seen as the "mirror of creation"'. The analogy is being directly manifested in the language of Gothic architecture. This marks the limit of the Gothic, in naturalism. Renaissance architecture tries to avoid direct reliance on similarity to nature. But the language that becomes conventional needs moments of rejection and renewal, as exhibited in the Enlightenment, which used the complementarity of the Gothic and Renaissance to re-interpret its own relationship to nature; as the place of origins, of elementary emotions, and on the basis of scientific knowledge. A new theoretical system and language was thus developed.

The new focus was the relationship of significance; the hidden meaning of nature is to be known, and so architecture is constructed on the basis of the meaning of buildings. There is a revolution in that 'meaning'; in antiquity 'character' that is the appropriate order, is now the 'very motive of the genesis of forms'. With Hegel this leads to abandoning any formal reference to nature; the ideal becomes the object of representation, and correspondence between natural and artistic forms is no longer relevant. Regularity, symmetry and harmony become tools of representation of an ideal. Because of proportion the classic system of relations is still applicable, however. It, proportion, becomes the common instrument of natural and architectural forms. The orders are substituted by forms of geometry, geometric forms identified as based on precise relations of proportion. Symmetry gives unity, proportion is a principle of identification. These two tools, proportional and symmetry, do not change over time. 'In all areas they re-establish the relationship of analogy with nature, even when it appears to have been lost.' Nature and history interactively provide motives of renewal in the tradition.

In modern architecture the forms of analogy are of the form-function relationship. In function the objects of nature are investigated from within. Art and science share the same goal. The secret of natural forms is also the secret of a progressive knowledge of the world. The modern question is, what is the most appropriate form of self-representation for every part of the building, and how to find the elementary forms capable of representing such an identity. There is a breaking down into parts and a re-composing

cipe van de analogie. Ook dit is een systeem van eenheid, gebaseerd op een analogie met de idee van eenheid in de natuur. Monestiroli citeert Focillon als hij zegt: 'de kathedraal wordt gezien als de "spiegel der natuur"'. De analogie wordt direct zichtbaar gemaakt in de taal van de gotische architectuur. Dit geeft de beperking van de gotiek aan op het gebied van het naturalisme. De architectuur van de Renaissance probeert een ondubbelzinnige afhankelijkheid van de overeenkomst met de natuur te vermijden. Maar de taal die algemeen gebruikelijk wordt, heeft behoefte aan momenten van afwijzing en vernieuwing zoals wordt geïllustreerd in de Verlichting, die het feit dat gotiek en Renaissance complementair aan elkaar waren aangreep om de eigen relatie met de natuur opnieuw te interpreteren: als de plaats van oorsprong en elementaire emoties op basis van wetenschappelijke kennis. Zo werden een nieuw theoretisch systeem en een nieuwe taal ontwikkeld.

De nieuwe focus was de relatie op betekenismatig gebied. De verborgen betekenis van de natuur moet gekend worden en evenzo wordt architectuur geconstrueerd op basis van de betekenis van gebouwen. Er is sprake van een revolutie in die 'betekenis': de 'verwijzing' die in de Oudheid de toepasselijke regel was, is nu het 'eigenlijke motief voor het ontstaan van vormen'. Met Hegel leidt dat tot het opgeven van iedere formele verwijzing naar de natuur; het ideale wordt het object van representatie en de gelijkenis tussen natuurlijke en artistieke vormen is niet meer relevant. Regelmaat, symmetrie en harmonie worden hulpmiddelen ten behoeve van het representeren van een ideaal. Om redenen van proportie is het klassieke systeem van verhoudingen echter nog steeds toepasbaar. Dit, de proportie, wordt het gemeenschappelijke instrument van natuurlijke en architectonische vormen. De ordes worden vervangen door vormen uit de geometrie, geometrische vormen die gedefinieerd worden door het feit dat ze gebaseerd zijn op nauwkeurige verhoudingen van proporties. Symmetrie produceert eenheid, proportie is een principe van identificatie. Deze twee instrumenten, het proportionele en de symmetrie, veranderen niet in de loop van de tijd. 'Op alle gebieden formuleren ze de verbanden van de analogie met de natuur opnieuw, ook als die verloren lijkt te zijn gegaan.' De natuur en de geschiedenis reiken op interactieve wijze motieven aan voor het vernieuwen van de traditie.

In de moderne architectuur zijn de vormen van de analogie die van de verhouding tussen vorm en functie. Op het gebied van functie worden de natuurlijke objecten van binnenuit onderzocht. Kunst en weten-

into a new unity which clarifies identity.

Life is the motivation in Loos, Le Corbusier and Mies. But in the modern the analogy with nature contains the analogy with technique. Construction becomes the representation of its own constructive logic. For Le Corbusier this analogy with technical forms means adherence to the conceptual universe they contain, not their direct use. He does not establish a direct formal relationship, but by analogy. In Mies, technical forms are translated. Analogy as an instrument of knowledge is the same for architect of antiquity and the moderns. Analogy with nature, technique and with history. 'The trilithic system continuously evoked by the architects of the Renaissance still forms the basis of modern architecture.' The Enlightenment project continues in that there is an historical point of view on nature. Forms change as a result of knowledge. Our relationship to nature is revealed in architecture in historical form. Thus: Le Corbusier is more towards nature; Mies towards construction; and Loos towards the historical, creating a paragon. All three confront us with the problem of style as a unique inescapable need of architecture, because the construction of a language is a moment of the construction of a style, which is shared language that achieves stability and permanence because it is shared.

Several questions arise from this account. The last point on language, style, and shared meaning raises the issue of whether the entire definition is not circular, namely, of architectural language; and secondly, the problem of analogy with nature, with history, whether it is a heuristic device or an active and meaningful principle; and historically demonstrable. The problem of what is univocal or equivocal is solved by the analogy as a second order attempt to escape from a first order circularity or undemonstrable axiom, the definition of architectural language. Analogy implies direct comparison between similar terms, and from its older meaning in Greek mathematics, of a similarity in relations. The relational likeness is assumed, and cannot originate any idea of properties; all terms need independent explanation. It cannot found itself.

If in the relation of proportionality as the terms of unity, then this leads to a collapse of the sign of proportionality. The 'like in nature' claim becomes tautological, or of such an empty abstraction that it is trivially incontrovertible. If

schap hebben dezelfde doelstelling. Het geheim van natuurlijke vormen is ook het geheim van een voortschrijdende kennis over de wereld. De moderne vraagstelling is wat de meest toepasselijke vorm van zelfrepresentatie is voor ieder onderdeel van het gebouw en hoe de elementaire vormen kunnen worden gevonden die in staat zijn om een dergelijke identiteit te representeren. Het geheel wordt in delen opgesplitst en opnieuw samengesteld tot een nieuwe eenheid die de identiteit verduidelijkt.

Leven is de motivatie bij Loos, Le Corbusier en Mies. Maar in de moderniteit houdt de analogie met de natuur ook een analogie met techniek in. De constructie wordt de representatie van haar eigen constructieve logica. Voor Le Corbusier betekent deze analogie met technische vormen het onderschrijven van het conceptuele universum dat ze in zich bergen, maar niet het directe gebruik ervan. Hij brengt geen formele, maar een analoge relatie tot stand. Bij Mies worden technische vormen vertaald. De analogie als instrument voor het verwerven van kennis is niet anders voor de moderne architecten als voor die van de Oudheid. De analogie met natuur, techniek en geschiedenis. 'Het trilithische systeem dat door de architecten van de Renaissance voortdurend naar voren werd gebracht is nog steeds de basis van de moderne architectuur.' Het project van de Verlichting zet dit in zoverre voort dat een historisch standpunt ten opzichte van de natuur wordt ingenomen. Vormen veranderen als resultaat van kennis. Onze relatie met de natuur wordt in de architectuur in zijn historische vorm kenbaar gemaakt. Op deze manier: Le Corbusier neigt naar de natuur, Mies naar constructie en Loos naar het historische; zo wordt een model gecreëerd. Alle drie confronteren ze ons met het probleem van stijl als een unieke, onvermijdelijke behoefte van de architectuur omdat de constructie van een taal een moment is in het construeren van stijl die een gedeelde taal is die stabiliteit en duurzaamheid verwerft juist omdat hij wordt gedeeld.

Deze beschouwing roept verschillende vragen op. Het laatste punt aangaande betrekking tot taal, stijl en gedeelde betekenis brengt het probleem ter tafel of de hele definitie niet een cirkelredenering is, namelijk met betrekking tot architectonische taal. Ten tweede is er het probleem of de analogie met de natuur en de geschiedenis een heuristische truc is of een actief en betekenisvol, historisch aantoonbaar principe. Het probleem aangaande wat eenduidig of dubbelzinnig is, wordt opgelost door de analogie als een poging van een tweede orde om te ontsnappen aan de cirkelvormigheid en de onbewijsbaarheid van het axioma

the analogy of proportionality becomes an analogy of direct proportion, then it functions in the same manner as mimesis, and cannot add any cognitive claim, 'mirror of creation', beyond saying that if something is characterised as something that is its character. Essential attributes of nature would need to be known for a claim to be an advance for the understanding. This requires an 'ontological claim', namely that there is such a relation, and so the analogy of attribution must found what the analogy of proportion asserts. In some way one of the terms of analogy must be primary where there is a linking of two terms that are compared to one property in some non-univocal way to both terms of the analogy. The primary term is then predicated formally, and the other terms receive their attribution in a secondary sense (Frederick Ferré argument) because of some real relation to the primary term. A presumed real relation between cause and effect is required for the hybrid deductive-inductive 'analogy' of method, deployed by the author, in respect of his theory of unfolding mediations within the language of architecture, which assumes non-analogical knowledge, to avoid being simply a form of self referential semantic petitio principii.

van de eerste orde, de definitie van de architectonische taal. Analogie houdt een directe vergelijking van gelijksoortige termen in en, vanuit haar oudere betekenis in de Griekse wiskunde, van een overeenkomst in verhoudingen. De relationele gelijkenis wordt voor waar aangenomen en kan geen idee met betrekking tot proporties creëren: alle termen moeten apart worden uitgelegd, de idee kan zichzelf niet formuleren.

Als dit optreedt met betrekking tot de termen van eenheid in de verhouding van proportionaliteit, leidt het tot het fiasco van het symbool van proportionaliteit. De claim 'zoals in de natuur' wordt tautologisch of van een zodanig lege abstractie dat hij op een triviale manier onaanvechtbaar is. Als de analogie van proportionaliteit er een wordt van directe proportie functioneert ze op dezelfde manier als mimesis en kan geen enkele cognitieve aanspraak toevoegen, 'spiegel van de schepping', die verder gaat dan te zeggen dat, als iets gekarakteriseerd wordt als iets, datgene er het karakter van is. Essentiële eigenschappen van de natuur zouden bekend moeten zijn, wil een dergelijke aanspraak daadwerkelijk een vooruitgang vormen in het begrip ervan. Dit vereist een 'ontologische aanspraak', namelijk dat er een dergelijke relatie is, en dus moet de analogie van een toekenning van eigenschappen datgene creëren wat de analogie van de proportie beweert. In zekere zin moet een van de termen van de analogie primair zijn wanneer er sprake is van een verbinding van twee termen die, vergeleken met één eigenschap, op een of andere niet-eenduidige manier in verhouding staan tot beide termen van de analogie. De primaire term wordt dan formeel gesteld en de andere termen verkrijgen hun toekenning van eigenschappen in een secundaire zin (het argument van Frederick Ferré) vanwege enigerlei werkelijke relatie met de primaire term. De aanname van een werkelijke relatie tussen oorzaak en gevolg is vereist voor de hybridische, deductief-inductieve 'analogie' van de methode die de auteur hanteert met betrekking tot zijn theorie van zich ontvouwende mediaties binnen de taal van de architectuur die niet-analoge kennis vooronderstelt teneinde te vermijden eenvoudigweg een vorm van naar zichzelf verwijzend semantisch schijnbewijs te zijn.

Vertaling: Philip Peters

Umberto Barbieri

Res Aedificatoria – fragmenten van een bespiegeling / Res Aedificatoria – Fragments of a Contemplation

'Res Aedificatoria': for insiders a reference to Leon Battista Alberti's famous treatise in which – following in the footsteps of Vitruvius – disciplinary knowledge is classified, examined for its scope and meaning and ultimately linked with the potential applicability of this. Vitruvius's elementary and almost obvious formulas – still common in the teaching of architecture due to their didactic applicability and their clear identification of the components of architectural design – are subjected to analysis by Alberti, weighed to determine the impact of their theoretical knowledge and examined according to their ability to convey meaning. On the De Re Aedificatoria, written by Alberti between 1443 and 1452, rests the entire thesis of the Renaissance and, following on from this, the fusing of culture and architecture, theory and practice, concepts and objects which characterised fifteenth century Italian architecture.

Today, in an age of modernity and postmodernity we can no longer speak of 'De Re Aedificatoria', or rather of an entire monolith of knowledge, methods and tools with regard to design and building. We can certainly speak of 'Res Aedificatoria', or rather of a diffuse system of approaches towards the design and building process in which architecture has become one of the many components.

This fundamental shift in the cultural and social position of architectural design is the result, among other things, of 'democratised' dialectics in the building process in which architecture and culture, technique and economics, politics and society have become evenly weighted components of an all-embracing strategy from which transformation, construction and redesigning stems.

The contemporary 'nomadism' of the discipline, which has developed from a monolithic unity (classicism) to the fragmented entity of nowadays, is distinguished by the absence of unambiguous theoretical reflection. Thus the discipline has become a free-for-all and at the mercy of riding on the waves of an ever increasingly changing age of fashion and trends.

This nomadic existence is also distinguished by the chameleonic ability of architecture to

'Res Aedificatoria': voor de insiders een toespeling op het beroemde traktaat van G.B. Alberti waarin – in het voetspoor van Vitruvius – de disciplinaire kennis is gerangschikt, tevens op haar reikwijdte en betekenis is bevraagd en ten slotte is verbonden met de potentiële toepasbaarheid ervan. De 'elementaire' en bijna vanzelfsprekende formules van Vitruvius – die nog steeds gemeengoed zijn in het architectuuronderwijs vanwege hun didactische inzetbaarheid en hun heldere aanduiding van de componenten van het architectonische ontwerpen – worden bij Alberti onderworpen aan analyse, gewogen om hun kennistheoretische zwaarte te bepalen en bevraagd naar hun vermogen tot betekenisoverdracht. Op De Re Aedificatoria van Alberti, dat is geschreven tussen 1443 en 1452, stoelt de hele traktatistiek van de Renaissance en de hierop volgende samensmelting van cultuur en architectuur, van theorie en praktijk, van concepten en objecten die de Italiaanse architectuur van het Cinquecento kenmerken.

Nu, in het tijdperk van moderniteit en postmoderniteit, kunnen we niet meer spreken over 'De Re Aedificatoria', oftewel over een monoliet geheel van kennis, methoden en instrumenten betreffend het ontwerpen en het bouwen. We kunnen wel spreken over 'Res Aedificatoria', oftewel over een diffuus stelsel van benaderingswijzen van het ontwerp- en bouwproces waarin architectuur een van de vele componenten is geworden.

Deze fundamentele verschuiving in de culturele en maatschappelijke positie van het architectonische ontwerpen is onder andere het gevolg van een 'gedemocratiseerde' dialectiek in het bouwproces waarin architectuur en cultuur, techniek en economie, politiek en maatschappij evenwichtige onderdelen zijn geworden van een allesomvattende strategie waaruit transformatie, constructie en herinrichting van de ruimte voortvloeien.

Het hedendaagse 'nomadisme' van de discipline, die zich heeft ontwikkeld vanuit een monolithische eenheid (het classicisme) naar het versplinterde geheel van tegenwoordig, is gekenmerkt door de afwezigheid van een eenduidige theoretische reflectie. Daardoor is de discipline vogelvrij geworden en overgeleverd aan het meedeinen op de golven van een zich steeds sneller afwisselende tijdgeest van mode en trends.

Dit nomadisch bestaan kenmerkt zich tevens door het kameleontisch vermogen van architectuur om

insert and disguise itself in the social and cultural folds. Because of this, architectural design is never a proposition but rather a hypothesis which, open and available, awaits the impulses of a 'remote control' in order to continue moving forwards, backwards, to the right or left.

In order for this historic role to be fulfilled optimally, architectural design should satisfy two conditions: namely, complete programmatic and formal indeterminacy (openness) and technical and financial determinacy (closedness). Thus, within these disciplinary preconditions lies the future of architecture. As a result the conceptual supporters of 'De Re Aedificatoria' have to be subjected to revision in order to function in 'Res Aedificatoria'. Alongside the implacability of *firmitas* is the changeability of *utilitas* and the necessary lightness of *venustas, concinnitas, decorum, dispositio, numerus, finitio, collocatio* and so on. In other words, technique and economics form the 'hardware' of architectural design, while composition and design are the necessary 'software'. Architecture 'floats' as variable component of the building process. The formal and programmatic appearances of it are literally and figuratively supported by a highly technical apparatus and a necessary materiality.

The reconsideration of form and content of architectural design is accompanied by changes in the role of architect and architecture in the building process. The twentieth century – following the avant-garde's demolition of the sacred temples where truth and character, style and society, tradition and innovation, composition and history were debated – was distinguished by architectural quests for new foundations for the discipline. The pioneering work to find an appropriate home for architecture within the technical and artistic fields is not yet completed.

Design and Planning

Between prosperity and decline – actual or imagined – architectural culture has reached the twenty-first century. New objectives have been set, positions exchanged, operational fields have changed and tools, strategies and connotations of the subject have been modified and transformed. What jumps out from this radical process are the changes and adjustments to the references and to the manner of interplay between architectural design and its 'natural'

zich in te voegen en te vermommen in de maatschappelijke en culturele plooien. Het architectonische ontwerp is daardoor nooit een stelling, eerder een veronderstelling die open en beschikbaar de impulsen van een afstandsbediening afwacht om zich (naar voor of naar achter, rechts of links) voort te bewegen.

Om deze historische rol optimaal te kunnen vervullen, dient het architectonisch ontwerpen aan twee condities te voldoen, namelijk een volslagen programmatische en formele onbepaaldheid (oftewel openheid) en een technische en financiële bepaaldheid (oftewel geslotenheid). Binnen deze disciplinaire randvoorwaarden ligt dan ook de toekomst van de architectuur; hierdoor moeten de conceptuele dragers van 'De Re Aedificatoria' aan revisie worden onderworpen om in 'Res Aedificatoria' te kunnen functioneren. Naast de onverbiddelijkheid van *firmitas* staat de veranderbaarheid van *utilitas* en de noodzakelijke lichtheid van *venustas, concinnitas, decorum, dispositio, numerus, finitio, collocatio*, enzovoort. Met andere woorden vormen techniek en economie de 'hardware' van het architectonische ontwerpen, terwijl compositie en vormgeving de noodzakelijke 'software' zijn. Als variabele component van het bouwproces zweeft architectuur: de formele en programmatische gedaantes ervan worden – letterlijk en figuurlijk – gedragen door een sterk technisch apparaat en een noodzakelijke materialiteit.

De herziening van vorm en inhoud van het architectonisch ontwerpen wordt geflankeerd door de veranderingen in de rol van architect en architectuur in het bouwproces. De twintigste eeuw, na de slechting door de avant-gardes van de heilige tempels waar werd gedebatteerd over waarheid en karakter, over stijl en samenleving, over traditie en vernieuwing, over compositie en geschiedenis, wordt gekenmerkt door architectonische speurtochten naar nieuwe fundamenten voor de discipline. Het pionierswerk om in de technische en artistieke velden een geschikte vestigingsplaats voor architectuur te vinden, is nog niet voltooid.

Ontwerp en planning

Tussen voorspoed en verval – verzonnen of reëel – heeft de architectonische cultuur de eenentwintigste eeuw bereikt: nieuwe doelen zijn gesteld, posities zijn omgeruild, operatievelden zijn veranderd en instrumenten, strategieën en betekenissen van het ontwerp zijn aangepast en getransformeerd. Wat in dit ingrijpend proces eruit springt, zijn de veranderingen en aanpassingen van de referenties en van de wijzen van

environment. The inextricable link between design, planning and building industry, typical of the post-war reconstruction period, was followed in the Sixties and Seventies by a rapprochement between designing in the same way, on the one hand, and political and social ideologies, on the other, through the interest for artistic and populist movements. In recent times – since the early 1980s – architectural culture discovered the existence of the free sector, the world of the media and the opportunities globalisation and liberalisation provide for design. The release from the chains of classic and modern paradigms, the throwing overboard of the ballast of a design outlook supported by artificial, synchronic and definitive pronouncements on form, function and construction, resulted in a drastic restructuring of the way architecture operates. This also gave rise to a new attitude aimed at carrying out specific and individual design research as well as design activities in small specialist teams.

Laying bare the consequences of programmatic departure points in the form of three-dimensional models and plans, generating proposals for three-dimensional possibilities in order to include various programmes, the staging of formal sequences in order to illustrate the scope of potential appearances and experimenting with virtual reality to stimulate a future reality for clients and users, were the unexplored work areas in which a new generation of architects operated from the second half of the 1990s on.

Various parameters, which often take the form of a visual collection of divergent data, comprise the basis for generating new programmes and addressing investments. Parallel to this and without interferences between them, structural conditions are explored and constructive frameworks conceived, within which an answer can be provided regarding the variable requirements stated in actuality (issues like durability, flexibility, appropriateness, magnificence or safety, and accessibility). Alongside this – autonomous and based on its own logic – research into form is carried out which in no way is linked, let alone influenced, by programme content or constructive characteristics.

This produces a special architecture, an architecture which on a conceptual level is similar to the physics of quantum theory. Fascinating is the

wisselwerking tussen het architectonische ontwerpen en zijn 'natuurlijke' omgeving. Het onlosmakelijke verband tussen ontwerpen, planning en bouwbedrijf, dat kenmerkend was voor de periode van de wederopbouw, is in de jaren zestig en zeventig opgevolgd door een toenadering tussen hetzelfde ontwerpen enerzijds en de politieke en sociale ideologieën anderzijds door de belangstelling voor artistieke en populistische bewegingen. Meer recentelijk – vanaf begin jaren tachtig – heeft de architectonische cultuur het bestaan ontdekt van de vrije markt, de mediatische wereld en de mogelijkheden die globalisering en liberalisering voor het ontwerp bieden. De bevrijding van de keten van het klassieke en moderne paradigma, het overboord smijten van de ballast van een ontwerpopvatting gedragen door synthetische, synchrone, definitieve uitspraken over vorm, functie en constructie, resulteren in een ingrijpende herstructurering van het architectonische bedrijf en in het ontstaan van een nieuwe attitude gericht tot het verrichten van specifiek en eigenzinnig ontwerponderzoek en tot ontwerpactiviteiten in kleine en specialistische teams.

Het aan het licht brengen van de gevolgen van programmatische uitgangspunten in de vorm van ruimtelijke modellen en schema's, het genereren van voorstellingen van ruimtelijke mogelijkheden om verschillende programma's te kunnen opnemen, het ensceneren van formele series om de reikwijdte van de potentiële verschijningen te illustreren en het experimenteren met virtuele realiteiten om voor opdrachtgevers en gebruikers de toekomstige realiteit te simuleren, waren de onontgonnen werkgebieden waarin de nieuwe generatie architecten opereert vanaf de tweede helft van het vorige decennium.

Verschillende parameters, die vaak de vorm krijgen van een in beeld gebrachte verzameling uiteenlopende data, vormen de ondergrond voor het genereren van nieuwe programma's en voor het adresseren van investeringen. Parallel hiermee en zonder interferenties ertussen, worden structurele condities verkend en constructieve kaders bedacht waarbinnen een antwoord kan worden geboden aan de variabele eisen die in de actualiteit worden gesteld (ik verwijs bijvoorbeeld naar thema's als duurzaamheid, flexibiliteit, representativiteit, opzienbarendheid of veiligheid, toegankelijkheid). Hiernaast – autonoom en stoelend op een eigen logica – worden vormonderzoekingen verricht die geenszins in verband staan, laat staan beïnvloed worden, door programmatische inhoud of constructieve eigenschappen.

Dit levert een bijzondere architectuur op, een architectuur die op een conceptueel niveau vergelijk-

world of small particles which appear to possess a will of their own and challenge researchers with their arbitrary movements in space. at the same time they are frustrating, as they elude any attempt at description or definition and are not governed by universally valid rules. Architecture also operates in that same way: the age of dos and don'ts, prescription and suggestions, methods and techniques, firm and recognisable positions and the great synthesis in particular, lies far behind us. As a result the foundations under the disciplinary house have been swept away, yet the building is still standing — furthermore it appears to withstand the elements more than ever before.

If the classic pillars of architectural design — form, function and construction — are no longer inextricably linked, no longer dependent on each other, and as actual monads comprise the new subject matter of the design, then it is ultimately possible to squash the myth of architecture as the great synthesis, a myth which having survived two thousand years of architectural history is finally submitted to a monumental re-examination.

The consequences of this are immense and unfortunately still not sufficiently recognised. Despite the fact that the signs of the revolution are becoming increasingly stronger and the reorganisation of the discipline is already stealthily under way, there are still insufficient conceptual tools developed and no explicit scholarly attention has been devoted to this 'devastating' phenomenon. As excuse we can put this down to a lack of manifesto statements and declarations of intent, to intractable positions and strong opinions from the architectural sector. We can also hide behind the fact that it will not get that bad because present architectural expressions can still be discharged within the safe haven of the old paradigms, and that there is absolutely no revolution but more a gentle evolution within the spirit of the age.

Nevertheless, in my view, it is, in fact, a scientific challenge to expand on the signals the discipline is relaying and subject these to laboratory research. At the same time it is practical to send the architectural part that advances itself as a synthesis of construction, function and form or, in other words, as synthesis between technique, ideology and culture, straight to the archives of the virtual architecture museum for the enjoyment of architectural historians.

baar is met de fysica van de kwantumtheorie. Fascinerend is de wereld van kleine deeltjes die een eigen wil blijken te bezitten en de onderzoekers tarten door hun willekeurige bewegingen in de ruimte. Frustrerend tegelijkertijd omdat ze zich onttrekken aan iedere poging tot beschrijving en omkadering en zich niet onderwerpen aan universeel geldende wetmatigheden. In dat licht opereert ook architectuur: de tijd van geboden en verboden, van voorschriften en wenken, van methoden en technieken, van stabiele en herkenbare posities en vooral van de grote synthese, ligt ver achter ons. Hierdoor zijn de funderingen onder het disciplinaire huis weggeslagen en toch blijft het gebouw overeind, sterker nog, het blijkt meer dan ooit tevoren tegen weer en wind bestand.

Als de klassieke pijlers van het architectonische ontwerpen, namelijk vorm, functie en constructie, niet meer onlosmakelijk verbonden zijn, niet meer van elkaar afhankelijk zijn en als werkelijke monaden de nieuwe materie van het ontwerp vormen, dan wordt het uiteindelijk mogelijk de mythe van architectuur als de grote synthese te slechten, een mythe die na het overleven van tweeduizend jaar architectuurgeschiedenis eindelijk aan een grote revisie is onderworpen.

De gevolgen hiervan zijn gigantisch en helaas nog niet voldoende onderkend. Ondanks het feit dat de tekens van de omwenteling steeds sterker worden en de reorganisatie van het vak al sluipend aan de gang is, zijn er nog geen voldoende conceptuele instrumenten ontwikkeld en is er geen expliciete wetenschappelijke aandacht geschonken aan dit 'verwoestende' verschijnsel. Als excuus kunnen we het gebrek aan manifesten en intentieverklaringen opvoeren, aan luide stellingnamen en uitgesproken meningen vanuit de architectonische cultuur. Wij kunnen ons ook verschuilen achter het feit dat het zo'n vaart niet zal lopen, omdat de tegenwoordige architectuuruitingen nog steeds in de veilige haven van het oude paradigma kunnen worden gelost en dat er geen sprake is van revolutie, maar van een meer of minder zachte evolutie in de geest van deze tijd.

Toch is het mijns inziens juist een wetenschappelijke uitdaging om de signalen die de discipline nu zendt uit te vergroten en te onderwerpen aan laboratoriumonderzoek. Tegelijkertijd is het handzaam het architectuurgedeelte dat zich als synthese van constructie, functie en vorm poneert — of met andere woorden als synthese tussen techniek, ideologie en cultuur — linea recta naar de archieven van het virtuele architectuurmuseum te zenden voor het plezier van architectuurhistorici.

Education and Research

The radicalisation of a disciplinary shift taking place under everyone's nose, the debating and speculating as well as the consequences – in terms of design and buildings – of endless blowing up under a microscope, must lead to exceptional discoveries. Discoveries which can also radically influence design and the teaching of design.

It may also result in a reinterpretation of the content and meaning of historical architecture. The choice of form, construction or programme, separately, as an overwhelming and dominating leitmotif to which the other components are subordinate is more the rule than the exception within the existence of great architecture. Let us not dig too deeply into the past, but refer to recent examples like Frank Gehry and Aldo Rossi, Daniel Libeskind and Richard Meier, Hans Kollhoff and Rafael Moneo or Giorgio Grassi and Rem Koolhaas, to mention a few who are presented as geniuses perpetuating the myth of the great synthesis. However, examining their work under a not too powerful microscope quickly brings the monadic movement of design fragments around a pronounced yet varied core to light. Though this architectural practice is still traditional because a core is presupposed (the form, function or construction) around which the other components float, it is also current in that this architecture transcends the classical synthesis where all components are in unstable equilibrium. We also encounter this phenomenon with the architecture of Weeber or Coenen or Van Berkel and Winy Maas or many of the other upcoming architects. The belief in the possibility of capturing forms of architecture into taxonomies of movements and trends or styles and cultural positions rests on the assumption that design products can be distinguished as recognisable and consistent monoliths. But it is no longer the monolithic, but rather the monadic that typifies architectural design.

Already towards the end of the twentieth century, the chronicling of the designs of three major Dutch museums and the building of two reveals the change in direction in contemporary architecture.

It began in Groningen where for the first time an environmental director took on the responsibility for the design rather than an

Onderwijs en onderzoek

Het radicaliseren van een disciplinaire verschuiving die zich onder ieders ogen voltrekt, het over dit verschijnsel debatteren en speculeren en de gevolgen ervan – in termen van ontwerpen en bouwwerken – onder een microscoop oneindig uit te vergroten, moet tot bijzondere ontdekkingen leiden. Ontdekkingen die tevens het ontwerpen en het ontwerponderwijs ingrijpend kunnen beïnvloeden.

Het kan ook resulteren in een herinterpretatie van inhoud en betekenis van de historische architecturen. De keuze van de vorm of van de constructie of van het programma afzonderlijk als overdonderend en dominerend leitmotif waaraan de andere componenten zich onderschikken, is bij het ontstaan van grote architectuur meer regel dan uitzondering. Laten we niet diep in het verleden graven, maar verwijzen naar recente voorbeelden als de architecturen van Frank Gehry en Aldo Rossi, van Daniel Libeskind en Richard Meier, van Hans Kollhoff en Rafael Moneo, van Giorgio Grassi en Rem Koolhaas, om er maar een paar te noemen die worden gepresenteerd als de genieën die de mythe van de grote synthese in stand houden. Het onderzoeken van hun werk onder een niet al te sterke microscoop brengt echter snel de monadische beweging aan het licht van ontwerpfragmenten rond een uitgesproken toch afwisselende kern. Deze architectuurpraktijk is weliswaar nog steeds 'traditioneel', omdat er een kern wordt verondersteld (of de vorm, of de functie, of de constructie) waaromheen de andere onderdelen zwerven, maar is ze ook actueel, omdat deze architectuur de klassieke synthese – waar alle componenten zich in labiel evenwicht bevinden – transcendeert. Dit verschijnsel treffen wij ook bij de architectuur van Weeber en Coenen, van Van Berkel en Winy Maas en van vele aankomende architecten. Het geloof in de mogelijkheid van het vangen van tegenwoordige architecturen in taxonomieën van bewegingen en tendensen, van stijlen en culturele posities, drijft op de veronderstelling dat ontwerpproducten als herkenbare en consistente monolieten kunnen worden onderscheiden. Het is niet meer het monolithische, maar het chaotische en het monadische dat het architectonische ontwerpen karakteriseert.

Al in de nadagen van de twintigste eeuw verraadt de kroniek van de ontwerpen van drie en de bouw van twee belangrijke Nederlandse musea de koersverandering in de actuele architectuurontwikkeling.

Het begint in Groningen, waar voor het eerst niet een architect maar een ruimtelijke regisseur de verantwoordelijkheid van het ontwerp op zich neemt.

architect. Three designers were under him who proposed the form and contours as well as the material and colour appropriate for a museum programme. A literal architectural scenography was proposed – supported by a sophisticated construction – which houses a shoddy museum programme. The leitmotif is dictated by the formalistic collage technique: tectonics and distribution issues are simply derivations. The designers could have endlessly varied the set theme which functions as the core of the entire operation: namely the realisation of a building as user object which, due to its appearance, has a place in the display window of cultural institutes, like a coffee pot or toaster.

In Maastricht Rossi designed the Bonnefantenmuseum. The design is pithily reduced to a plan of horizontal and vertical movement and to an ordering of an existing typology which forms the variable architectural component. The constant factor – or the core of the design – is the mimetic appearance of this building in order for it to function in the urban panorama. The programme and construction revolve around this element that contains Rossi's architectural statement as independent entities. The choice of designers (Mendini and Rossi) and their designs was deliberate and considered. Both designers have responded exactly to the briefs set and without any surprises whatsoever have created a building which is seamlessly in keeping with the clients' original expectations.

It went quite differently with the now famous extension of Amsterdam's Stedelijk Museum. A multiple brief produced an architect and a design, the core of which lay in its visual and evocative potential. Based on the assumption that the submitted image fell short in the end, Robert Venturi's design was cast aside and a neo-modernist architect with a modernism derived style was chosen. Álvaro Siza, champion of the classic architecture paradigm, put forward a synthetic design in which the value of the construction was in proportion to that of the form and function. Intertwined and inextricably linked to each other, floating with a similar kind of weight in a 'closed' design, form, function and construction are literally frozen and in no way equal to capturing the dynamics of the administrative process. Because of this, the question of whether it is a good or beautiful design is immaterial.

Onder hem staan drie designers die vorm en contouren, materiaal en kleur voorstellen waarin een museaal programma zich kan afspelen. Er wordt letterlijk een architectonische scenografie voorgesteld – overeind gehouden door een geavanceerde constructie – die een belabberd museaal programma herbergt. Het leitmotif wordt gedicteerd door de formalistische collagetechniek, tektoniek en distributieve vraagstukken zijn afgeleiden. Eindeloos hadden de ontwerpers kunnen variëren op het gestelde thema dat als kern fungeerde voor de hele operatie: namelijk het realiseren van een bouwwerk als gebruiksvoorwerp dat, door zijn verschijning, een plaats inneemt in de etalage van cultuurinstituties, als een koffiepot of een broodrooster.

In Maastricht ontwerpt Rossi het Bonnefantenmuseum. Het ontwerp is kernachtig gereduceerd tot een schema van beweging in horizontale en verticale richting en tot een rangschikking van een bestaande typologie die de variabele component van de architectuur vormen. Constante – oftewel de kern van het ontwerp – is de mimetische gestalte van deze architectuur om in het stedelijke panorama te kunnen functioneren. Om dit element, dat het architectonische statement van Rossi behelst, draaien programma en constructie als onafhankelijke entiteiten. De keuze van de ontwerpers (Mendini en Rossi) en van hun ontwerpen was gewogen en bewust: beide ontwerpers hebben exact ingespeeld op de gestelde opdrachten en zonder enige verrassing een architectuur voortgebracht die naadloos aansloot bij de oorspronkelijke verwachtingen van de opdrachtgevers.

Anders is het gelopen met de beroemd geworden uitbreiding van het Stedelijk Museum in Amsterdam. Een meervoudige opdracht leverde een architect op en een architectuur waarvan de kern in haar afbeeldende en evocatieve vermogen ligt. In de veronderstelling dat de aangeboden afbeelding uiteindelijk niet voldoende was, is Robert Venturi met zijn ontwerp ter zijde geschoven en is gekozen voor een neomodernistische architect met een van het modernisme afgeleide werkwijze. Álvaro Siza, voorstander van het klassieke architectuurparadigma, bood een synthetisch ontwerp aan waarin de waarde van de constructie evenredig is aan die van de functie en van de vorm. Verstrengeld en onlosmakelijk met elkaar verbonden, zwevend met een gelijksoortelijk gewicht in een 'gesloten' ontwerp, zijn vorm, functie en constructie letterlijk bevroren en geenszins opgewassen om de dynamiek van het bestuurlijke proces op te vangen. Hierdoor is de vraag of het een goed of mooi ontwerp is overbodig geworden.

On the assumption that the development of architecture has reached a point of no return and that the future contours of the discipline are already in sight, we can ask ourselves what the position and role of education and research could be within this new context. In the first instance, having analysed, conceptualised and mapped the current situation in architecture – with all its variable and constant components and elements – this could be followed up by reforming the content of the first phase (Bachelor) of architectural education. Accentuating the academic, technical and scientific components of this education – freed of the weight of all practical application and artistic desires, is in my view the first step towards teaching future construction engineers to move in weightless architectural space.

Raymond Queneau's experiment *Exercices de Style* (1947) in which the same event was described 99 times with different words, stylistic constructions, grammatical and syntactic techniques as well as invented language rules, and in which the various combinations of form, content and language construction were thus put to the test in 99 versions, can give us some direction for setting up the Bachelor phase. The gradual appropriating of techniques, methods and rules, combinations and classifications of architectural signs, structures and architectural ensembles – in all their diversity and individuality – leads to learning and mastering the rules of the architectural game. The subsequent playing of many games with the same number of *moves* where variations in *opening* and *end-game* are specifically taught, results in control and mastery of the compositional process. Analysing the various games, investigating content, meaning and range of their moves, combinations and configurations, while especially playing inventively, can typify educational activities in the Master phase.

Can this be a first impulse in the direction of reforming the academic training of future construction engineers?

I think this proposal is along the same lines as the prophetic statement made by our colleague Carel Weeber in 1968 regarding the task of future construction engineers as being designers of spatial conditions.[1] In the experimental approach outlined above, which deviates from a chronological and mechanistic curriculum – a mix of knowledge and skills, typical of the

In de veronderstelling dat in de ontwikkeling van architectuur een punt van *no return* is bereikt en dat de contouren van de toekomstige discipline al in het zicht zijn gekomen, vragen wij ons dan af wat de positie en de rol van onderwijs en onderzoek in deze nieuwe context kunnen zijn. In eerste instantie kan op het analyseren, conceptualiseren en in kaart brengen van de huidige architectonische constellatie – met al haar variabele en constante componenten en elementen – een herziening volgen van de inhoud in de beginfase van het architectuuronderwijs (bachelor). Het aanscherpen van de academische, technische en wetenschappelijke component van dit onderwijs – bevrijdt van de ballast van iedere praktische toepassing en van artistieke verlangens, is mijns inziens een eerste stap om aan de toekomstige bouwkundige ingenieur te leren zich in de gewichtloze architectonische ruimte te bewegen.

Het experiment van Raymond Queneau, *Exercices de Style* uit 1947, waarin 99 maal eenzelfde gebeurtenis wordt beschreven met verschillende woorden, stilistische constructies, grammaticale en syntactische technieken en verzonnen taalregels en waarin dus de verschillende combinaties van vorm, inhoud en (taalkundige) constructie in 99 variaties zijn beproefd, kan ons een aanwijzing geven voor de inrichting van de bachelorfase. De geleidelijke toe-eigening van technieken, methoden en regels, van combinaties en rangschikking van architectonische tekens, van architectonische structuren en van architectonische ensembles – in hun eigenheid en verscheidenheid – leidt tot lering en beheersing van de regels van het architectonische spel. Het spelen vervolgens van de vele partijen met eenzelfde hoeveelheid *zetten* waarmee variaties in *opening* en *eindspel* specifiek worden aangeleerd, resulteert in controle en beheersing van het compositieve proces. Het analyseren van de verschillende partijen, het onderzoeken van inhoud, betekenis en reikwijdte van hun zetten, van combinaties en configuraties, maar toch vooral het vernuftig spelen, kunnen onderwijsactiviteiten in de masterfase kenmerken.

Kan dit een eerste aanzet zijn in de richting van een werkelijke hervorming van de wetenschappelijke ontwikkeling van de toekomstige bouwkundige ingenieur?

Ik denk dat dit voorstel op de lijn ligt van de profetische uitspraak van collega Carel Weeber uit 1968 met betrekking tot de taak van de toekomstige bouwkundig ingenieur, namelijk als een ontwerper van ruimtelijke condities.[1] In de hierboven geschetste experimentele benadering, die afwijkt van een

present education set-up dating from the post-war training structure (apart from a few didactic adjustments) – the conditioning and the regulating of spatial interventions is central. Thus it is not to do with determining space, but in setting conditions onto which the plan for a building, neighbourhood or urban space can be grafted.

In other words the construction engineer designs conditions and makes plans for objects and ensembles, he draws up the rules of the game, marks out the playing field, decides the actors and roles and then joins in the game. The dialectics between conditions and operations, between frameworks and interpretation, which I compare with those between a game and rules, between pawns and moves, between figures and configurations, dictate education's form and content and is a leitmotif of research.

'University', Rossi added, 'is not intended for training great artists but for developing conscientious design engineers[2] who can master the logic of spatial construction and master the game for building and transforming space.'[3]

This article is an edited version of the inaugural address given by Prof. S. Umberto Barbieri at Delft University of Technology on 21 May 2003.

Translation: Lynn George

1. C.J.M. Weeber, 'Schiet de opleiding tot architect aan de afdeling bouwkunde TH Delft al lang te kort', *Delftse School* (1967) nr.16, p. K16-21 – K16-29.
2. In the sense of 'la construzione logica', in G. Grassi, *La construzione logica dell'architettura*, Venice 1967.
3. A. Rossi, 'La Facoltà di Architettura', Supplemento di *La Repubblica*, 25 september 1993.

chronologische en mechanistische opbouw, een mengeling van kennis en vaardigheid, kenmerkend voor de huidige onderwijskundige inrichting die dateert (enkele didactische aanpassingen nagelaten) uit de naoorlogse opleidingsstructuur, staat het conditioneren en het reguleren van ruimtelijke interventies centraal. Het gaat dus niet om het bepalen van ruimte, maar om het stellen van condities waarop zich het plan voor een gebouw, een stadsdeel of de stedelijke ruimte kan enten.

De bouwkundige ingenieur, met andere woorden, ontwerpt condities en maakt plannen voor objecten en ensembles, hij stelt de spelregels op, bakent het speelveld af, bepaalt de acteurs en de rollen en gaat vervolgens meespelen. De dialectiek tussen condities en handelingen, tussen kaders en invulling, die ik vergelijk met die tussen spel en regels, tussen pionnen en zetten, tussen figuren en configuraties, dicteert vorm en inhoud van het onderwijs en vormt het leitmotif van het onderzoek.

'De universiteit', aldus Rossi, 'is niet bedoeld voor het opleiden van grote kunstenaars, maar voor het vormen van gedegen constructeurs[2] die de logica van de ruimtelijke constructie beheersen en het spel voor bouw en ombouw van de ruimte beheersen.'[3]

Deze tekst is een bewerking van de inaugurele rede uitgesproken door prof. S. Umberto Barbieri aan de TU Delft op 21 mei 2003.

1. C.J.M. Weeber, 'Schiet de opleiding tot architect aan de afdeling bouwkunde TH Delft al lang te kort', *Delftse School* (1967) nr.16, p. K16-21 – K16-29.
2. Dit in de zin van 'la construzione logica', in G. Grassi, *La construzione logica dell' architettura*, Venetië 1967.
3. A. Rossi, 'La Facoltà di Architettura', Supplemento di *La Repubblica*, 25 september 1993.

7.01

7.02

Piero della Francesca
7.01 Ideale stad, ca.1470/
Ideal City, c.1470

Leon Battista Alberti
7.02 San Andrea-kerk, Mantova, 1472-1514/
Church of San Andrea, Mantova, 1472-1514

Richard Meier
7.03 Dives in Misericordia kerk (van het jaar 2000),
quartiere di Tor Tre Teste, Rome, 1996-2003/
Dives in Misericordia church (of the year 2000), quartiere
di Tor Tre Teste, Rome, 1996-2003

Frank Gehry
7.04 Guggenheim Museum Bilbao, 1991-97, plattegrond/
Guggenheim Museum Bilbao, 1991-97, plan

Giorgio Grassi
7.05 Openbare Bibliotheek, Groningen, 1992/
Public Library, Groningen, 1992

Rem Koolhaas, OMA
7.06 Guggenheim Hermitage Museum, Las Vegas, 2001

7.03

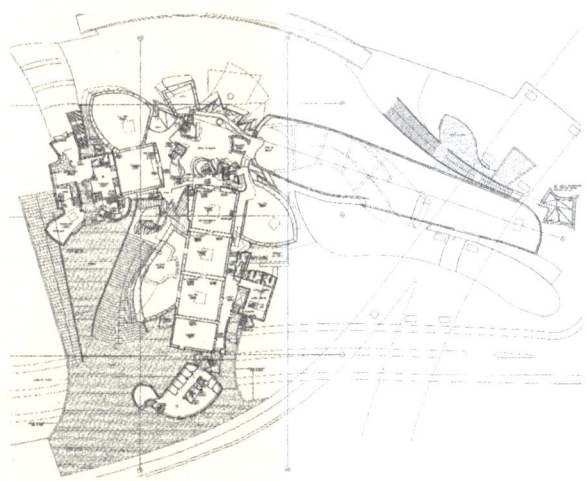

7.04

7.05

7.06

7.07

Aldo Rossi
7.07 (met S.Umberto Barbieri), Bonnefantenmuseum, Maastricht 1990-1994/
(with S.Umberto Barbieri), museum Bonnefanten, Maastricht, 1990-1994

Alessandro Mendini
7.08 (met Michele De Lucchi, Philippe Starck, Coop Himmelb(l)au), Groninger Museum, 1994/
(with Michele De Lucchi, Philippe Starck, Coop Himmelb(l)au), Groninger Museum, 1994

Álvaro Siza
7.09 Schets uitbreiding Stedelijk Museum, Amsterdam, 1997/
Sketch extension Stedelijk Museum, Amsterdam, 1997

7.08

Robert Venturi
7.10 Uitbreiding Stedelijk Museum, Amsterdam, 1990-1994/
Extension Stedelijk Museum, Amsterdam, Amsterdam, 1990-1994

7.09

7.10

Herkomst afbeeldingen/
Origin of the illustrations

1.01 Arthur Drexler (Ed.), *The Architecture of the École des Beaux-Arts*, London 1977, p.174

2.01 J.J. Vriend, 'Prix de Rome 1966. Een verrassende visie op Amsterdam-Centraal', *De Groene Amsterdammer* 8-4-1967, p. 5
2.02 Bernard Hulsman, *NRC/Handelsblad* 4-4-97, p. 37
2.03 Archive Carel Weeber
2.04 Postcard, 1970
2.05 S.U. Barbieri (ed.), *Architectuur en planning. Nederland 1940-1980*, Rotterdam 1983, p. 18
2.06 Ibid.
2.07 Peter Arnell and Ted Bickford (ed.), *Aldo Rossi, Buildings and Projects*, New York 1985, p. 29
2.08 Cover of *Forum* no. 3, 1962
2.09 Cover of *Delftse School* no. 7, 1962
2.10 Cover of *Oppositions* no. 5, 1976
2.11 Aldo Rossi, *'L'architettura della città'*, Padua 1966
2.12 Peter Arnell and Ted Bickford (ed.), *Aldo Rossi, Buildings and Projects*, New York 1985, p. 41
2.13 Ibid. p. 40
2.14 *Delftse School* no. 7, 1962
2.15 Els Hoek e.a., *Theo Van Doesburg*, Utrecht/Otterlo 2000, p. 398
2.16 Team 10, Primer with additional reprints from various issues of Architectural Design, without date
2.17 *Delftse School* no. 10, 1964, pp. K 10-10 – K 11.
2.18 Ibid.
2.19 Banham, Reyner, *Megastructure, Urban Futures of the Recent Past*, London 1976
2.20 Ibid.
2.21 Mark Wigley, *Constant's New Babylon, The Hyper-Architecture of Desire*, Rotterdam 1998, p. 9
2.22 Ibid.
2.23 *Delftse School* no. 13, 1965
2.24 Archive Carel Weeber
2.25 Archive Carel Weeber
2.26 *Industrieel Bouwen 1*, no. 2, 1964, pp. 52-58
2.27 Art Institute of Chicago, *Rassegna, anno VIII*, no. 2, 1986, p. 6
2.28 NAi, Rotterdam
2.29 *Industrieel Bouwen 1*, no. 2, 1964, pp. 52-58
2.30 Carel Weeber, *Wonen TA/BK*, no. 24, 1974, pp. 6-10

2.31 Ibid.
2.32 Ibid.
2.33 Peter Arnell and Ted Bickford (ed.), *Aldo Rossi, Buildings and Projects*, New York 1985, p. 77
2.34 Ibid. p. 62
2.35 Aldo Rossi, 'Due progetti', in *Lotus* no. 7, 1970, pp. 62-67.
2.36 *Wonen TA/BK* no. 9, 1978
2.37 *Archis* no. 1, 1986, p. 12
2.38 E. Taverne, P. Rook (photographer), *Carel Weeber, architect*, 1990, p. 43
2.39 Ibid. p. 97
2.40 S.U. Barbieri (ed.), *Architectuur en Planning, Nederland 1940-1980*, Rotterdam 1983, p. 210
2.41 Archive Jos Louwe
2.42 Archive Jos Louwe
2.43 Archive Jos Louwe

3.01 Photo Eric van Straaten
3.02 onbekend
3.03 Altes Museum, Berlin

p. 97-128
Cover and images:
Antonio Monestiroli, *L'Architettura della realtà*, Turin 1999 (2nd ed.) p. 230, p. 231, p. 233, p. 235, p. 236, p. 237, p. 239, p. 241, p. 243, p. 245

7.01 Galleria Nazionale, Urbino c. 1470
7.02 Filip Geerts 2003
7.03 *Domus* no. 832 december 2000, p. 73
7.04 D. Heald, C. van Bruggen, Frank O. Gehry, *Guggenheim Museum Bilbao*, The Solomon R. Guggenheim Foundation, New York, 2000, p. 150
7.05 Giorgio Grassi
7.06 *Domus* no. 832 december 2000, p. 135
7.07 Archive Umberto Barbieri
7.08 Studio Mendini
7.09 Álvaro Siza / Marc à Campo
7.10 Álvaro Siza / Marc à Campo